# PROYECCIÓN CIENTÍFICA DE LA RED ACADÉMICA INTERNACIONAL REOALCEI

Editora Appris Ltda.
1.ª Edição - Copyright© 2024 dos autores
Direitos de Edição Reservados à Editora Appris Ltda.

Nenhuma parte desta obra poderá ser utilizada indevidamente, sem estar de acordo com a Lei nº 9.610/98. Se incorreções forem encontradas, serão de exclusiva responsabilidade de seus organizadores. Foi realizado o Depósito Legal na Fundação Biblioteca Nacional, de acordo com as Leis nos 10.994, de 14/12/2004, e 12.192, de 14/01/2010.

Catalogação na Fonte
Elaborado por: Dayanne Leal Souza
Bibliotecária CRB 9/2162

| P969p | Proyección científica de la Red Académica Internacional Reoalcei / Aparecida |
|---|---|
| 2024 | Luzia Alzira Zuin, Nelly Milady López-Rodríguez, Lisandro José Alvarado-Peña, Larissa Zuim Matarésio (coords.). – 1. ed. – Curitiba: Appris, 2024. |
| | 270 p. ; 23 cm. – (Geral). |
| | Vários autores. |
| | Inclui referências. |
| | ISBN 978-65-250-6455-0 |
| | 1. Educação superior. 2. Qualidade da educação. 3. Educação e tecnologias. I. Zuin, Aparecida Luzia Alzira. II. López-Rodríguez, Nelly Milady. III. Alvarado-Peña, Lisandro José. IV. Matarésio, Larissa Zuim. V. Título. VI. Série. |
| | CDD – 353.8 |

Livro de acordo com a normalização técnica da ABNT

**Appris** *editorial*

Editora e Livraria Appris Ltda.
Av. Manoel Ribas, 2265 – Mercês
Curitiba/PR – CEP: 80810-002
Tel. (41) 3156 - 4731
www.editoraappris.com.br

Printed in Brazil
Impresso no Brasil

Aparecida Luzia Alzira Zuin
Nelly Milady López-Rodríguez
Lisandro José Alvarado-Peña
Larissa Zuim Matarésio
(Coords.)

# PROYECCIÓN CIENTÍFICA DE LA RED ACADÉMICA INTERNACIONAL REOALCEI

Appris
*editora*

Curitiba, PR
2024

# FICHA TÉCNICA

**EDITORIAL**
Augusto Coelho
Sara C. de Andrade Coelho

**COMITÊ EDITORIAL**
Ana El Achkar (Universo/RJ)
Andréa Barbosa Gouveia (UFPR)
Antonio Evangelista de Souza Netto (PUC-SP)
Belinda Cunha (UFPB)
Délton Winter de Carvalho (FMP)
Edson da Silva (UFVJM)
Eliete Correia dos Santos (UEPB)
Erineu Foerste (Ufes)
Fabiano Santos (UERJ-IESP)
Francinete Fernandes de Sousa (UEPB)
Francisco Carlos Duarte (PUCPR)
Francisco de Assis (Fiam-Faam-SP-Brasil)
Gláucia Figueiredo (UNIPAMPA/ UDELAR)
Jacques de Lima Ferreira (UNOESC)
Jean Carlos Gonçalves (UFPR)
José Wálter Nunes (UnB)
Junia de Vilhena (PUC-RIO)

Lucas Mesquita (UNILA)
Márcia Gonçalves (Unitau)
Maria Aparecida Barbosa (USP)
Maria Margarida de Andrade (Umack)
Marilda A. Behrens (PUCPR)
Marília Andrade Torales Campos (UFPR)
Marli Caetano
Patrícia L. Torres (PUCPR)
Paula Costa Mosca Macedo (UNIFESP)
Ramon Blanco (UNILA)
Roberta Ecleide Kelly (NEPE)
Roque Ismael da Costa Güllich (UFFS)
Sergio Gomes (UFRJ)
Tiago Gagliano Pinto Alberto (PUCPR)
Toni Reis (UP)
Valdomiro de Oliveira (UFPR)

**SUPERVISORA EDITORIAL**
Renata C. Lopes

**PRODUÇÃO EDITORIAL**
William Rodrigues

**REVISÃO**
Monalisa Morais Gobetti

**DIAGRAMAÇÃO**
Jhonny Alves dos Reis

**CAPA**
Kananda Ferreira

**REVISÃO DE PROVA**
Daniela Nazario

**ESTE LIVRO FUE FINANCIADO**
Programa de Posgrado-Maestría Profesional Interdisciplinaria en Derechos Humanos y Desarrollo de la Justicia (DJHUS). Universidad Federal de Rondônia (UNIR); objeto del Término de Cooperación Técnica entre la Universidad Federal de Rondônia y el Tribunal de Justicia del Estado de Rondônia; Ministerio Público del Estado de Rondônia y Defensoría Pública del Estado de Rondônia.

# AGRADECIMIENTOS

Al Tribunal de Justicia del Estado de Rondônia, al Ministerio Público del Estado de Rondônia y a la Defensoría Pública del Estado de Rondônia, que, por medio del Termo de Cooperação Técnica con el Mestrado Profissional Interdisciplinar em Direitos Humanos e Desenvolvimento da Justiça (DHJUS) de la Universidade Federal de Rondônia (Unir), apoyan los proyectos de investigación en pro de la Ciencia y Tecnología.

A las Instituciones Educativas miembros de la RED REOALCEI que aunpiciaron la participación de los investigadores en el proyecto *Aseguramiento de la calidad de la Educación Superior en Améríca Latina y el Caribe: Brasil, Colombia, México y Perú,* Universidad Federal de Rondônia (UNIR), Universidad Anhaguera Sao Paulo-Brasil, Universidad Autónoma de Bucaramanga- Colombia, Universidad Tecnologica de Bolivar-Colombia, Corporación Universitaria del Caribe-Colombia, Corporación Universitaria Rafael Nuñez-Colombia, Universidad de la Guajira-Colombia, Universidad Autónoma de Zacatecas-México, Universidad Nacional de Trujillo-Perú, Universidad Nacional Mayor de San Marcos.

A los árbitros y equipo editor, que, con su lectura crítica y cuidadosa, contribuyeron a la calidad de esta obra.

# SUMÁRIO

INTRODUCIÓN ........................................................11

**PARTE 1**
ASEGURAMIENTO DE LA CALIDAD DE LA EDUCACIÓN SUPERIOR EN
AMÉRICA LATINA Y EL CARIBE: BRASIL, COLOMBIA, MÉXICO
Y PERÚ ..............................................................13

SINOPSIS............................................................15

DOS AÑOS DE PANDEMIA COVID-19: IMPACTO SOBRE LA EDUCACIÓN
SUPERIOR BRASILEÑA...................................................17
*Alexey Carvalho, Nelly Milady López-Rodríguez, Lisandro José Alvarado-Peña, Alaín Castro Alfaro*

POLÍTICAS PÚBLICAS EN LA EDUCACIÓN SUPERIOR MEXICANA:
ANÁLISIS DEL ASEGURAMIENTO DE LA CALIDAD EN TIEMPOS DE
COVID-19 ..........................................................41
*Ana Susana Cantillo Orozco, Nelly Milady López-Rodríguez, Lisandro José Alvarado-Peña,*
*Reina Margarita Vega Esparza, Omaira Bernal Payares*

CAMBIOS EN LAS POLÍTICAS PÚBLICAS EN EDUCACIÓN SUPERIOR EN
EL PERÚ A PARTIR DE LA PANDEMIA COVID-19 ........................61
*Nelly Milady López Rodríguez, Hilda Jara León, Aurea Elizabeth Rafael Sánchez,*
*Pablo Jesús García Aguirre· Lisandro José Alvarado Peña*

CARACTERIZACIÓN DE LOS SISTEMAS DE EVALUACIÓN,
ACREDITACIÓN Y LICENCIAMIENTO DE PROGRAMAS ACADÉMICOS EN
EDUCACIÓN SUPERIOR ...............................................75
*Nelly Milady López-Rodríguez, Lisandro José Alvarado-Peña, Alexey Carvalho,*
*Ana Susana Cantillo Orozco, Reina Margarita Vega Esparza, Elizabeth Rafael*

POLÍTICAS PÚBLICAS EN EDUCACIÓN SUPERIOR EN TIEMPOS DE
COVID-19 EN COLOMBIA .............................................89
*Pedro Antonio Redondo Silvera, Nelly Milady López-Rodríguez, Luis Carlos Baleta Medrano*

POLÍTICAS PÚBLICAS SOBRE LA AUTOEVALUACIÓN Y ACREDITACIÓN
EN LAS UNIVERSIDADES DE LATINOAMÉRICA ...........................103
*Lisandro José Alvarado-Peña, Flor de la Cruz Salaiza Lizárraga, Amaya Sauceda Rosas Amadeo*

**PARTE 2**

**EDUCACIÓN, POLÍTICAS PÚBLICAS INTERSECTORIALES E INTERDISCIPLINARIEDAD EN BRASI** ................................... 125

**INVESTIGADORES COATORES** .......................................... 125

*Alciane Matos de Paiva, Antônio Carlos Maciel, Luís Marcelo Batista da Silva,*

*Aparecida Luzia Alzira Zuin, Geane Rocha Gomes Lima, Márcia Gonçalves Vieira,*

*Samilo Takara, Mislane Santiago Coelho, Jaqueline Custodio Chagas Soares,*

*Juliene Rezende Oliveira Vieira, Mislane Santiago Coelho, Francisco Magalhães de Lima,*

*Nathalia Viana Lopes*

**SINOPSIS** ................................................................ 127

**POLÍTICA EDUCACIONAL DE NUCLEAÇÃO ESCOLAR E A PRÁTICA DA PEDAGOGIA HISTÓRICO-CRÍTICA NA ZONA RURAL DO MUNICÍPIO DE MANACAPURU** ...............................................................131

*Alciane Matos de Paiva, Antônio Carlos Maciel*

**PROPOSTA DE METODOLOGIAS EDUCACIONAIS PROMOVIDAS PELA SEMED DE JARU (RONDÔNIA) À EDUCAÇÃO ESPECIAL E INCLUSIVA: CASO CAEEM** ........................................................... 149

*Luís Marcelo Batista da Silva, Aparecida Luzia Alzira Zuin*

**EDUCAÇÃO PARA TODOS NA PERSPECTIVA DE INCLUSÃO DE PESSOAS COM DEFICIÊNCIAS** ...................................................... 169

*Geane Rocha Gomes Lima, Aparecida Luzia Alzira Zuin*

**CIBERCULTURA E CONSTRUÇÕES DE IDENTIDADES DE GÊNERO E SEXUALIDADE NA EDUCAÇÃO FÍSICA ESCOLAR** ...................... 185

*Márcia Gonçalves Vieira, Samilo Takara*

**EDUCOMUNICAÇÃO, INCLUSÃO, USO DE MÍDIAS E TECNOLOGIAS DIGITAIS NA CONJUNTURA DA EDUCAÇÃO E DESENVOLVIMENTO DE CRIANÇAS COM TRANSTORNO DO ESPECTRO DO AUTISMO** ......... 201

*Mislane Santiago Coelho, Jaqueline Custodio Chagas Soares*

**EDUCOMUNICAÇÃO: UMA ANÁLISE DE SUA IMPLEMENTAÇÃO COMO POLÍTICA PÚBLICA EDUCACIONAL** .................................... 213

*Juliene Rezende Oliveira Vieira*

**AS CONTRIBUIÇÕES DOS RECURSOS MIDIÁTICOS E TECNOLÓGICOS NA EDUCAÇÃO DE SURDOS** ............................................ 223

*Jaqueline Custodio Chagas Soares, Mislane Santiago Coelho*

GESTÃO DEMOCRÁTICA NUMA ESCOLA PÚBLICA DE ARIQUEMES (RO): PERCEPÇÕES DOCENTES E DA EQUIPE GESTORA...................... 235
FRANCISCO MAGALHÃES DE LIMA

ACESSO À EDUÇÃO E DIREITO À CIDADE: A EVASÃO ESTUDANTIL E A MERCANTILIZAÇÃO DAS POLÍTICAS DE EXPANSÃO DO ENSINO SUPERIOR BRASILEIRO................................................... 253
Nathalia Viana Lopes

SOBRE OS AUTORES ...................................................... 263

# INTRODUCIÓN

Desde el Instituto de Investigaciones de la Red Académica Internacional de Estudios Organizacionales en América Latina, el Caribe e Iberoamérica REOALCEI, se presenta este libro, que reúne trabajos realizados por investigadores de diversas instituciones que aúnan esfuerzos con el fin de aportar desde su campo de conocimiento al desarrollo de la ciencia, la sociedad y la educación.

La parte I, comprende 6 capítulos, resultado del *estudio* "Aseguramiento de la calidad de la Educación Superior en América Latina y el Caribe: Brasil, Colombia, México y Perú", realizado por un colectivo de 14 investigadores, que, mediante el trabajo en red del Nodo Educación y Pedagogía de la RED REOALCEI, analizaron los procesos de acreditación, evaluación, licenciamiento en estos países, concretamente, en relación a los cambios generados en las políticas públicas del este ámbito a partir del surgimiento de la pandemia COVID-19, durante los años 2020-2022.

Esta producción académica es el resultado de la dedicación, constancia y trabajo en equipo mediado por TIC, que se generó en encuentros quincenales a través de meet y el dialogo por whatsapp web, utilizando como herramienta google drive, mediante la cual se construyó el entramado textual que se tejió en el día a día de la acción investigativa, de los tres años de duración del proyecto.

La investigación tuvo sus inicios en el primer semestre de 2020 en un clima de incertidumbre, ambivalencia y de cambios constantes ante la situación mundial de esta pandemia, que motivó en las instituciones de educación superior la generación de propuestas innovadoras para mantener el servicio educativo y en los organismos reguladores de la calidad educativa estrategias y acciones para orientar el desarrollo de los planes de estudio, y los procedimientos de verificación de las condiciones de calidad de estos y finaliza el segundo semestre de 2022, siendo un momento en que se observa un panorama de estandarización de los procesos y el retorno a las prácticas docentes en aula presencial en los programas de pregrado y posgrados a nivel de maestría y doctorado.

La parte II, bajo el título "Educação, Políticas Públicas Intersetoriais e Interdisciplinaridade no Brasil" cuenta con 9 capítulos que abarcan diversos aspectos críticos y contemporáneos de la educación en Brasil.

Desde metodologías educativas innovadoras hasta temas esenciales como educación inclusiva, educomunicación y cibercultura, los trabajos ofrecen una visión detallada y reflexiva sobre los desafíos y oportunidades en el campo educativo.

Se presentan propuestas de metodologías educativas, educomunicación y cibercultura. La educación inclusiva se discute en profundidad, enfatizando la necesidad de políticas y prácticas que garanticen la igualdad de acceso y oportunidades para todos los estudiantes, independientemente de sus diferencias.

También se abordan cuestiones de sexualidad y el papel de los medios de comunicación en la formación de los jóvenes, ofreciendo un análisis crítico sobre cómo estos elementos influyen en la educación y el desarrollo social. La gestión democrática es otro tema discutido, destacando la participación comunitaria y la transparencia en la administración escolar. Por último, el capítulo sobre el derecho a la ciudad relaciona la educación con el desarrollo urbano y la justicia social, proponiendo una visión integrada e inclusiva del derecho a la educación como parte fundamental del derecho a la ciudad.

Esta obra es esencial para educadores, gestores públicos, investigadores y todos aquellos interesados en comprender y contribuir a la mejora de la educación en Brasil.

Esta parte del libro está escrita por investigadores de los programas de posgrado de Doctorado en Educación en la Amazonía, Doctorado y Maestría en Derechos Humanos y Desarrollo de la Justicia, y Maestría en Educación de la Universidad Federal de Rondônia, en la región norte de la Amazonía Occidental brasileña.

*Dr.ª Aparecida Luzia Alzira Zuin (Brasil)*
*Dr.ª Nelly Milady López-Rodríguez (Colombia)*
*Dr. Lisandro José Alvarado-Peña (México)*

# PARTE 1

## ASEGURAMIENTO DE LA CALIDAD DE LA EDUCACIÓN SUPERIOR EN AMÉRICA LATINA Y EL CARIBE: BRASIL, COLOMBIA, MÉXICO Y PERÚ

# SINOPSIS

*Aseguramiento de la calidad de la educación superior en américa latina y el caribe: Brasil, Colombia, México y Perú*, es un compendió de 6 capítulos que se derivan de una investigación colaborativa en la que participaron 12 investigadores, en procura de analizar las políticas de aseguramiento de la calidad de la educación superior y los cambios generados en los procesos de evaluación, acreditación y licenciamiento, en los cuatro países mencionados.

Es una investigación cualitativa, de corte caológica y análica en la que se utilizó el método de análisis documental. Para Hurtado (2012)[1] "el abordaje caológico le permite al investigador estudiar el contexto desde un mínimo de presupuestos y le proporciona la libertad para descubri manifestaciones nuevas" (p. 95), y analítica "como un proceso metódico, de búsqueda de conocimiento para generar una crítica o una interpretación de un evento de estudio, [...] partiendo de ciertos criterios" (p. 112). Así, el estudio fue orientado por las siguientes cuestiones:

**¿Cuáles son los aspectos divergentes y convergentes de las políticas de aseguramiento de la calidad de la Educación Superior en los países de Brasil, Colombia, México y Perú?, ¿Cuáles son las características de funcionamiento, bases conceptuales y criterios de evaluación de los sistemas de evaluación, acreditación y licenciamiento para el aseguramiento de la calidad de la Educación Superior?,** ¿Cómo inciden las políticas públicas de aseguramiento de la calidad en el desarrollo de las diversas modalidades de formación en cada país?, ¿Cómo ayudaron las tecnologías en los procesos de enseñanza-aprendizaje?, ¿Cómo la educación puede converger con la comunicación para lograr la inclusión social?

Teniendo en cuenta el escenario COVID-19, de cambios y transformaciones sin precedentes en el campo educativo, aunado a las características as propias de la política educativa de cada país, el abordaje caológico se constituyó en un escenario propicio para la reflexión en relación con las adaptaciones formuladas por los gobiernos en las diversas modalidades de formación, desde las cuales se asumió el análisis del aseguramiento de la calidad educativa.

---

[1] HURTADO, J. **Metología de la Investigación**: Guía para la comprensión holística de la ciencia. Bogotá, Caracas: Quirón Ediciones Cuarta Edición CIEA SYPAL, 2012.

# DOS AÑOS DE PANDEMIA COVID-19: IMPACTO SOBRE LA EDUCACIÓN SUPERIOR BRASILEÑA

*Alexey Carvalho*
*Nelly Milady López-Rodríguez*
*Lisandro José Alvarado-Peña*
*Alaín Castro Alfaro*

## 1 Introducción

Desde los albores del siglo XXI, el mundo viene experimentando transformaciones producto de notables impactos en la mundialización de la educación. El constante flujo de profesionales entre los países y el intercambio de conocimientos e ideas llevan a que las universidades tengan que replantear su modelo educativo con el propósito de formar ciudadanos integrales, con capacidad para la adaptación al cambio, gestionar la incertidumbre e interactuar en diversas culturas.

En América Latina, la educación Superior la conforman alrededor de 24 millones de estudiantes, 10.000 instituciones y más de 60.000 programas. La pandemia Covid-19 ha impactado a las Instituciones de Educación Superior (IES) en 191 países de la región por la suspensión de actividades asistenciales que perturbó aproximadamente a 1.570 millones de estudiantes y, solo en Brasil, se vieron afectados 8.571.423 estudiantes de educación superior, lo que ha originado la dilatación de sus capacidades científicas, de infraestructura en tecnología, medios de comunicación y servicios, adaptación de los calendarios académicos, reprogramación de pruebas de ingreso, paso abrupto a la modalidad virtual de la enseñanza, suspensión de movilidades entre las fronteras y otras.

Por otro lado, se infiere que dentro de las Instituciones de Educación Superior en Brasil los docentes trasladaron sus acciones a la virtualidad, pero en las instituciones públicas brasileñas se decidió no continuar con las labores académicas durante el primer semestre de 2020, habiendo tenido un retorno parcial solo en agosto, según la Asociación Nacional de Directores de Instituciones Federales de Educación Superior (Andifes).

De hecho, Quintana (2020) toma en consideración la dinámica transformadora y la capacidad de amplificar las fronteras del conocimiento mediante la virtualidad en las universidades, ya que esa internacionalización ha traído un intercambio e interacción con diversas IES, asegurando la formación integral, abierta, interdisciplinaria y transdisciplinaria que proyecte los desafíos académicos más allá de lo local y/o nacional.

Por otro lado, el acceso al conocimiento se ha visto afectado por la pandemia Covid-19 debido a la falencia en el uso de tecnologías digitales en el ámbito educativo, la falta de conectividad, de recursos tecnológicos y formación para la utilización de los mismos, mantuvo una gran brecha entre las redes educativas públicas y privadas, y entre los actores que las componen.

Desde esta visión, se tiene que, con el aislamiento social, la opción para la realización de las actividades académicas fue la utilización de las Tecnologías Digitales de la Información y la Comunicación (TDIC) e Internet. En este escenario es de reconocer que el uso de las TDIC no conforma la Educación a Distancia (EAD), toda vez que esta parte de una planificación y organización previa que enlaza una proyección antepuesta, considera el perfil del alumno y el docente, desarrollando procesos de enseñanza y aprendizaje adecuados a un tiempo determinado a diferencia de lo que ocurre en ese momento que es una Atención Remota de Emergencia (ARE).

En este sentido, se afirma que las Instituciones de educación superior en la América Latina, circunscriben contiguamente alrededor de 24 millones de estudiantes, 10.000 instituciones y más de 60.000 programas, por lo que fue ineludible que los actores dentro de cada institución educativa, lograran adecuar los recursos pedagógicos y tecnológicos a la ARE. Por ello, es trascendental analizar la realidad de los docentes, tomando en consideración el perfil de los alumnos y sus necesidades en un contexto pandémico.

Entre los retos afrontados por las Instituciones de Educación Superior, cabe mencionar el ajuste al calendario académico, la creación de ambientes virtuales y estrategias de internacionalización curricular encaminadas a la continuidad de las actividades formativas, mediante gestión de espacios de aprendizaje que convocaron a maestros y estudiantes a innovar en medio de la crisis.

Es esencial determinar el papel de la educación en la globalización eje del desarrollo humano y social es a su vez, el puente a las fronteras del conocimiento, la tecnología, las personas, los valores y las ideas que al mismo tiempo afecta las costumbres, tradiciones, culturas y prioridades de los países, los estudiantes deben adaptarse a una educación universitaria dinámica con desafíos profundos del siglo XXI.

De igual forma, se insiste que la educación superior global debe hallar una mejor forma de emplear una orientación combinada para la enseñanza, aprendizaje y excelencia en educación superior con mayor eficacia, para obtener el bienestar de los estudiantes y docentes, implementando métodos que apoye a la nueva generación de jóvenes capacitados, con la suficiente inteligencia en conocimientos sociales y emocionales, siendo aprovechados para la adaptación de capacidades innovadoras en el contexto laboral.

El presente artículo tiene como objetivo central analizar los impactos regulatorios en la educación superior brasileña, entre marzo de 2020-2022. Para la realización del estudio, se llevó a cabo una investigación documental, que utilizó como principales referencias la legislación e información puesta a disposición por los organismos oficiales, relacionados con la educación superior en Brasil, ya que el estudio tiene relevancia teniendo en cuenta el impacto mundial de la pandemia, que ha afectado las condiciones sociales, económicas, políticas, científicas y educativas de los países, en especial, la Educación Superior en Brasil.

En este contexto, este artículo presenta los resultados de la investigación realizada en el marco del Proyecto Aseguramiento de la calidad de la Educación Superior en América Latina y el Caribe: Brasil, Colombia, México y Perú, una perspectiva 2020-2022, llevada a cabo por un grupo de investigadores internacionales, vinculados a IES y al Nodo Educación y Pedagogía de la Red Académica Internacional de Estudios Organizacionales en América Latina y el Caribe e Iberoamérica (REOALCEI).

Se espera que cada Estado enfoque sus acciones en una política pública diferenciada que no profundice los niveles actuales de desigualdad, es decir, haciendo énfasis en los dos sistemas sociales más grandes que tienen todos los países, como son la salud y la educación, las cuales se han visto principalmente afectadas en la actual crisis causada por el Covid-19.

Habida cuenta del alcance, así como del gran número de medidas adoptadas en el ámbito de la educación superior, durante la pandemia Covid-19, en el período estudiado, se optó por analizar los siguientes aspectos: impactos en el proceso de enseñanza y aprendizaje; actividades prácticas de formación; uso de tecnologías; procesos de evaluación y de aseguramiento de la calidad.

## 2 Metodología

El estudio consiste en una investigación documental, que toma como referencias principales los archivos, la legislación y las normas públicas del Ministerio de Educación de Brasil, así como de los otros organismos vinculados a él, como el INEP, el CNE, la Secretaria de Regulación y supervisión de la Educación Superior SERES. Entre los documentos analizados se encuentran leyes, decretos, ordenanzas (*portarias* en portugués), resoluciones y dictámenes (*pareceres* en portugués), cabe destacar que los dictámenes suelen tener una función orientadora y pueden preceder a los demás.

Considerando que el estudio surge en el contexto de incertidumbre, provocada por la pandemia Covid-19, en el que se generan cambios y transformaciones inéditas en el ámbito educativo, especialmente en su inicio, el estudio adoptó un enfoque caológico, que según Prigogine (2005), es en la irreversibilidad, en la disipación (caos), donde nacen posibilidades creativas y en el "no equilibrio", donde se establecen relaciones a largo plazo. En este sentido, este abordaje se justificó, porque no se conocía la duración de la pandemia ni a dónde se podía llegar con el estudio.

Observando el creciente número de medidas adoptadas y la ampliación del alcance del trabajo, fue limitado el período de estudio entre marzo 2020-2022 y se eligieron para análisis, los siguientes aspectos: impactos en el proceso de enseñanza y aprendizaje; actividades prácticas profesionales y pasantías; uso de tecnologías; y el impacto en las evaluaciones y los procesos de garantía de calidad.

En el análisis de los documentos, que Severino señala, como materia prima, el contenido textual, se adoptó una perspectiva cualitativa, que según Minayo, permite comprender las estructuras semánticas (significativas) y su relación con las estructuras sociológicas (significados) en cada realidad, buscando comprender el momento y el contexto vivido. Para las discusiones, se buscó un enfoque proyectivo, que según Hurtado de Barrera, apunta desde el diagnóstico de un crítico, de un evento determinado, a generar conocimiento que pueda ayudar a comprender el momento y sus involucrados, así como a desarrollar soluciones o tendencias futuras.

### 3.1 Desarrollo: el sistema de educación superior en Brasil

Las Instituciones de Educación Superior (IES) en Brasil se caracterizan por su organización académica y categoría administrativa, de acuerdo con las directrices del Decreto 9235 de 2017. Con respecto a la organización académica, una IES puede ser: Facultad, Centro Universitario, Instituto Federal o Universidad. En cuanto a la categoría administrativa, las IES pueden ser públicas (federales, estatales o municipales) y privadas (con fines de lucro o sin fines de lucro).

La Tabla 1, a continuación, presenta la distribución de las instituciones brasileñas de educación superior en su organización académica y categoría administrativa.

Tabla 1 – Instituciones de Educación Superior

| Organización Académica | Categoría Administrativa | | |
|---|---|---|---|
| | Pública | Privada | Total |
| Universidad | 108 | 90 | 198 |
| Centro Universitario | 11 | 283 | 294 |
| Facultad | 143 | 1933 | 2.076 |
| Instituto Federal | 40 | | 40 |
| **Total** | **302** | **2306** | **2608** |

Fuente: desarrollo propio basado en INEP (2019)

La información presentada deja en claro el predominio de las Facultades privadas, entre las IES públicas: 132 son estatales, 110 federales y 60 municipales. Según el censo de Educación Superior del Instituto Nacional de Estudios e Investigaciones Anísio Teixeira (INEP), Brasil cuenta actualmente con 8.603.824 matrículas totales, en todo tipo de formación y modalidades, las IES públicas concentran 2.080.146 matrículas, lo que representa alrededor del 24% del total, mientras que el 76% de las matrículas (6.523.678) son en IES privadas.

En cuanto al tipo de oferta, la EAD representa cerca del 28% del total, es decir, 2.450.264 matrículas en educación superior, en 2019, concentradas principalmente en el sector privado, que posee el 94% equivalente a 2.292.607. En términos de representatividad, mientras que en las IES públicas, el EAD representa sólo el 8% de las matrículas, en las IES privadas es del 35%.

A pesar de la poca representatividad de las IES públicas, según Carvalho y Rosini, muchas de estas IES tienen experiencia con la modalidad, desde 2006, con la creación de la Universidad Abierta de Brasil (UAB), compuesta por 118 IES públicas de todas las esferas y que cuenta con más de 1.200 polos en todo Brasil, con alta relevancia social.

Las cifras presentadas reflejan el crecimiento de la modalidad EAD, especialmente en el sector privado, y cabe observar que, en 2009, esta modalidad contaba con 838.125 matrículas y representaba el 14% del total de matrículas ese año, casi triplicando el número de matrículas y duplicando la participación en el total de 2019. Cabe destacar, sin embargo, que no se produjo lo mismo en las IES públicas, que tuvieron 172.696 matrículas en 2009 frente a las 157.657 de 2019.

Otro punto relevante para la conformación de este escenario fue la Ordenanza MEC 11 de junio de 2017, que cambió los estándares de evaluación y oferta de cursos a distancia y relajó la apertura de polos, que tuvo 2018 (INEP, 2019), un aumento del 17% en las matrículas de esta modalidad.

Además de la experiencia latente da EAD en la realidad brasileña, con su crecimiento franco, la Ordenanza MEC 2.117 del 6 de diciembre de 2019, amplió aún más las posibilidades de aplicar esta metodología en la educación presencial, ya que ahora permite que hasta el 40% de la carga horaria total de los cursos presenciales, se pueda impartir a distancia, es decir, duplicando el 20%, que preveía la Ordenanza MEC 1.134 de 2016.

El contexto presentado demuestra la experiencia y madurez de la EAD en los cursos de educación superior del país, ya sea ofreciendo cursos virtuales o semipresenciales, mediante tecnologías digitales de la información y la comunicación, capaces de apoyar sistemas y ambientes virtuales de aprendizaje (AVA) y otras plataformas tecnológicas de EAD. Este entorno resultó muy valioso para la continuidad de las actividades académicas, en tiempos de pandemia Covid-19, como se discutirá a continuación.

## 3.2 Aspectos relacionados con el proceso de enseñanza y aprendizaje en la educación superior

Entre los objetivos de la Educación Superior, definida en la Ley de Directrices y Bases de La Educación Nacional, se encuentra la formación de profesionales para trabajar en las diferentes áreas del conocimiento y participar en el desarrollo de la sociedad brasileña, estimulando y fomentando la creación cultural, el pensamiento reflexivo y la investigación científica, con el objetivo de promover el desarrollo de la ciencia y la tecnología, así como actividades de extensión y otras dirigidas a resolver problemas y transformar la realidad.

Dentro de este ámbito, las IES tienen el reto de contemplar, en la formulación de proyectos pedagógicos y en la organización de sus currículos, los contenidos y metodologías capaces de cumplir con los propósitos de la educación superior, así como las Directrices Curriculares Nacionales (DCN), establecidas para cada área de formación. En este sentido, entre otros aspectos, es necesario debatir sobre la relevancia de la diversificación de los entornos de aprendizaje, incluyendo las actividades prácticas, el uso de laboratorios y la aplicación de las tecnologías, como mediador del proceso de enseñanza y aprendizaje.

### 3.2.1 Prácticas profesionales

Con el avance y el desarrollo científico y tecnológico, existía la demanda del sector productivo desde la perspectiva de crear valor, en este sentido, se intensifica la contradicción entre las demandas del proceso productivo y los procesos de educación de la fuerza laboral, es decir, cuando se simplifican las actividades más prácticas en la ejecución del trabajo, más complejas son las acciones relacionadas con el desarrollo de productos y procesos, su mantenimiento y gestión. En este contexto, en una nueva concepción de las competencias, que integran actividades intelectuales y prácticas profesionales, entran en juego las capacidades para movilizar y transferir conocimientos tácitos y teóricos, que depende en parte del dominio cognitivo, como también del dominio afectivo o comportamental.

Recordando el desafío del educador para un aprendizaje significativo, Moran sostiene que, en este sentido, el éxito pedagógico estaría vinculado a la capacidad de movilizar el conocimiento intelectual, relacionado con los intereses de los estudiantes, con el fin de aproximar la teoría y la práctica, con una experiencia de reflexión teórica. Articular múltiples actividades, proyectos, investigaciones y experiencias que acerquen al alumno a la realidad de su profesión, teniendo en cuenta diferentes tiempos y espacios de aprendizaje, que pueden ser presenciales, virtuales o híbridos.

### 3.2.2 Pasantías

La Ley 11788 del 2008 define pasantía como: "acto educativo escolar supervisado, desarrollado en el entorno laboral, que tiene como objetivo preparar para el trabajo productivo a los estudiantes que asisten a la educación regular en instituciones de educación superior [...]", "forma parte del proyecto pedagógico del curso, además de integrar el itinerario formativo del alumno, "pretende aprender habilidades específicas para la actividad profesional y la contextualización curricular, con el objetivo de preparar al alumno para la vida y el trabajo ciudadano", "puede ser obligatorio o no obligatorio, según la determinación de las DCN".

También está previsto, en la legislación, que las actividades de extensión, monitoreo e iniciación científica, puedan equipararse a las prácticas previstas en el proyecto pedagógico del curso. Incluso teniendo en cuenta las definiciones generales definidas en la ley. Zabalza, recuerda que existe una diversidad sobre los modelos de prácticas y especificidades de cada profesión, sin embargo, según él, es posible afirmar que a través de las prácticas hay una complementación de los estudios académicos en el lugar de trabajo o incluso una alternancia entre el período de formación en el entorno universitario y profesional, haciendo énfasis en que es un componente curricular, parte del proceso formativo y debe integrarse con los demás.

### 3.2.3 Tecnologías

El uso de las tecnologías, especialmente la información y la comunicación en educación, también ganó fuerza en la escuela, debido al llamado imperativo tecnológico que se produjo en las empresas, en el que, según Joan Woodward citado por Chiavenato, la tecnología comenzó a determinar el comportamiento de las estructuras organizativas. En entornos educativos, esto no se produjo de manera diferente, ya que Carvalho, aduce que la tecnología suele asociarse con el cambio y aunque natural, al principio, no le corresponde al profesor ser ajeno a ella, sino conocerla, entender sus impactos, analizar críticamente sus efectos en la práctica diaria, recordando que la tecnología debe estar a su servicio.

A pesar de los beneficios proporcionados por los avances tecnológicos, la educación no puede beneficiarse de estos, si no son accesibles para todos, por lo que Fantin y Girardello ya han advertido sobre la necesidad de acciones para reducir el "abismo digital" que existe en Brasil, lo que hace que una gran parte de la población, aún en la periferia de la sociedad, no esté relacionada con este avance. También recuerdan que, a pesar del gran desafío de llevar la inclusión digital a las comunidades más necesitadas y distantes, no se puede esperar que se resuelvan los problemas sociales; para que esto suceda, dada la complejidad de la cuestión, deben tratarse en paralelo, teniendo en cuenta el contexto dinámico de la tecnología.

Abordando los aspectos tratados, sobre los procesos de enseñanza y aprendizaje, de una manera casi profética, en sus trabajos en 1971 y 1977, Anísio Teixeira, de acuerdo con Carvalho (2014), advirtió que la escuela del mañana se vería mucho más como un laboratorio, un taller o una estación de televisión y las tecnologías ampliarían las posibilidades del maestro en su trabajo, de esta manera, su papel sería conocer y operar estos recursos tecnológicos en la escuela.

## 3.3 Evaluación, Regulación y Supervisión de la educación superior brasileña

El Sistema Nacional de Evaluación de la Educación Superior (SINAES) fue establecido en Brasil, por la Ley 10861 de 2004, y tiene como objetivo "garantizar el proceso nacional de evaluación de las instituciones de educación superior, los cursos de pregrado y el rendimiento académico de sus estudiantes" (Brasil, 2004).

Así mismo, el Decreto No. 9235 de 2017, en su artículo 3, dispone que:

> Las competencias para las funciones de regulación, super-visión y evaluación en el sistema educativo federal serán ejercidas por el Ministerio de la Educación, por el Consejo Nacional de Educación-CNE, por el Instituto Nacional de Estudios e Investigaciones Educativas Anísio Teixeira-INEP y por la Comisión Nacional de Evaluación de la Educación Superior-CONAES.

Bajo este decreto, el SINAES cubre obligatoriamente a las institu-ciones que forman parte del sistema educativo federal, tal como se define en la Ley 9394 de 1996, compuesto por las IES privadas e instituciones públicas federales. Estas IES, así como sus programas académicos, se evalúan obligatoriamente bajo SINAES y la legislación complementaria;

mientras que las IES públicas estatales y municipales, están subordinados a sus respectivos Consejos Estatales de Educación y cumplen con lo dispuesto en las leyes de cada Estado, por lo tanto, los actos estatales no han sido considerados en este artículo, así como los aspectos relativos a los programas de posgrados que tienen otra dinámica bajo evaluación de la Coordinación para la Mejora del Personal de Educación Superior (CAPES).

La evaluación, regulación y supervisión de la Educación Superior, se rige por un sólido marco jurídico, dispuesto desde la Constitución Federal, a través de la Ley de Directrices y Bases de la Educación, el Plan Nacional de Educación, la Ley SINAES y regulado por decretos y ordenanzas.

### 3.4 Cronología de la pandemia Covid-19 y su evolución en la educación superior

El primer caso de Covid-19 en Brasil fue confirmado el 26 de febrero de 2020 por el Ministerio de Salud, a pesar de ello, el primer marco jurídico específico con respecto al Covid-19 fue la promulgación de la Ley 13979, de febrero 6 de 2020 (BRASIL, 2020a), que presenta directrices generales sobre las medidas que podrían adoptarse para hacer frente a la emergencia sanitaria.

Con la propagación de la pandemia, la primera medida tomada a nivel nacional, por el Ministerio de Educación, fue la institución del Comité Operativo de Emergencias del Ministerio de Educación (COE/MEC) por la Ordenanza MEC 329 de marzo 11 de 2020, integrada por las principales áreas administrativas y órganos del MEC, especialmente en materia de Educación Superior, por miembros de la Secretaría de Educación Superior (SESU), Secretaría de Educación Profesional y Tecnológica (SETEC) y del Instituto Nacional de Estudios e Investigaciones Educativas (INEP).

La evolución de la pandemia en el territorio nacional llevó a la publicación de la Ordenanza MEC 343, de marzo 17 de 2020, con la sustitución de las clases de aula por clases en medios digitales mientras dure la situación pandémica, posteriormente se emitieron la Ordenanza MEC 345, de marzo 19 de 2020 y Ordenanza MEC 473, de mayo 12 de 2020 y, por último, la Ordenanza MEC 544, de junio 16 de 2020 que deroga las anteriores.

La Ordenanza MEC 544/2020 presenta tres puntos principales: 1) autorizar "de forma excepcional, la sustitución de asignaturas presenciales, en cursos regularmente autorizados, por actividades académicas que utilicen recursos educativos digitales, tecnologías de la información y la comunicación u otros medios convencionales" en las IES que forman parte del Sistema Federal de Educación; 2) prohibición del desarrollo de prácticas profesionales, pasantías y laboratorios, en cursos que no estén autorizados por la CNE; 3) permiso para suspender las actividades académicas presenciales, o modificar el calendario vacacional, siempre que las actividades sean sustituidas. Poco después de la publicación de la Ordenanza MEC 343/2020, a partir del 23 de marzo, la gran mayoría de las Facultades y Universidades suspendieron las actividades presenciales.

Teniendo en cuenta la falta de profesionales de la salud en algunas regiones del país, para ayudar a combatir la pandemia, el MEC adoptó dos medidas, la primera establecida por la Ordenanza MEC 356 de marzo 20 de 2020, en la que se autorizó la realización de pasantías curriculares obligatorias específicas para los cursos de medicina, enfermería, farmacia y fisioterapia, en unidades de salud y otras que determinará el Ministerio de Salud. La segunda, a través de la Ordenanza MEC 374, de abril 3 de 2020, sustituida por la Ordenanza MEC 383 de abril 9 de 2020, que permitió la anticipación de la graduación de los estudiantes, de estos programas académicos, cumplido el 75% de las actividades relativas a pasantías o residencia médico.

Además, el 1 de abril de 2020, se publicó la Medida Provisoria 934 (Brasil, 2020c), que dispensaba excepcionalmente, el cumplimiento de los doscientos días lectivos, siempre que se cumpliera la carga horaria mínima total del programa, y permitió abreviar la duración de los programas de medicina, farmacia, enfermería y fisioterapia, ratificando las disposiciones de la Ordenanza MEC 383 de abril 9 de 2020; posteriormente la Ley 14.040/2020 (Brasil, 2020b), incluyó el programa de odontología.

Paralelamente a los actos publicados por el MEC, el CNE aprobó el 28 de abril el Dictamen CNE/CP 5/2020, validado parcialmente el 1 de junio de 2020, cuyo contenido estaba referido a la "Reorganización del Calendario Escolar y la posibilidad de considerar las actividades no presenciales con el fin de cumplir con la carga de trabajo anual mínima. Estas disposiciones fueron examinadas por el Dictamen CNE/CP 9/2020, aprobado el 8 de junio de 2020, y profundizado en dictámenes posteriores, como el CNE/CP 11/2020, de 7 de julio de 2020.

Después de toda la discusión y repercusión de los dictámenes y reglamentos, se promulgó la Ley 14.040, del 18 de agosto de 2020 (Brasil, 2020b), que establece las normas educativas excepcionales durante el estado de calamidad pública vigente debido a la pandemia Covid-19, que fue complementada por el Dictamen CNE/CP 15/2020 de octubre 6 de 2020, reexaminado por Dictamen CNE/CP 19/2020, de diciembre 8 de 2020, que culminó con la publicación de la Resolución CNE/CP 2/2020, de 10 de diciembre de 2020.

Con respecto a los impactos en el proceso de enseñanza y aprendizaje, las actividades prácticas en la formación y el uso de las tecnologías, se destacan en la Resolución CNE/CP 2/2020, los siguientes puntos:

> Art. 26. Las actividades pedagógicas no presenciales vinculadas a los contenidos curriculares de cada curso pueden desarrollarse, mediante el uso de tecnologías de la información y la comunicación, con el fin de integrar plenamente la carga de trabajo respectiva. [...]

> Parágrafo 3-Las IES, en el ámbito de su autonomía y observadas las disposiciones de los Dictámenes N.º 5 y CNE/CP N.º 11/2020 y de la Ley 14.040/2020, podrán:

> I-adoptar la sustitución de disciplinas presenciales por clases no presenciales;

> II – adoptar la sustitución de actividades presenciales relacionadas con la evaluación, el proceso de selección, los Trabajos de Conclusión de Cursos (TCC) y las clases de laboratorio, por actividades no presenciales, considerando el modelo de mediación de las tecnologías digitales de la información y la comunicación adecuado a la infraestructura e interacción necesarias;

> III-regular las actividades complementarias de extensión, así como el TCC;

> IV-organizar el funcionamiento de sus laboratorios y actividades predominantemente prácticas de acuerdo con la realidad local;

> V – adoptar actividades no presenciales de etapas de prácticas y pasantías, asegurando aquellas de indispensable presencialidad, enviando a la Secretaría de Regulación y Supervisión de la Educación Superior (SERES) o al órgano regulador del sistema educativo al que está vinculada la IES, los cursos, disciplinas, etapas, metodologías adoptadas,

recursos de infraestructura tecnológica disponibles para interacciones prácticas o de laboratorio a distancia;

VI-adoptar la oferta en la modalidad de distancia o no presencial a las disciplinas teórico-cognitivas de los cursos;

VII-supervisar pasantías y las prácticas en la medida exacta de las posibilidades de las herramientas disponibles;

VIII-definir la realización de las evaluaciones en forma no presencial;

IX-adoptar régimen del hogar para los estudiantes que dan positivo para COVID-19 o que son del grupo de riesgo;

X-organizar el proceso de formación del profesorado para el aprendizaje a distancia o no presencial;

XI-implementar el teletrabajo para coordinadores, profesores y empleados;

XII – servir al público dentro de las normas de seguridad emitidas por las autoridades públicas y con una específica en referencias internacionales;

XIII-difundir la estructura de sus procesos de selección en forma no presencial, totalmente digital;

XIV – reorganizar los ambientes de aprendizaje virtual y otras tecnologías disponibles en las IES para cumplir con las disposiciones de los planes de estudio de cada curso;

XV-realizar actividades en línea *sincrónicas*, de acuerdo con la disponibilidad tecnológica;

XVI-ofrecer actividades en línea *asincrónicas,* de acuerdo con la disponibilidad tecnológica;

XVII – llevar a cabo evaluaciones y otras actividades para reforzar el aprendizaje, en línea o a través de material impreso entregado al final del período de suspensión de las clases;

XVIII – utilizar las redes sociales de largo alcance *(WhatsApp, Facebook, Instagram,* etc.) para estimular y guiar estudios y proyectos; y

XIX – utilizar las redes sociales, laboratorios y equipos virtuales y tecnologías de interacción para el desarrollo y la oferta de etapas de actividades de pasantías y otras prácticas académicas vinculadas, incluyendo a la extensión.

Es importante destacar que, aunque la resolución consolida los entendimientos de los dictámenes anteriores de la CNE y regula aspectos de la Ley 14.040/2020, no superpone ni sustituye a las Ordenanzas y otras normativas del Ministerio de Educación.

Relacionado con los procesos de evaluación, la primera medida tomada por la pandemia, ocurrió el 18 de marzo de 2020, cuando el Instituto Nacional de Estudios e Investigaciones Educativas (INEP), en respuesta a una solicitud de la Asociación Brasileña de Mantenedores de Educación Superior (ABMES) al Ministerio de Educación, emitió un comunicado cancelando todas las evaluaciones *in situ* para los meses de marzo y abril, pero que duró hasta noviembre de 2020.

En cuanto a los procesos reglamentarios y de supervisión, se publicó la Ordenanza SERES 75 de marzo 27 de 2020, derogada por la Ordenanza SERES 135 de mayo 5 de 2020, que a su vez fue derogada por la Ordenanza SERES 218 de junio 30 de 2020, que modifica el calendario anual de aplazamiento y apertura de protocolos para la entrada de procesos reglamentarios en el Sistema e-MEC en 2020.

En octubre de 2020, la Ordenanza MEC 796, de octubre 2 de 2020, determinó aplazamiento de todos los procesos de reconocimiento y renovación de los programas, así como la re-acreditación institucional por un período de un año. En el mismo mes, con intención de establecer directrices ante el escenario pandémico y prepararse para el regreso de las visitas *in situ*, se publicó la Ordenanza MEC 568, de octubre 9 de 2020, que estableció un protocolo de bioseguridad que debían seguir los implicados durante todo el periodo de la visita, desde el desplazamiento, durante las rutas de los evaluadores, en el alojamiento, hasta las actividades y reuniones en las IES evaluadas. También orientó a las IES en cuanto a los entornos y procedimientos a adoptar, explicando las obligaciones de las IES y de los evaluadores, la higiene, los procesos de comunicación en relación con los síntomas, las normas de distanciamiento y el uso obligatorio de equipos de protección individual (EPI) tales como máscaras y escudos faciales, que depende del evaluador proporcionar dicho equipo.

Creyendo en una nueva normalidad en 2021 y un semestre regular, la Ordenanza MEC 1.038 de diciembre 7 de 2020, con efecto para 1 de enero de 2021, determinaba el retorno de las actividades presenciales a partir de marzo 1 de 2021, siguiendo protocolos de bioseguridad, alterando aspectos de la Ordenanza MEC 544/2020, restringiendo el uso de los recursos educativos digitales, las tecnologías de la información y la comunicación en su totalidad, sólo para los casos:

> I- suspensión de las actividades escolares presenciales por determinación de las autoridades locales; o II-condiciones sanitarias locales que plantean riesgos para la seguridad de las actividades de enseñanza presenciales.

En el ámbito de las evaluaciones, con el fin de atender la demanda acumulada no realizada en 2020, se emitió la Ordenanza MEC 165, de abril 20 de 2021, que instituyó la evaluación externa virtual *in Situ,* en el marco de SINAES, que estableció los procedimientos para que las evaluaciones pudieran realizarse completamente en línea, sin incluir los procesos aplazados por la Ordenanza MEC 796/2020 ni los programas de medicina, odontología, enfermería y psicología. En cuanto al Examen Nacional de Desempeño Estudiantil (ENADE), considerando la imposibilidad de su realización en el año 2020, por Resolución CONAES 1/2021, de abril 23 de 2021, se decidió cambiar a 2021 la aplicación del examen a las áreas previstas para 2020.

En la cronología presentada se analizaron 28 documentos, que incluyen leyes, resoluciones, dictámenes y ordenanzas, publicados dentro del período delimitado del estudio y adherentes a los aspectos elegidos para el alcance del trabajo, cabe destacar, sin embargo, que según información disponible en SEMESP (2021), se publicaron 84 documentos relacionados con la educación superior en este período, acerca de emergencia Covid-19.

## 4 Discusiones

En los últimos dos años, la imprevisibilidad de la duración del Covid-19, ocasionó idas y venidas, publicaciones y reediciones de varias normativas emitidas, así como adaptaciones por el alargamiento de la pandemia, incluyendo una falsa expectativa de un fin, cuando la ordenanza MEC 1.038/2020 ya preveía el regreso de las clases presenciales para marzo de 2021, lo que no fue posible.

En cuanto a los impactos en el proceso de enseñanza y aprendizaje, se observa que desde la Ordenanza MEC 343/2020, la preocupación era autorizar la sustitución de clases presenciales por medios digitales, utilizando las TIC, sin implicaciones en las prácticas o pasantías. Como ya se mencionó, de alguna manera las herramientas tecnológicas y la experiencia en EAD, ya estaban presentes en la educación superior brasileña, pero en este momento había grandes diferencias entre las IES públicas y privadas, con el fin de implementar las TIC y adoptar clases remotas. Mientras la adaptación de las IES privadas ocurrió rápidamente, aun en agosto de 2020, solo 68% de las universidades federales tenían actividades remotas según la información del MEC.

Entre las razones para no realizar actividades remotas en las IES públicas estuvo el número de estudiantes sin acceso a internet, un estudio de Nascimento, Ramos, Melo y Castioni, señala que alrededor de 190.000 estudiantes de pregrado en Brasil no tienen acceso a Internet, lo que corresponde a cerca del 2,2% del total de matrículas, de los cuales en la educación superior pública habría unos 72.000 alumnos, es decir, el 3,5% de los estudiantes de estas IES. En agosto de 2020, el MEC, anunció un programa para proveer de internet a estudiantes de la red federal en situación de vulnerabilidad económica, que apoyaría a cerca de 424 mil estudiantes, datos de CEXMEC, indican que, hasta junio de 2021, solo se había cumplido el 35% de esta meta.

En cuanto al uso de las TIC, es importante destacar que lo que ocurrió no fue una migración de la enseñanza presencial a la enseñanza a distancia, sino una adaptación de la enseñanza presencial de forma remota con actividades sincrónicas y asíncronas. El detalle de algunas tecnologías, así como la forma en que se podría desarrollar cada actividad, se consolidó solo en diciembre de 2020, en la Resolución CNE/CP 2/2020, sin embargo, el Dictamen CNE/CP 05/2020, ya orientaba el uso de recursos tecnológicos, según disponibilidad, para la oferta de actividades académicas, indicando también el uso de redes sociales y herramientas de comunicación de largo alcance como Whatsapp, Instagram, Facebook, entre otras.

En los aspectos relacionados con las actividades prácticas de formación (prácticas profesionales y laboratorios) y las pasantías, el Dictamen CNE/CP 05/2020, permitió únicamente la adopción de tecnologías y herramientas de EAD, para programas de formación docente, extensibles a programas de ciencias sociales, posteriormente revisado mediante el Dictamen CNE/CP 11/2020, que permitió la ampliación del uso de recursos tecnológicos para otras áreas de formación, con la excepción del programa de medicina. Según las directrices, se debería hacer un plan para definir los criterios: a partir de qué semestre se podrían ofrecer de manera remota, los recursos a utilizar, como por ejemplo laboratorios virtuales, ambientes de simulación y apoyo para la atención remota, estando debidamente documentados y justificados.

Si, por un lado, el Dictamen CNE/CP 11/2020, corrige acertadamente el Dictamen CNE/CP 05/2020 considerando que el mundo laboral se ha adaptado como consecuencia de la pandemia, y, por tanto, autoriza la formación del estudiante universitario en cuanto a pasantías y actividades prácticas. Por otro lado, podría haberse evitado el retraso en la realización de estas actividades, permitiendo la adopción de las tecnologías ya implementadas en los programas de EAD.

En las acciones relacionadas durante los años 2020-2022, en los procesos de evaluación, tales como, el aplazamiento de la evaluación, la suspensión de las visitas *in situ*, la modificación del ciclo ENADE y el implementación de la Evaluación Externa Virtual *In Situ,* se destaca que, se priorizaron los actos de autorización y acreditación institucional, quedando para su posterior tratamiento los demás. Con respecto a ENADE, es importante precisar que la decisión del aplazamiento, publicada en abril de 2021, tomó mucho tiempo, dejando indefinidas durante mucho tiempo las áreas y estudiantes elegibles del año 2021.

Entre las acciones realizadas, quizás la que deja el mayor legado post pandemia, está la implementación y tal vez extensión, de la Evaluación Externa Virtual *In Situ*, pues los resultados obtenidos, expresan una ganancia sustancial para la agilidad de los procesos, en apenas cuatro meses, de abril a agosto de 2021, según el INEP (2021), se realizaron 1826 evaluaciones en este nuevo modelo de evaluación, asimismo, según una encuesta realizada por la agencia, en alianza con ABMES, el 72% de las IES encuestadas prefiere la evaluación virtual a la presencial y el 84% de las IES espera que el modelo se mantenga después de la pandemia.

## 5 Conclusiones

El escenario de la pandemia Covid-19 a nivel mundial, no ha tenido precedentes, constituyéndose en un desafío para la sociedad, gobiernos, instituciones, docentes y estudiantes, que implicó cambios en la manera de gestionar la calidad de la educación superior en Brasil, que se reflejaron en las normativas emitidas por el MEC y otras entidades reguladoras.

Ante la novedosa y acelerada situación, sobre todo al inicio de la pandemia, a la espera de dar respuestas rápidas, se emitieron sucesivas derogaciones de reglamentos y revisiones de dictámenes practicados por el MEC y otras entidades reguladoras, que causaron confusión, debido al análisis parcial de la realidad.

La pandemia Covid-19 requirió un cambio en el modelo de enseñanza y aprendizaje, posibilitando ir más allá de lo que ya se usaba en la EAD, validando las actividades híbridas. Si las IES, especialmente las privadas, fueron capaces de utilizar rápidamente la experiencia ya adquirida con la EAD, para implementar este cambio, no ocurrió lo mismo en las IES públicas, carecieron de coordinación del MEC en este sentido y no hay evidencia de que se utilizara el potencial ya disponible en la UAB, solo un año y medio después del inicio de la pandemia, se presentó al Senado un anteproyecto de ley, denominado REUNI Digital, que aborda, entre otros puntos, la ampliación de la EAD en las IES públicas federales.

En temas regulatorios, el aumento de la flexibilidad en cada nueva ordenanza o reglamento, también dio a conocer la dificultad para comprender las aplicaciones de las TIC y sus posibilidades en la formación universitaria presencial. Debido a las diversas perspectivas frente al uso de los recursos que se utilizan en los cursos de EAD. Además, se destaca el escenario de incertidumbre, sobre todo en 2020, considerando los principales marcos normativos, desde la primera ordenanza en marzo, la ley en agosto y la resolución, con su regulación solo hasta diciembre.

En cuanto al proceso de evaluación de cursos e instituciones, la mayor ganancia que trajo la pandemia fue la Evaluación Externa Virtual *In Situ*, cuyo anhelo es que se mantenga, con el potencial de extenderse a otros actos normativos, cuyos efectos puedan ser explorados en el futuro. El aplazamiento de los procesos de renovación de reconocimiento de cursos, toma otra dirección, con la publicación de la Orden SERES No. 114 del 30 de agosto de 2021, que generalmente amplía el número de cursos que pueden tener su renovación de reconocimiento automático y a su vez, extingue el proceso de evaluación.

Considerando toda la imprevisibilidad e incertidumbre presente durante el período estudiado, se espera que en la post pandemia, muchas de las disposiciones legales propuestas de manera transitoria, se conviertan en definitivas o se adapten a la nueva realidad que se construyó en la educación superior brasileña, agregando las ganancias proporcionadas por los recursos tecnológicos, en los procesos de enseñanza, aprendizaje y en la gestión de las IES, generando valor para la formación de los alumnos y para la mejora continua. Quizás, no se hallan diferencias entre las modalidades de enseñanza presencial y a distancia.

## Referencias

ARIAS, O. E.; ELACQUA, G.; LÓPEZ, S. A.; TÉLLEZ, J.; PERALTA, C. R.; OJEDA, M.; BLANCO, M. J.; PEDRÓ, F.; VIEIRA DO NASCIMENTO, D.; ROSER, C. J. Educación superior y COVID-19 en América Latina y el Caribe. 2021. Disponible en: https://publications.iadb.org/publications/spanish/viewer/Educacion-superior-y-COVID-19-en-America-Latina-y-el-Caribe-financiamiento-para-los-estudiantes.pdf. Acceso en: 17 jul. 2024.

ARRUDA, E. P. Educação remota emergencial: elementos para políticas públicas na educação brasileira em tempos de Covid-19. **EmRede**, v. 7, n. 1, p. 257-275, 2020.

ASTUR, A.; FLORES, E.; ISASMENDI, G.; JAKUBOWICZ, F.; LARREA, M.; LEPORE, E.; MEREGA, M.; PAZOS, N.; PUPPO, Ch. Políticas de educación superior en la pandemia: repertorios para la contingencia. **Integración y Conocimiento**, v. 9, n. 2, p. 131-147, 2020.

ASOCIACIÓN BRASILEÑA DE MANTENEDORES DE EDUCACIÓN SUPERIOR (ABMES). INEP cancela visitas in loco dos meses de março e abril de 2020. 18 marzo 2020. Disponible en: https://abmes.org.br/noticias/detalhe/3674/inep-cancela-visitas-in-loco-dos-meses-de-marco-e-abril-de-2020. Acceso en: 17 jul. 2024.

ASOCIACIÓN BRASILEÑA DE MANTENEDORES DE EDUCACIÓN SUPERIOR (ABMES). INEP retoma visitas de avaliação in loco nas IES a partir de 15 de novembro. 29 oct. 2020. Disponible en: https://abmes.org.br/noticias/detalhe/4066/inep-retoma-visitas-de-avaliacao-in-loco-nas-ies-a-partir-de-15-de-novembro. Acceso en: 17 jul. 2024.

BRASIL. Lei 10.861, de 14 de abril de 2004. Institui o Sistema Nacional de Avaliação da Educação Superior-SINAES e dá outras providências. **Diário Oficial [da] República Federativa do Brasil**, Poder Executivo, Brasília, DF, 15 abr. 2004.

BRASIL. Lei 11.788, de 25 de setembro de 2018. Dispõe sobre o estágio de estudantes. **Diário Oficial [da] República Federativa do Brasil**, Poder Executivo, Brasília, DF, 26 set. 2008.

BRASIL. Decreto 9.235, de 15 de dezembro de 2017. Dispõe sobre o exercício das funções de regulação, supervisão e avaliação das instituições de educação superior e dos cursos superiores de graduação e de pós-graduação no sistema federal de ensino. **Diário Oficial [da] República Federativa do Brasil**, Poder Executivo, Brasília, DF, 18 dez. 2017.

BRASIL. Lei 9.394, de 20 de dezembro de 1996. Estabelece as diretrizes e bases da educação nacional. **Diário Oficial [da] República Federativa do Brasil**, Poder Executivo, Brasília, DF, 23 dez. 1996.

BRASIL. Lei 13.979, de 6 de fevereiro de 2020. Dispõe sobre as medidas para enfrentamento da emergência de saúde pública de importância internacional decorrente do coronavírus responsável pelo surto de 2019. **Diário Oficial [da] República Federativa do Brasil**, Poder Executivo, Brasília, DF, 6 fev. 2020a.

BRASIL. Lei 14.040, de 18 de agosto de 2020. Estabelece normas educacionais excepcionais a serem adotadas durante o estado de calamidade pública. **Diário Oficial [da] República Federativa do Brasil**, Poder Executivo, Brasília, DF, 19 ago. 2020b.

BRASIL. Medida Provisória nº 934, de 1 de abril de 2020. Estabelece normas excepcionais sobre o ano letivo da educação básica e do ensino superior decorrentes das medidas para enfrentamento da situação de emergência de saúde pública de que trata a Lei 13.979. **Diário Oficial [da] República Federativa do Brasil**, Poder Executivo, Brasília, DF, 1 abr. 2020c.

CAMACHO, A. C. L. F.; JOAQUIM, F. L.; MENEZES, H. F.; SANT'ANNA, R. M. A tutoria na educação à distância em tempos de COVID-19: orientações relevantes. **Research, Society and Development**, v. 9, n. 5, p. 1-12, 2020.

CARVALHO, A. Anísio Teixeira e uma reflexão da Tecnologia na Educação *In*: Oliveira, F. N. G. de (org.). **Educação Superior**: refletindo caminhos e compartilhando experiências. Curitiba: Editora CRV, 2014. v. 1, p. 81-89.

CARVALHO, A. **Avaliação e acreditação da educação superior**: uma visão dos sistemas da América Latina e Caribe. São Paulo: Alexa Cultural, 2021.

CARVALHO, A.; ROSINI, A. M. Caminho da Educação à Distância no Brasil: Questão social, qualidade e expansão. **Revista de Ensino e Pesquisa em Administração e Engenharia**, v. 6, p. 104-113, 2020.

CHIAVENATO, I. **Administração nos novos tempos**. 3. ed. Rio de Janeiro: Campus, 2004.

COMISSÃO EXTERNA DE ACOMPANHAMENTO AÇÕES MINISTÉRIO DA EDUCAÇÃO (CEXMEC). **Relatório Semestral 01/2021**. Câmara dos Deputados. Disponível em: https://www.camara.leg.br/proposicoesWeb/prop_mostrarintegra?codteor=2039292&filename=REL+1/2021+CEXMEC. Acesso em: 15 nov. 20201.

COMPTE, M.; SÁNCHEZ, M. Aprendizaje colaborativo en el sistema de educación superior ecuatoriano. **Revista de Ciencias Sociales**, v. 25, n. 2, p. 131-140, 2019.

CONSELHO NACIONAL DE EDUCAÇÃO (CNE). Parecer CNE/CP No. 5/2020 (Homologado Parcialmente). **Diário Oficial [da] República Federativa do Brasil**, Poder Executivo, Brasília, DF, 1 jun. 2020.

CONSELHO NACIONAL DE EDUCAÇÃO (CNE). Parecer CNE/CP No. 9/2020 (Homologado). **Diário Oficial [da] República Federativa do Brasil**, Poder Executivo, Brasília, DF, 9 jul. 2020.

CONSELHO NACIONAL DE EDUCAÇÃO (CNE). Parecer CNE/CP No. 11/2020 (Não Homologado).

ECHEVERRÍA, B.; MARTÍNEZ, P. Revolución 4.0, competencias, educación y orientación. **Revista Digital de Investigación en Docencia Universitaria**, v. 12, n. 2, p. 4-34, 2018.

FANTIN, M.; GIRARDELLO, G. Diante do abismo digital: mídia-educação e mediações culturais. **Perspectiva**, Florianópolis, v. 27, n. 1, p. 69-96, jan.-jun. 2009.

GARCÍA, D. R.; REYES, J.; GODÍNEZ, G. Las Tic en la educación superior, innovaciones y retos. **Revista Iberoamericana de las Ciencias Sociales y Humanísticas**: RICSH, v. 6, n. 12, p. 299-316, 2017.

IESALC UNESCO. **COVID-19 y educación superior: de los efectos inmediatos al día después.** 2020. Disponible en: http://www.iesalc.unesco.org/wp-content/uploads/2020/05/COVID-19-ES-130520.pdf. Acceso en: 17 jul. 2024.

HURTADO, J. **Metodología de la Investigación**: Guía para la comprensión holística de la ciencia. Bogotá; Caracas: Quirón Ediciones Cuarta Edición CIEA SYPAL, 2012.

INSTITUTO NACIONAL DE ESTUDOS E PESQUISAS EDUCACIONAIS ANÍSIO TEIXEIRA (INEP). **Inep avalia 2 mil cursos e instituições em 4 meses.** 31 ago.

2021. Disponível em: https://www.gov.br/inep/pt-br/assuntos/noticias/avalia-cao-in-loco/inep-avalia-2-mil-cursos-e-instituicoes-em-4-meses. Acesso em: 20 dez. 2021.

INSTITUTO NACIONAL DE ESTUDOS E PESQUISAS EDUCACIONAIS ANÍSIO TEIXEIRA (INEP). **Censo da Educação Superior 2019**. Disponível em: http://portal.inep.gov.br/informacao-da-publicacao/-/asset_publisher/6JYIsGMAMkW1/document/id/6960488. Acesso em: 10 nov. 2020.

KUENZER, A. Z.; GRABOWSKI, G. Educação Profissional: desafios para a construção de um projeto para os que vivem do trabalho. **Perspectiva**, Florianópolis, v. 24, n. 1, p. 297-318, jan. /jun. 2006.

LEE, S.; TRIMI, S. Convergence innovation in the digital age and in the COVID-19 pandemic crisis. **J Bus Res**, v. 123, p. 14-22, 2021.

LÓPEZ-LEYVA, S. Fortalezas y debilidades de la educación superior en América Latina para la competitividad global. **Formación Universitaria**, v. 13 n. 5, p. 165-176, 2020.

MINAYO, M. C. **Pesquisa Social**: teoria, método e criatividade. 20. ed. Rio de Janeiro: Vozes, 2002.

MINISTÉRIO DA EDUCAÇÃO (MEC). Portaria Normativa No. 1.134, de 10 de outubro de 2016. **Diário Oficial [da] República Federativa do Brasil**, Poder Executivo, Brasília, DF, 11 out. 2016.

MINISTÉRIO DA EDUCAÇÃO (MEC). Portaria Normativa No. 11, de 20 de junho de 2017. **Diário Oficial [da] República Federativa do Brasil**, Poder Executivo, Brasília, DF, 21 jun. 2017.

MINISTÉRIO DA EDUCAÇÃO (MEC). Portaria Normativa No. 2.117, de 6 de dezembro de 2019. **Diário Oficial [da] República Federativa do Brasil**, Poder Executivo, Brasília, DF, 11 dez. 2020.

MINISTÉRIO DA EDUCAÇÃO (MEC). Portaria Normativa No. 329, de 11 de março de 2020. **Diário Oficial [da] República Federativa do Brasil**, Poder Executivo, Brasília, DF, 12 mar. 2020.

MINISTÉRIO DA EDUCAÇÃO (MEC). Portaria Normativa No. 343, de 17 de março de 2020. **Diário Oficial [da] República Federativa do Brasil**, Poder Executivo, Brasília, DF, 18 mar. 2020.

MINISTÉRIO DA EDUCAÇÃO (MEC). Portaria Normativa No. 356, de 20 de março de 2020. **Diário Oficial [da] República Federativa do Brasil**, Poder Executivo, Brasília, DF, 20 mar. 2020.

MINISTÉRIO DA EDUCAÇÃO (MEC). Portaria Normativa No. 374, de 3 de abril de 2020. **Diário Oficial [da] República Federativa do Brasil**, Poder Executivo, Brasília, DF, 6 abr. 2020.

MINISTÉRIO DA EDUCAÇÃO (MEC). Portaria Normativa No. 383, de 9 de abril de 2020. **Diário Oficial [da] República Federativa do Brasil**, Poder Executivo, Brasília, DF, 13 abr. 2020.

MINISTÉRIO DA EDUCAÇÃO (MEC). Portaria Normativa No. 473, de 12 de maio de 2020. **Diário Oficial [da] República Federativa do Brasil**, Poder Executivo, Brasília, DF, 13 maio 2020.

MINISTÉRIO DA EDUCAÇÃO (MEC). Portaria Normativa No. 544, de 16 de junho de 2020. **Diário Oficial [da] República Federativa do Brasil**, Poder Executivo, Brasília, DF, 17 jun. 2020.

MORAN, J. **Aprendizagem Significativa**. Entrevista ao Portal Escola Conectada da Fundação Ayrton Senna. 1 ago. 2008. Disponível em: https://moran.eca.usp. br/textos/educacao_inovadora/significativa.pdf. Acesso em: 17 jul. 2024.

NASCIMENTO, P. M. N.; RAMOS, D. L.; MELO, A. A. S. de; CASTIONI, R. Nota Técnica No. 88. Acesso domiciliar à internet e ensino remoto durante a pandemia. **IPEA 2020**. Disponível em:

https://www.ipea.gov.br/portal/images/stories/PDFs/nota_tecnica/200902_nt_disoc_n_88.pdf Acesso em: 20 dez. 2021.

OJO, E.; LORENZINI, E. Educación superior global más allá de la pandemia en un futuro incierto. **Texto Contexto Enferm Santos**, v. 30, p. 1-4, 2021.

PARDO-CUEVA, M.; CHAMBA-RUEDA, L. M.; GÓMEZ, Á. H.; JARAMILLO-CAM-POVERDE, B. G. Las TIC y rendimiento académico en la educación superior: Una relación potenciada por el uso del Padlet. **RISTI**: Revista Ibérica de Sistemas e Tecnologias de Informação, n. 28, p. 934-944, 2020.

QUINTANA, I. Covid-19 y cierre de universidades ¿preparados para una educación a distancia de calidad? **Revista Internacional de Educación para la Justicia Social**, v. 9, n. 3, 2020.

SALGADO, C.; LARA-ROSANO, F. Hacia la modelación de un sistema social dinámico y complejo para el apoyo en el incremento de la competitividad de la Educación Superior. **Revista Ibérica de Sistemas e Tecnologias de Informação**, n. 28, p. 360-374, 2020.

SECRETARIA DE REGULAÇÃO E SUPERVISÃO DA EDUCAÇÃO SUPERIOR (SERES). Portaria Normativa No. 075, de 27 de março de 2020. **Diário Oficial [da] República Federativa do Brasil**, Poder Executivo, Brasília, DF, 30 mar. 2020.

SECRETARIA DE REGULAÇÃO E SUPERVISÃO DA EDUCAÇÃO SUPERIOR (SERES). Portaria Normativa No. 135, de 5 de maio de 2020. **Diário Oficial [da] República Federativa do Brasil**, Poder Executivo, Brasília, DF, 11 maio 2020.

SECRETARIA DE REGULAÇÃO E SUPERVISÃO DA EDUCAÇÃO SUPERIOR (SERES). Portaria Normativa No. 218, de 30 de junho de 2020. **Diário Oficial [da] República Federativa do Brasil**, Poder Executivo, Brasília, DF, 1 jul. 2020.

SEVERINO, A. J. **Metodologia do trabalho científico**. 27. ed. São Paulo: Cortez, 2017.

ZABALZA, M. A. **O estágio e as práticas em contextos profissionais na formação universitária**. São Paulo: Cortez, 2015.

# POLÍTICAS PÚBLICAS EN LA EDUCACIÓN SUPERIOR MEXICANA: ANÁLISIS DEL ASEGURAMIENTO DE LA CALIDAD EN TIEMPOS DE COVID-19

*Ana Susana Cantillo Orozco*
*Nelly Milady López-Rodríguez*
*Lisandro José Alvarado-Peña*
*Reina Margarita Vega Esparza*
*Omaira Bernal Payares*

## Introducción

En este capítulo se comparte el análisis acerca de los cambios y tendencias que se han generado en las políticas estatales de Educación Superior (ES) en México a partir de la pandemia y contingencia Covid-19, en el marco de la investigación Aseguramiento de la calidad de la Educación Superior en América Latina y el Caribe: Brasil, Colombia, México y Perú, realizado por investigadores del Nodo Educación y Pedagogía de la Red Internacional de Estudios Organizacionales en América Latina, el Caribe e Iberoamérica – REOALCEI.

Sin lugar a duda, la educación superior contribuye significativamente al desarrollo social, cultural y económico de la sociedad. La continua preparación en la formación de alto nivel de las nuevas generaciones es uno de los principales objetivos de la Universidad. De acuerdo con lo proclamado en la Declaración Mundial sobre la Educación Superior en el Siglo XXI, "La educación superior ha demostrado su capacidad de transformarse y propiciar el cambio y el progreso de la sociedad" (UNESCO, 1998).

En México, la Constitución Política de los Estados Unidos Mexicanos en el artículo 3, expresa que la educación es un derecho (CPEUM, 2019); para su regulación, se han creado entre otras políticas educativas, el Sistema Nacional de Mejora Continua de la Educación, regulado por la Ley Reglamentaria Constitucional (LRC) en el artículo 3, cuyos principios son siete, los cuales se mencionan en su artículo 6, a destacar la fracción II, que hace referencia a "la mejora continua de la educación que implica el desarrollo y fortalecimiento permanente del Sistema Educativo Nacional para el incremento del logro académico de los educandos" (LRC, 2019). Esto implica retos y compromisos por parte del Estado, tendientes a la evaluación y acreditación institucional de programas académicos que promuevan la calidad educativa.

En ese sentido, el Estado ha implementado políticas públicas como la Ley General de Educación (LGE, 2019), cuyo objetivo es regular la formación impartida en los diferentes estamentos del Estado, otorgando validez oficial de estudios, así mismo, establece los límites y niveles educativos de cada ámbito. Para fines de este artículo se hará referencia sólo al nivel de educación superior.

Además, el decreto DOF 20042021, aborda tres grandes problemáticas: 1.- Problemática económica, derivada de la disminución de actividad productiva y comercial 2.- Acceso a la tecnología y al internet 3.- de naturaleza pedagógica por el desconocimiento de los profesores universitarios de la educación en línea. Además, en su artículo 11, fracciones I a la V establece los tipos de educación superior que se imparten en México, que son: Técnico universitario o Profesional Asociado, Licenciatura, Maestría y Doctorado.

Asimismo, en el artículo 13, fracciones I a V, señala las opciones que comprende este nivel educativo, mencionando que son enunciativas más no limitativas: presencial, virtual, abierta y a distancia, certificado por examen y otras que determinen los mandos e instituciones universitarias. Lo anterior, cuenta la inserción hecha en 2021, de la educación en línea o virtual, como una opción válida a partir de la pandemia generada en el año 2020 en todo el mundo. Asimismo, en el artículo 28, se establece que el Sistema Nacional de Educación Superior a efecto de dar cobertura educativa, cuenta con los subsistemas universitario, tecnológico y de escuelas normales y formación docente, en sus diferentes modalidades (LGES, 2021).

La LGES (2021) en sus políticas y acciones contempla el Acuerdo Educativo Nacional, en su artículo 5 manifiesta que se debe orientar a lograr una educación con cobertura universal, equidad y excelencia, con el fin de robustecer y acrecentar el sistema educativo. Aunado a ello, en el artículo 10, fracción I, se menciona que "la mejora continua de la educación superior para su excelencia, pertinencia y vanguardia", es un criterio para la elaboración de las políticas públicas.

En este contexto, García y Lindquist (2020) convocan a la reflexión sobre la función de las IES como generadoras de conocimiento que transforme la sociedad, haciendo explicita la responsabilidad social de las IES en la pertinencia de los currículos. El Estado mexicano, enfatiza el compromiso ante los ciudadanos y la comunidad internacional de garantizar de forma universal el pleno ejercicio del aseguramiento de la calidad en los programas educativos; para que este compromiso se haga efectivo en tiempos de emergencia sanitaria y contingencia Covid-19, se toman decisiones de política pública y se promueven acciones de sostenimiento que, por una parte, se encauzan a mantener el funcionamiento del sistema educativo del país y, por otro lado, se orientan hacia la transformación que demanda la realidad global.

## 1 Metodología

Es importante destacar que uno de los objetivos de la investigación, es identificar las tendencias de política pública definidas por Brasil, Colombia, México y Perú, que impactan el proceso de enseñanza-aprendizaje remoto asegurando calidad en los programas educativos en emergencia sanitaria Covid-19, por lo cual se abordan los siguientes problemas: ¿Qué transformaciones se generan en el sistema de aseguramiento de la calidad de la Educación Superior en México, a partir de la emergencia sanitaria Covid-19?, ¿Qué impacto tienen las políticas estatales de enseñanza superior, en el proceso enseñanza-aprendizaje en estudiantes durante la emergencia sanitaria Covid-19 en los países de estudio?, en el marco de una investigación cualitativa, de enfoque socio-crítico, no experimental de corte documental; socio crítico, por cuanto se propone superar el carácter instrumental del conocimiento, aportando visiones con valores significativos (Marín, 2013).

No experimental, en el que de acuerdo con Hernández, Fernández y Baptista (2016), las variables independientes no se manipulan, y se analiza un evento en un momento único en el tiempo; de corte documental en el que siguiendo a Perelló (1998), citado por Peña y Pirela (2007), se desarrollan dos fases: "la determinación del significado y la transformación de la información, y la elaboración de estrategias y métodos de búsqueda". Por tanto, el análisis documental que aquí se expone, se desarrolló a partir de documentos escritos, leyes, revistas científicas, publicaciones oficiales en web de instituciones públicas y gubernamentales, a partir de los cuales se estudiaron las políticas de educación superior que emergen en la contingencia sanitaria Covid-19, y las estrategias propuestas para dar continuidad al proceso enseñanza-aprendizaje en procura de la calidad del servicio educativo.

## 2 Resultados y discusión

En este apartado se presentan los resultados y discusión del estudio, organizados en cinco ejes en los que confluyen las categorías de análisis a saber: 1. Disposiciones ante el Covid-19 en Educación Superior y repercusiones en el sistema, 2. Pluralidad de enfoques, estrategias y posiciones políticas, 3. Tecnologías de la información y la comunicación, 4. Educación Inclusiva, 5. Calidad en la educación superior.

- **Disposiciones y repercusiones en el Sistema de Educación Superior**

La Organización Mundial de la Salud (OMS), en marzo de 2020, determina la propagación del coronavirus, como pandemia, debido al alcance del contagio a nivel internacional Cucinotta y Vanelli (2020), citado por Ordorika (2020), en abril, la Organización de las Naciones Unidas para la Educación, la Ciencia y la Cultura- UNESCO, dispuso las medidas recomendadas para evitar la expansión del Covid-19 y las estrategias para dar continuidad a la formación en educación superior mediante el uso de TIC, con adaptaciones a los calendarios académicos y seguimiento de estudiantes afectados en cada país.

Esta contingencia sanitaria causó un gran impacto en las IES, para continuar prestando el servicio educativo, fue necesario adaptar la modalidad presencial a un ambiente remoto, con alcance hibrido en algunos casos, teniendo en cuenta que las autoridades sanitarias, determinaron que las clases deberían desarrollarse con presencialidad restringida durante primavera y otoño de 2020 (Marmolejo, 2020).

Para México, esta crisis sanitaria se convirtió en un desafío de gran complejidad e incidencia en todas las esferas. Para las IES, generó la necesidad de repensar los distintos ejes o principios rectores, tales como la docencia, la investigación y la internacionalización (Universo, sistema de noticias de la Universidad Veracruzana, 2020). Además, el avance vertiginoso de la pandemia, enfrentó de una forma abrupta a los sistemas educativos y sus actores a una realidad más allá de la virtualidad, ligada a problemas sociales de magnitudes impresionantes. Así lo revelan las estadísticas sobre el estado de la educación superior de la SEP (2019) que se refieren a continuación:

Para el año 2019, en México se contaba con:

> 4´538,810 en licenciatura y 384,600 en posgrado, atendidos por 430,000 docentes, y 4.136 instituciones públicas y particulares con más de 6.600 planteles, en universidades públicas federales, tecnológicas, públicas estatales con sostén solidario, institutos tecnológicos, universidades politécnicas, universidad pedagógica nacional, universidad abierta y a distancia de México, universidades interculturales, escuelas normales públicas, centros públicos de investigación y otras instituciones públicas (SEP, 2021).

En la encuesta para la medición de impacto Covid-19 en la educación (ECOVID-ED), que abarcó los ciclos escolares 2019-2020 y 2020-2021, se obtuvieron datos que dan cuenta del comportamiento del alumnado ante esta situación pandémica en todos los niveles educativos, sin embargo, en este artículo se hace referencia -en la mayoría de los casos- a resultados de educación superior:

En el ciclo escolar 2019-2020 se tuvo una matrícula inscrita en el nivel superior del 76% en escuelas públicas y sólo un 24% en escuelas privadas, los estudiantes recurrieron para recibir su instrucción académica en su mayoría en portátil y computadora de escritorio, equivalente al 65.3%, el uso del celular como herramienta principal es del 33.4 %. Se aprecia como fenómeno particular que el 67.7% eran de su propiedad o al menos no tenían que compartirlos con alguna persona, a diferencia del nivel de primaria donde había la necesidad de compartir los dispositivos. En cuanto a la deserción que constituye un retroceso en el proceso educativo, se identificó un 2.2% de la población nacional de 3 a 29 años, que equivale a 738,400 personas. En el nivel de educación superior el 2.2% no concluyó el ciclo escolar, del cual se obtuvo que el 44.6% fue por motivos de la pandemia y el 25.1%, por motivos laborales.

No obstante, en el ciclo escolar 2020-2021, se identificó que 5.2 millones de personas entre los 3 y 29 años no se inscribieron por dos causas principales (no las únicas): afectaciones por Covid y falta de recursos económicos. Es importante conocer la siguiente información que publicó el INEGI (2021) a efecto de visualizar el contexto que ha generado la situación en la educación superior en México:

> De los 54.3 millones de personas de 3 a 29 años, según la ECOVID-ED, 60.6% (32.9 millones) se reportó como población inscrita para el ciclo escolar 2020-2021, para mujeres representa 60.9% y 60.4% para los hombres. Ahora bien, se identifica que de los 32.9 millones del alumnado del ciclo escolar 2020-2021, un total de 30.4 millones (el 92%) fue población que también estuvo inscrita en el ciclo escolar pasado (2019- 2020) y 2.5 millones (8%) son inscritos que no estuvieron participando en el sistema educativo en el ciclo escolar 2019-2020. Por otro lado, de la población no inscrita en el ciclo escolar 2020-2021 (21.4 millones) se indagó si la razón de no estar inscrita obedecía a un motivo relacionado a la pandemia por COVID-19, ante lo cual se identifica que 2.3 millones de personas de 3 a 29 años (4.3% en relación con la población total de 3 a 29 años) no se inscribieron al ciclo escolar 2020-2021, por motivo relacionado a la pandemia. Se identifica también que en total 2.9 millones de personas de 3 a 29 años (5.4% en relación con la población total de 3 a 29 años) no se inscribieron al ciclo escolar 2020-2021, por motivo falta de recursos económicos (INEGI, 2021).

Un dato interesante que también da a conocer el INEGI es que del total de población que no se inscribió por motivos de la pandemia (2.3 millones de personas), el 26.6% consideró que las clases a distancia son poco funcionales para el aprendizaje; el 25.3% fue porque sus padres o tutores se quedaron sin trabajo o por cuestiones económicas en otro rubro. También el 21.9% respondió que no se inscribió en virtud de falta de una computadora, servicio de internet o algún dispositivo.

En el nivel superior, durante el ciclo escolar 2020-2021, se dedicó por parte del alumnado 6 horas o incluso más al día al proceso de aprendizaje. No hay un incremento significativo en el uso del dispositivo inteligente o computadora portátil. Respecto a la disponibilidad de asistir a clases presenciales, el 55.9% de los estudiantes manifesto disposición para regresar a clases presenciales, el 16.1% algo de disponibilidad, mientras que el 28% poco o nada de disponibilidad.

La ECOVID-ED investigó si la población de 3 a 29 años, realizó gasto adicional en las clases en línea, durante la pandemia, encontrando que los gastos adicionales efectuados fueron principalmente en: el 28.6% en la adquisición de teléfonos inteligentes de las viviendas encuestadas, el 26.4 % en contratos de servicio de internet fijo, el 20.9% en mobiliario como sillas, mesas, escritorios o adecuar espacio para el estudio. Además, en un menor porcentaje, se realizaron erogaciones en otros conceptos tales como: computadora portátil o de escritorio, gastos en recargas telefónicas o fichas de internet, televisión digital, tablet y otros.

Según Schmelkes (2020), las IES se vieron abocadas a dar el paso hacia la formación remota, de acuerdo con la capacidad de cada una, para realizar la migración tecnológica. Se observó que educación no escolarizada no tuvo interrupciones, así como algunas universidades privadas. En general las universidades y los institutos tecnológicos interrumpieron clases durante periodos de uno y cuatro meses, afrontando diferentes grados de dificultad en el acceso a internet por parte de los estudiantes. Algunas, ofrecieron el acceso a tabletas o laptops. Muchas, tuvieron que enfrentarse a la falta de experiencia en el uso de la tecnología por parte de profesores y estudiantes, y en todos los casos, con la falta de formación docente en el aprendizaje en línea.

En relación con lo anterior, el gobierno de México, al respecto de la LGES (2021) señala:

> Para fomentar el aprendizaje, el conocimiento, las competencias formativas y las habilidades digitales, las instituciones de educación superior, en el ámbito de sus respectivas competencias, desarrollarán estrategias transversales y promoverán las siguientes acciones: I. Priorizar la conversión a las tecnologías de la información, comunicación, conocimiento y aprendizaje digital; II. Implementar las opciones educativas con la utilización de las tecnologías de la información, comunicación, conocimiento y aprendizaje digital; III. Contar con tecnología accesible para la realización de las funciones de docencia, y IV. Aplicar la Agenda Digital Educativa emitida en términos de la Ley General de Educación (art.45).

Por su parte, el Gobierno Federal tomó medidas para mitigar y controlar los peligros para la salud el coronavirus. Una de las más importantes fue la suspensión de las actividades. En consonancia con las disposiciones gubernamentales en marzo de 2020, el CONAEDU, presenta a las IES agremiadas en la Asociación Nacional de Universidades e Instituciones de Educación Superior (ANUIES), las directrices encaminadas a la protección de las comunidades universitarias, dentro de las cuales se prioriza la repatriación de estudiantes en intercambio con otros países (ANUIES, 2020). Las instituciones de educación superior de carácter público acuerdan en abril 2020, un plan de acción con ejes y acciones encaminados a: brindar apoyo a la probación, actividades de docencia e investigación, vinculación del sector productivo. Concheiro (2020), dentro de las acciones cabe mencionar la atención psicológica, médica y jurídica a distancia, el fortalecimiento de las plataformas y sistemas de información de las IES y la Estrategia Nacional de Emprendimiento basado en la economía social, por mencionar una de las acciones por cada eje.

Las acciones antes descritas han sido producto de un análisis permanente por parte de las autoridades educativas públicas en el nivel superior; a efecto de conseguir proteger la salud de todos los educandos y en general de toda la población, con el fin de dar continuidad a las actividades académicas. Todo esto, en un contexto donde la resiliencia constituye un elemento importante para afrontar los retos que ha traído consigo la pandemia Covid-19.

Es sabido, que los retos representan oportunidades y ha llegado el momento de retomar o emprender acciones tendientes a mejorar la calidad educativa en todos los ámbitos mediante el fortalecimiento de la comunidad académica, una infraestructura tecnológica adecuada para ofrecer mayor cobertura educativa, así como, un vínculo más fuerte con el sector productivo y de servicios, sin menoscabo de las medidas sanitarias, teniendo como factor común: el humanismo.

En ese sentido, Mendoza (2020, expone que "los retos a los que se enfrenta el Sistema Educativo Mexicano varían de acuerdo con el rol que tienen los involucrados". Siendo, uno de los principales retos que enfrenta la educación en el país, el de las desigualdades sociales-educativas; situación que pareciera, no fuera del todo considerada prioritaria por las autoridades educativas.

En el boletín 165 emitido el 22 de junio de 2020, la Secretaría de Educación Pública (SEP) anunció una serie de medidas tendientes a mitigar la deserción y el abandono escolar, refiriéndose de manera general a una Nueva Escuela Mexicana, donde el uso de cubrebocas, así como la sana distancia, resultan ser elementos fundamentales para el regreso a clase presencial, que tiene que ver con "yo cuido del otro" (SEP, 2020).

En México el virus evidenció carencias del sector salud y del sector educativo, en cuanto a educación, una enorme desigualdad de la población en el acceso a la tecnología, por tanto, n el objetivo de dar continuidad a los planes y programas establecidos, interrumpidos por el confinamiento, las autoridades gubernamentales establecieron diversas estrategias a implementar en el sistema educativo. Algunos de los impactos que se identifican para asegurar la calidad educativa residen en los siguientes aspectos:

- **Pluralidad de enfoques, estrategias y posiciones políticas**

La gestión del conocimiento junto con las nuevas modalidades para el aprendizaje se ha constituido en el eje central de las políticas de educación en México, asumiendo que la sociedad se produce y se reproduce por el conocimiento, afirmando a la vez que no existen paradigmas que sean definitivos, que existe la necesidad de nuevos mecanismos de integración entre sociedad y conocimiento. Según Pérez (2017), "El pluralismo político como pluralismo social, es el hecho de que en las sociedades contemporáneas conviven diversas cosmovisiones, por parte del gobierno, la academia y la sociedad en general."

Para García (2020),

> [...] el gobierno tiene el reto de generar estrategias de educación a distancia que respondan a la emergencia de manera oportuna, teniendo en cuenta las prioridades de inclusión establecidas en las estrategias nacionales de política.

Así mismo, Ruiz-Corbella y López-Gómez (2019), plantean el cambio radical que se dará en la economía, producto de la transformación basada en el conocimiento, en la información, las comunicaciones y la innovación tecnológica como proyección de las universidades del siglo XXI. Es de considerar que el Instituto Internacional para la Educación Superior en América Latina y el Caribe, refiere que en la región cerca del 22% de la educación es brindada en línea.

- **Tecnologías de la información y la comunicación (TIC)**

En este contexto las TIC cobran gran importancia y son entendidas como recursos, programas o herramientas digitales utilizadas "para procesar, administrar y compartir la información empleando diferentes soportes tecnológicos de gran apoyo para la continuidad de los servicios educativos en la educación" (UNAM, 2020); por ello, las Instituciones de

Educación han hecho uso de las TIC y las han adecuado en sus modalidades de enseñanza para seguir adelante en el desarrollo de los planes de estudio. En este sentido, Benítez (2000) sostiene que:

> [...] la virtualización de la educación debe seguir un diseño pedagógico orientado en tres sentidos: conceptual (contenidos temáticos), actitudinal (valores y comportamiento del individuo) y práctico (habilidades); señala que la educación virtual coadyuva en la construcción del conocimiento a partir de los procesos de socialización que deben ser activos entre los actores de esta modalidad educativa.

- **Globalización y academia**

Se aprecia una gran coincidencia a nivel global en que el proceso enseñanza-aprendizaje no puede ni debe detenerse, así lo expresa Sara Ladrón de Guevara (2020), rectora de la Universidad Veracruzana "es imposible aislarnos porque la academia es un asunto global y la ciencia se desarrolla de manera internacional". Por consiguiente, las autoridades educativas, los profesores, los alumnos y los padres de familia no pueden aislarse en su totalidad a pesar de la contingencia por la cual está atravesando la humanidad, razón por la cual, deben seguirse creando políticas públicas tendientes a impulsar que los habitantes sigan preparándose y adquiriendo competencias que les permitan aprendiendo para la vida. En este tenor, en el apartado 6.2 del Programa Sectorial de la SEP, derivado del Plan Nacional de Desarrollo 2019-2024, acuerdo 03/03/20:

> Los currículos y programas son revisados y adaptados de acuerdo con las necesidades y desafíos actuales para lograr una educación integral y de calidad desde la primera infancia hasta la educación superior, que incluye salud, deportes, literatura, arte, música, inglés, trabajo social-desarrollo emocional y promoción de los estilos de vida saludables, educación sexual y reproductiva, protección del medio ambiente y uso de TICCAD (DOF, 03/03/20).

Como parte de las estrategias, se dio a conocer en el Comunicado No. 19 del Gobierno de México, del 9 de junio de 2021, que se firmó un convenio entre el rector de la UNAM Enrique Graue Wiechers y la titular de la SEP, Delfina Gómez Álvarez, a efectos de conformar un Sistema Integrado de Información de Educación Superior, cuyo propósito fundamental es el de "conocer con mayor oportunidad la realidad en el sector educativo y así construir un país con mejor educación superior y de mayor calidad". Es realmente interesante lo que se pretende lograr con la creación de este sistema a decir por el Subsecretario de Desarrollo Institucional de la UNAM:

> [...] consiste en un sistema que permite integrar en una sola plataforma informática las estadísticas e indicadores del sistema nacional de educación superior, y el registro de principales procesos y resultados de las políticas y programas de ese nivel educativo que contribuyen a la planeación, programación, seguimiento y evaluación de las instituciones (UNAM, 2021).

Este mecanismo, está encaminado a dar seguimiento a la implementación de las políticas establecidas, a fin de alcanzar una educación superior de calidad, después de la pandemia generada por el Covid-19.

- **Educación inclusiva**

En el año 2008, la UNESCO hizo un pronunciamiento muy interesante sobre la educación inclusiva dentro de la Conferencia Internacional de Educación en Ginebra, Suiza. En el documento que resume los aportes a las discusiones en los talleres, define la educación inclusiva como "un proceso orientado a responder a la diversidad de los estudiantes incrementando su participación y reduciendo la exclusión en y desde la educación" (UNESCO, 2008, p. 7). Este concepto habla de una inclusión social, la cual, a su vez integra una inclusión en la educación que comprende

> [...] contextos educativos que acogen a todas las personas de la comunidad, independientemente de su procedencia social, cultural o características individuales, y den respuesta a la diversidad de necesidades de aprendizaje (p. 5).

Aquí cabe preguntarse, si en el mundo y en México, se cumple con esas premisas en todos los niveles educativos, en específico en el nivel superior.

En ese mismo sentido, el Objetivo 4 de Desarrollo Sostenible de la Agenda 2030, denominado "Garantizar una educación inclusiva, equitativa y de calidad y promover oportunidades de aprendizaje durante toda la vida para todos", destaca en la meta 4.5 un aspecto importante sobre la inclusión educativa, en la cual se plantea eliminar:

> [...] las disparidades de género en la educación, garantizar el acceso a condiciones de igualdad de las personas vulne-

rables, incluidas las personas con discapacidad, los pueblos indígenas y los niños en situaciones de vulnerabilidad, a todos los niveles de la enseñanza y la formación profesional (CEPAL, 2018, p. 28).

No obstante, surgen interrogantes sobre tres cuestiones fundamentales: 1) Los aspectos que abarca el tema de educación inclusiva, 2) la realidad de la educación inclusiva y, 3) Las políticas públicas relacionadas con este tema.

Con respecto al primer punto, se habla mucho de dos términos: integración e inclusión. Este último, supone un aspecto más amplio en cuanto a que "aspira a hacer efectivo para toda la población el derecho a una educación de calidad, preocupándose especialmente de aquellos que, por diferentes causas, están excluidos o en riesgo de ser marginados", mientras que la integración hace referencia a "asegurar el derecho de las personas con discapacidad a educarse en las escuelas comunes" (UNESCO, 2008, p. 7). Cabe señalar que la inclusión en la educación no sólo abarca a las personas discapacitadas, sino a los pueblos indígenas y a los niños en situaciones de vulnerabilidad, tal como lo establecen los ODS de la Agenda 2030.

En relación con el punto 2, se puede afirmar con base en los datos estadísticos -ya comentados con anterioridad-, que debido a la pandemia del Covid-19, se han presentado en el nivel superior, deserción de alumnos, un rezago escolar y una desmotivación evidente hacia el aprendizaje remoto. Ello ha provocado un retroceso en la inclusión de la educación todavía más grave, que tal vez, tarde varios años en alcanzar los niveles esperados.

El punto 3, requiere de acciones inmediatas y contundentes por parte de las autoridades gubernamentales en México, orientadas a repensar el futuro de la educación y centrar sus esfuerzos a implementar políticas públicas que permean a todos los niveles educativos, a fin de impulsar sociedades igualitarias que eviten la exclusión de las mujeres, los discapacitados, los indígenas y los pobres a una educación de calidad que les sirva para vivir de la manera posible.

- **Calidad en la educación superior**

El sistema de garantía de la educación superior en México es un conjunto de varias organizaciones que actúan colectivamente de forma complementaria entre las que se encuentran: CONACYT FIMPES, COPAES,

CIEES y CENEVAL. Precisar las funciones de las agencias de aseguramiento de la calidad permite vislumbrar el quehacer de cada ente en el proceso de evaluación, mediante la valoración externa, encaminada a verificar el cumplimiento de las variables e indicadores de autoevaluación declarados por las IES, donde la calidad es un tema relevante a nivel mundial, contemplado en las políticas educativas de cada país.

Para Martínez, Tobón y Romero (2017), las IES recurren a la acreditación como mecanismo de garantía de sus procesos educativos; Para Jiménez (2019), "el reconocimiento de la calidad, que se otorga a los programas educativos, responde a una dinámica social y económica en la cual este nivel educativo se encuentra inmerso". En efecto, Acosta & Acosta (2016) miran la acreditación como el medio de reconocimiento de calidad de las universidades y de sus carreras por el Estado.

De acuerdo a Zenteno, Osorno y Portillo (2017) el objetivo general es "dar certeza de la capacidad técnica y operativa de las organizaciones dedicadas a la acreditación de programas académicos a través de la regulación de los procesos de acreditación" Cabe destacar de acuerdo con Guzmán (2017) que "la Federación de Instituciones Mexicanas Particulares de Educación Superior (FIMPES) da un peso muy importante a la efectividad, es decir, a demostrar que la institución cumple con su misión y con los compromisos educativos estipulados en sus perfiles de egreso".

En el I Seminario de Aseguramiento de la Calidad de la Educación Superior en Latinoamérica y el Caribe, en tiempos de Covid-19: Visión de las Agencias de Acreditación e Instituciones de Educación Superior, que se llevó a cabo en el mes de julio de 2021, el Director General del COPAES y presidente de la Red Iberoamericana para el Aseguramiento de la Calidad de la Educación Superior, el Mtro. Alejando Miranda Ayala refiere que la educación superior, "se enfrenta a numerosos desafíos derivados de problemas de acceso a la educación, exclusión de alumnos en situación de vulnerabilidad, interrupción de trayectorias educativas, rezago educativo, débil formación docente, aprendizajes insuficientes, las TIC se convierten en un apoyo para los procesos de aseguramiento de la calidad educativa" (COPAES, 2021).

De igual manera, la Primera Encuesta Nacional sobre Calidad y Acreditación en la Educación Superior de México, que realizó el COPAES en coordinación con la Universidad Veracruzana, refiere que:

> [...] el 70% de los directores de Facultad están totalmente satisfechos con las plataformas digitales utilizadas para los procesos de acreditación, como efectos de la pandemia el abandono escolar es mayor al 54% y en el 70.4% hay un desaliento referente a la internacionalización académica.

Ello representa un panorama hasta cierto punto desolador en donde hay que cuidar la excelencia académica en todas sus vertientes, pero cuidando que no se oferte una educación superior a distancia que no tenga un soporte académico de calidad (COPAES, 2021).

Al inicio de la Covid-19, se tenía un panorama desalentador para docentes e inclusive para estudiantes, debido al desconocimiento del uso de algunas plataformas tecnológicas. De manera intuitiva y con una capacitación intempestiva la mayoría de los docentes de todos los niveles educativos, e incluso educación superior, lograron entender los recursos tecnológicos para generar con ellos contenidos de aprendizaje e implementar estrategias didácticas y pedagógicas para sus diferentes grupos de estudio, y garantizar la continuidad y el aseguramiento de la calidad educación.

De acuerdo con López, D. León y C. León (2020) cabe señalar que, la ANUIES llevó a cabo la Encuesta de Continuidad Académica en las IES durante la contingencia por Covid-19, en la que se hizo un análisis de tres aspectos prioritarios: 1. Estrategias y mecanismos, 2. Servicios y herramientas 3. Recursos humanos, la cual se conformó por 187 informantes de 85 IES de 29 Estados, donde su propósito principal fue determinar las acciones y el alcance de cada institución para avanzar vía remota en el proceso de continuidad académica, cuidando los estándares de calidad y de equidad en el acceso y los resultados de aprendizaje de modo acorde con sus necesidades y condiciones.

Es así como, se obtuvieron conclusiones interesantes relacionadas con el impacto por el Covid-19, vale la pena conocer y reflexionar a efecto de crear y recrear un panorama acorde a las circunstancias actuales, se mencionan solo algunas: 1) Se percibió una migración obligatoria, masiva y muy forzada a contextos educativos en situaciones adversas, en donde se hizo necesaria una mejor planeación a corto y a largo plazo para enfrentar retos inesperados, en programas de origen presencial. 2) se visualizó un avance significativo en el uso de las TIC (con algunos inconvenientes) en el proceso de enseñanza aprendizaje. 3) Se identificó que es necesaria una mejor organización de las actividades académicas. 4) En lo que respecta a la asignación de recursos, es indispensable que se programen y se destinen a la implementación de nuevas herramientas y plataformas que den seguridad tanto al alumno como al profesor, las cuales deben adaptarse a los nuevos modelos educativos, independientemente del regreso a clases presencial o semipresencial.

## 3 Consideraciones finales

La educación superior en México como en muchos países, se vio debilitada debido a la situación de salud a nivel mundial, enfrentándose a una brecha digital y de acceso al aprendizaje que ha propiciado desigualdades sociales-educativas entre la población. Con el propósito de continuar el proceso formativo, las autoridades gubernamentales han implementado una serie de estrategias, las cuales deben ser evaluadas para determinar su pertinencia en los diversos contextos, a fin de lograr el aseguramiento de la calidad educativa.

El Sistema de Educación Superior en México, no es el mismo desde la pandemia Covid-19 pues esta, ha modificado la vida cotidiana y causado una disrupción para todos los actores que hacen parte de dicho sistema, generando nuevas prácticas y escenarios con la implementación de otras modalidades educativas, tales como el aprendizaje remoto y el aprendizaje híbrido, que abren paso a nuevas lógicas de innovación en la docencia, las cuales se pretende sean significativas en el marco de su integración para crear nuevos ambientes, modelos y estrategias del aprendizaje.

Los docentes son los actores clave para la transformación del proceso enseñanza aprendizaje en las IES, la interpretación y ejecución del currículo, y su repercusión en la práctica docente cotidiana es un generador potencial del desarrollo de las competencias de los estudiantes que se configuran en los saberes significativos del perfil de egreso, teniendo en cuenta que la educación de calidad proporciona a los estudiantes conocimientos, actitudes y habilidades orientadas a la construcción de sociedades pacíficas y democráticas.

Finalmente, la educación superior en México presenta estrategias y planes para mejorar la enseñanza en consecuencia de una demanda de necesidades tecnológicas, sociales, de infraestructura, de competencias docentes, y de una nueva gestión articulada con las políticas públicas del sector que minimice los efectos secundarios ante la nueva normalidad

Covid-19. En este sentido, se requiere esperar un lapso prudente para confirmar o reprobar la implementación de las recientes políticas educativas, en pro de regular las actividades tendientes a lograr superar el rezago educativo y por qué no, repensarlas y reorganizarlas.

## Referencias

ACOSTA, B.; ACOSTA, M. Modelos de evaluación para la acreditación de carreras. Análisis de su composición y una propuesta para las carreras de Ecuador. **Revista mexicana de investigación educativa**, v. 21, n. 71, p. 1249-1274, 2016. Disponible en: https://www.scielo.org.mx/scielo.php?pid=S1405=66662016000401249-&script-sci_abstract. Acceso en: 25 feb. 2021.

ACUERDOS y decretos con motivo de la pandemia por el COVID-19. **Gobierno de México**, 11 jun. 2020. Disponible en: https://www.bgbg.mx/periodo-de-suspension-actividades-de-dependencias-federales/. Acceso en: 28 enero 2021.

ASOCIACIÓN NACIONAL DE UNIVERSIDADES E INSTITUCIONES DE EDUCACIÓN SUPERIOR – ANUIES. Implementar medidas preventivas con relación al COVID-19 para las instituciones de educación superior en el país. 18 marzo 2020. Disponible en: http://www.anuies.mx/noticias/implementan-medidas-preventivas-con-relacin-al-covid-19-para-las. Acceso en: 8 mayo 2020.

BENÍTEZ, R. **La educación virtual**: Desafío para la construcción de culturas e identidades. Ponencia presentada en el Congreso Proyección de la Integración Latinoamericana en el siglo XXI, 2000. Disponible en: http://investigacion.ilce.edu.mx/panel_control/doc/c37laeducacionvirtualq.pdf. Acceso en: 14 feb. 2021.

BGBG. Periodo de suspensión de actividades de Dependencias Federales. 11 junio 2020. Disponible en: https://www.bgbg.mx/periodo-de-suspension-actividades-de-dependencias-federales/. Acceso en: 15 marzo 2021.

CÁMARA DE DIPUTADOS DEL H. CONGRESO DE LA UNIÓN. Ley Reglamentaria del Artículo 3º de la Constitución Política de los Estados Unidos Mexicanos en materia de Mejora Continua de la Educación, **Diario Oficial de la Federación** (DOF) 30/09/2019, México, 2021. Disponible en: http://www.diputados.gob.mx/LeyesBiblio/pdf/LRArt3_MMCE_300919.pdf. Acceso en: 23 enero 2022.

CÁMARA DE DIPUTADOS DEL H. CONGRESO DE LA UNIÓN. Ley Reglamentaria del Artículo 3º de la Constitución Política de los Estados Unidos Mexicanos, en Materia de Mejora Continua de la Educación, 2019. Disponible en: http://www.diputados. gob.mx/LeyesBiblio/pdf/LRArt3_MMCE_300919.pdf. Acceso en: 10 marzo 2022.

CENTRO NACIONAL DE EVALUACIÓN PARA LA EDUCACIÓN SUPERIOR (CENE-VAL). Perfil institucional. Disponible en: https://www.ceneval.edu.mx/perfil-institucional. Acceso en: 20 oct. 2021.

COMITÉS Interinstitucionales para la evaluación de la Educación Superior. México. Disponible en: https://www.ciees.edu.mx/. Acceso en: 25 oct. 2021.

CONCHEIRO, L. **Planeación Estratégica 2020**: Nuevo Acuerdo Educativo. Subsecretaría de Educación Superior de México, 2000. Disponible en: http://www.anuies.mx/media/docs/avisos/pdf/200417115709VF_ACCIONES_SES_COVID_19_ANUIES.pdf. Acceso en: 13 dic. 2021.

CONSEJO NACIONAL DE HUMANIDADES, CIENCIAS Y TECNOLOGÍAS – CONAH-CYT. México. Disponible en: https://conahcyt.mx/Acceso en: 2 abr. 2023.

CONSEJO para la Acreditación de la Educación Superior, A. C., COPAES, 2021. Disponible en: https://www.copaes.org/noticia28julio2021_sem.html. Acceso en: 06 jul. 2022.

CONSTITUCIÓN POLÍTICA DE LOS ESTADOS UNIDOS MEXICANOS. Artículo 3°, Última reforma mediante Decreto publicado en el Diario Oficial de la Federación el 15 de mayo de 1917. Disponible en: https://www.dof.gob.mx/nota_detalle. php?codigo=5560457&fecha=15/05/2019. Acceso en: 19/05/2022.

FEDERACIÓN DE INSTITUCIONES MEXICANAS PARTICULARES DE EDUCACIÓN SUPERIOR – FIMPES. Qué es FIMPES. Disponible en: México https://www.fimpes. org.mx/index.php/home/que-es-fimpes. Acceso en: 17 jul. 2024.

FERNÁNDEZ, H. et al. Lecciones del COVID-19 para el sistema educativo mexicano. Nexos distancia por tiempos. Blog de Educación, 2000.

GARCÍA, P. El reto de inclusión frente a la emergencia del Covid-19 en México. **Blog de la Educación Mundial**, 2000.

GARCÍA, G.; LINDQUIST, R. **Hacia una agenda social de las universidades latinoamericanas del siglo XXI:** una perspectiva teórica-epistémica y política. Revista de la Educación Superior, v. 29, n. 115, p. 123-145, 2000.

GUZMÁN, S. Una Mirada a la Acreditación Institucional en EEUU y la Experiencia en Latinoamérica. **Revista de Educación y Derecho**, Education and Law Review,

n. 15, oct. 2016-marzo 2017. Disponible en: https://revistes.ub.edu/index.php/RED/article/view/18403/21107. Acceso en: 14 nov. 2020.

HERNÁNDEZ, R. *et al.* **Metodología de la Investigación**. México: McGraw-Hill, 2016.

INSTITUTO NACIONAL DE ESTADÍSTICA Y GEOGRAFÍA – INEGI. Datos estadísticos sobre el ECOVID. Disponible en: https://www.inegi.org.mx/contenidos/investigacion/ecovided/2020/doc/ecovid_ed_2020_nota_tecnica.pdf. Acceso en: 14 nov. 2020.

JIMÉNEZ, J. La evaluación y acreditación de la educación profesional en México: ¿la legitimación y competitividad como fin de la universidad? **Revista de la Educación Superior,** v. 48, n. 191, p. 29-54, 2019.

LEY GENERAL DE EDUCACIÓN SUPERIOR, publicada en el DOF 20 de abril de 2021. Secretaría de Gobernación. Acceso en: 12 agosto 2021.

MARÍN, J. **La investigación en educación y pedagogía**. Sus fundamentos epistemológicos y metodológicos. Bogotá: Ediciones USTA, 2013.

MARMOLEJO, F. Webinar "La presencialidad restringida". *In*: ASAMBLEA GENERAL VIRTUAL DE LA RED IBEROAMERICANA PARA EL ASEGURAMIENTO DE LA CALIDAD EN LA EDUCACIÓN SUPERIOR (RIACES), 18., 2020.

MARTÍNEZ, I. *et al.* Problemáticas relacionadas con la acreditación de la calidad de la educación superior en América Latina. **Innovación educativa**, México, DF, 2017.

MORENO, C. Las reformas en la educación superior pública en México: rupturas y continuidades. **Revista de la Educación Superior**, 2017.

MENDOZA, L. La educación en México en tiempos de COVID-19. **Educación Futura**. Periodismo de Interés Público, 2020.

NACIONES UNIDAS. **La Agenda 2030 y los Objetivos de Desarrollo Sostenible**: una oportunidad para América Latina y el Caribe, 2018.

ORDORIKA, I. Pandemia y educación superior. **Revista de la Educación Superior**, 2020.

PEÑA, T.; PIRELA, J. La complejidad del análisis documental. Información, cultura y sociedad. **Revista del Instituto de Investigaciones Bibliotecológicas**, n. 16, p. 55-81, enero-jun. 2007, 2017.

PÉREZ, M. Tres enfoques del pluralismo para la política del siglo XXI. **Ideas y Valores**, 2017.

PONCE, J. *et al.* **Encuesta de continuidad académica en las IES durante la contingencia por COVID-19**. México: Asociación Nacional de Universidades e Instituciones de Educación Superior, 2020.

RUIZ, M.; LÓPEZ, E. La misión de la universidad en el siglo XXI: comprender su origen para proyectar su futuro. Revista de la Educación Superior, v. 48, n. 192, p. 45-70, 2019.

SCHMELKES, S. La educación superior ante la pandemia de la Covid-19: el caso de México. **Revista Universidades**, 2020.

SECRETARÍA DE EDUCACIÓN PÚBLICA. Gobierno de México. Datos estadísticos sobre la educación superior, 2019.

SECRETARÍA DE EDUCACIÓN PÚBLICA. Gobierno de México. Boletín No. 167 para mitigar la deserción y el abandono escolar antes la pandemia por el Covid-19, 2020.

SECRETARÍA DE EDUCACIÓN PÚBLICA. Gobierno de México. Convenio para integrar el Sistema de Información de Educación Superior, 2020.

SEGOB – SECRETARÍA DE GOBERNACIÓN. Plan Sectorial derivado del Plan Nacional de Desarrollo 2019-2024. Diario Oficial de la Federación, 2020. Secretaría de Educación Pública. Disponible en: http://www.dof.gob.mx/nota_detalle.php?codigo=5596202&fecha=06/07/2020. Acceso en: 13 agosto 2021.

SEGOB – SECRETARÍA DE GOBERNACIÓN. Acuerdo número 03/03/20 por el que se suspenden los plazos y términos relacionados con los trámites y procedimientos administrativos que se llevan a cabo ante la Secretaría de Educación Pública. Diario Oficial de la Federación, 20 marzo 2020. Disponible en: http://diariooficial.gob.mx/nota_detalle.php?codigo=5590062&fecha=20/03/2020. Acceso en: 13 agosto 2021.

SEGOB – SECRETARÍA DE GOBERNACIÓN. Decreto por el que se expide la Ley General de Educación Superior y se abroga la Ley para la Coordinación de la Educación Superior. Diario Oficial de la Federación. 20 abr. 2021. Disponible en: https://www.dof.gob.mx/nota_detalle.php?codigo=5616253&fecha=20/04/2021. Acceso en: 13 agosto 2021.

UNAM. **Tutorial de estrategias de aprendizaje**. Colegio de Ciencias y Humanidades, 2020.

UNESCO. **Conferencia Internacional de Educación**. La Educación Inclusiva: El Camino hacia el futuro. Una breve mirada a los temas de educación inclusiva: aportes a las discusiones de los talleres, 2018.

UNESCO. **El coronavirus COVID-19 y la educación superior**: impacto y recomendaciones, recuperado el 2 abril de 2020.

VENDRELL, I.; RODRÍGUEZ, J. Pensamiento Crítico: conceptualización y relevancia en el seno de la educación superior. **Revista de la Educación Superior,** v. 49, n. 193, p. 85-110, 2020.

ZENTENO, B. *et al*. El consejo para la acreditación de la educación superior "Copaes" en México: retos y reflexiones. **Revista de Educación y Derecho, Education and Law Review,** v. 20, p. 1-25, 2020.

# CAMBIOS EN LAS POLÍTICAS PÚBLICAS EN EDUCACIÓN SUPERIOR EN EL PERÚ A PARTIR DE LA PANDEMIA COVID-19

*Nelly Milady López Rodríguez*
*Hilda Jara León*
*Aurea Elizabeth Rafael Sánchez*
*Pablo Jesús García Aguirre*
*Lisandro José Alvarado Peña*

## Introducción

La calidad en educación superior demanda cambios a nivel social, organizacional y empresarial, que garanticen la satisfacción de los grupos de interés. Al respecto, Cevallos (2014) mencionan que para obtenerla en Educación Superior se fija principalmente en el cumplimiento de estándares que todo agente universitario debe cumplir para el logro y sostenimiento en el tiempo.

Pires y Lemaitre (2008) sostienen que la calidad de la educación superior es un compromiso de todos los actores en la educación y que la situación cambiante responde a necesidades del contexto diverso y complejo.

Para Figallo, Gónzales y Diestra (2020) una de las políticas educativas fue la del aseguramiento de la calidad de la educación superior universitaria, a través de los procesos de licenciamiento y acreditación que ha sido un trabajo en la década de los 90 y se ha proyectado en los países de América Latina por ejemplo en Chile, las políticas públicas de 2009 y 2011 estuvieron orientadas al cumplimiento de ofrecer un buen servicio educativo. En el año 2006 se creó el Sistema Nacional de Evaluación, Acreditación y Certificación de la Calidad Educativa (SINEACE). Posteriormente el trabajo de Reforma Universitaria con el respaldo de la Ley Universitaria 30220 y la Política de Aseguramiento de la Calidad Educativa, creándose la Superintendencia Nacional de Educación Superior Universitaria (SUNEDU).

Este proceso empezó a ejecutarse con la evaluación de las instituciones universitarias públicas y privadas mejorando las condiciones del servicio, pero se vio interrumpido por la pandemia Covid-19 obligando a las autoridades del Perú y del mundo a decretar el confinamiento de los docentes y estudiantes replantearse el uso de la tecnología en sus hogares, determinando el trabajo remoto en todos los sectores. Al respecto afirma Expósito (2020), que los docentes tenían la responsabilidad de mejorar progresivamente las clases virtuales desarrolladas en tiempo real, al igual que las clases grabadas expuestas en plataformas digitales y otras herramientas de interacción y colaboración. Con ello, se evidenció que el reto del docente en cuanto a sus competencias pedagógicas pasó a un escenario educativo digital con espacios sincrónicos y asincrónicos.

En su pretensión académica el presente artículo alcanza un conjunto de reflexiones ante tiempos de cambios a partir del análisis de las políticas públicas que direccionan la calidad y pertinencia de la educación superior en el Perú a partir de las nuevas demandas de perfiles profesionales y de gestión de conocimiento asumiendo lo acontecido en tiempos de pandemia por Covid-19 como oportunidad de aprendizaje social que conduce a la universidad a asumir retos, desarrollar motivaciones y compromisos ante la exigencia de la formación académica con calidad, donde los compromisos institucionales son liderados por autoridades, docentes, personal administrativo y estudiantes, con participación de egresados y grupos de interés.

## 1 Metodología

Con el objetivo de describir la realidad educativa superior universitaria en el impacto que ha generado la política pública en el proceso de aprendizaje de los programas educativos en emergencia sanitaria Covid-19 en Perú, se siguió la ruta de la investigación caológica y analítica, desde el paradigma cualitativo se asumen como categorías de análisis las políticas educativas universitarias y los efectos de la Covid-19, buscando responder a la pregunta ¿Qué impacto ha tenido la generación de nuevas políticas públicas en el proceso de enseñanza-aprendizaje de los programas educativos en emergencia sanitaria Covid-19 en el Perú?, en un el análisis mediante estudio de caso de dos universidades públicas emblemáticas del Perú: Universidad Nacional de Trujillo y Universidad Nacional Mayor de San Marcos. Esta metodología se enfoca en el estudio sistemático de casos específicos, lo que permite obtener una comprensión detallada y contextualizada de los fenómenos educativos estudiados, por lo que a decir de Hernández, Fernández y Baptista (2014, p. 12) ".. no se pretende necesariamente generalizar los resultados del estudio, sino analizarlos intensivamente", permitió estudiar fenómenos socio educativos que son difíciles de medir cuantitativamente no generalizables fácilmente con muestras grandes, acercándonos a un nivel de comprensión de las derivaciones de las políticas universitarias en contexto de pandemia por la Covid-19 posibilitando identificar factores clave que influyen en los resultados de los casos estudiados.

## 2 Resultados y discusión

Se comparten en este apartado los resultados y la discusión alcanzada mediante los siguientes apartados: Normatividad de la Educación Superior en Perú, Pertinencia y legalidad de la propuesta Universidad de Trujillo en el marco de la pandemia, Pertinencia y legalidad de la propuesta Universidad de San Marcos, en tiempos pandemia.

- **Normatividad de la Educación Superior en el Perú**

La acreditación Universitaria en el Perú ha tenido un desarrollo sinuoso que puede encontrar su antecedente en dos leyes: Ley Universitaria 23733 de 1983 con la cual se creó la Asamblea Nacional de Rectores (ANR) que emitía la resolución de autorización de los programas y la Ley 26439 de 1995 con la cual se creó el Consejo Nacional para la Autorización de Funcionamiento de Universidades (CONAFU), que autorizaba la creación de nuevas universidades, otorgaba licencias temporales de cumplir con las ocho condiciones; y licencias definitivas, luego de cinco años de trabajo y supervisión.

Sin embargo, las bases más próximas para los procesos de acreditación se han producido en los últimos 20 años. Un hecho impulsor de la propuesta de la acreditación fueron los resultados de la prueba del Programa para la Evaluación Internacional de Estudiantes (PISA) en el que Perú quedó relegado en la lista de resultados por países (OCDE, 2003). Lo que generó, sumado a otros sucesos, críticas por parte del Ministerio de Educación MINEDU y llevó a declarar en el bienio 2003-2004 a la educación peruana en emergencia (DS 021 de 2003).

Así tenemos que después de un largo proceso se promulgó la Ley General de Educación (Ley 28044 de 2003) que promueve una educación de calidad en todos los niveles y que se logrará a través del Sistema Nacional de Evaluación, Acreditación y Certificación de la Calidad Educativa (artículo 14), y se dictamina la Ley del Sistema Nacional de Evaluación Acreditación y Certificación de la Calidad Educativa (Ley 28740 de 2006) que tiene por objetivo, según su primer artículo, normar los procesos de acreditación y certificación de la calidad educativa en el país.

El órgano operador del proceso para la Educación Superior es el Consejo de Evaluación Acreditación y Certificación de la Calidad de la Educación Superior Universitaria (CONEAU), responsable de establecer criterios, indicadores y estándares de medición con el objetivo de garantizar, en las casas de estudio públicas y privadas, niveles aceptables de calidad (Ley 28740 de 2006).

Tales criterios se materializan en tres documentos técnicos: modelo para la acreditación institucional universitaria, estándares para la acreditación de carreras profesionales universitarias de ingeniería y el modelo de la calidad para la acreditación de programas de posgrado, modalidad presencial y estándares para maestría y doctorado, todos ellos en el 2010.

En el 2014, se promulga la nueva Ley universitaria que tiene por objetivo, según su artículo primero "normar la creación, funcionamiento, supervisión y cierre de las universidades. Promueve el mejoramiento continuo de la calidad educativa de las instituciones universitarias" y en su décimo segunda disposición, declarar en reorganización al Sineace para supervisar sus criterios de acreditación y nombrar un Consejo Directivo Ad Hoc. Además, deroga sus órganos evaluadores IPEBA – CONEAU y crea Superintendencia Nacional de Educación (Ley Universitaria 30220, 2014). La Superintendencia Nacional de Educación (SUNEDU) es el órgano responsable de verificar y prescribir la normativa que todas las universidades del territorio peruano deben cumplir, sintetizadas en ocho condiciones básicas de calidad (CBC). Cabe resaltar que dichas condiciones tienen claramente como antecedente a las ocho condiciones que presentó la CONAFU (Ley N° 26439, 1995).

Es a partir de 2014, que la acreditación tiene una etapa previa para su consumación: el licenciamiento. El licenciamiento es un proceso cíclico y obligatorio que comprende tres etapas, la revisión documentaria, la verificación presencial de las condiciones básicas de calidad (CBC) y la emisión de resolución, aprobada o denegada, y sustentada por un informe técnico (SUNEDU, 2015). La primera licencia la recibió la Universidad de Ingeniería y Tecnología (UTEC) el 28 de marzo del 2016. En total se ha denegado el licenciamiento a 46 universidades y 2 escuelas de posgrado (una de ellas de administración pública, la Universidad Nacional San Luis de Gonzaga) y se ha otorgado 94 licenciamientos, 92 universidades y dos Escuelas de Posgrado (SUNEDU, 2020). La última casa de estudio en alcanzar el licenciamiento fue la Universidad Autónoma de Ica, en mayo del 2020.

Avendaño, Paz y Rueda (2017) señalan que la política pública es un proceso que conlleva a un conjunto base de principios que establece las leyes que corresponde al ámbito ejecutivo mientras Herrera y Borrego (2017) realizan un estudio sobre el impacto de nuevas tecnologías en los estudiantes de la educación que va poco a poco registrando un precedente a la virtualidad, es decir que las necesidades de los estudiantes van cambiando y surgen retos y desafíos como el buen uso de las nuevas tecnologías al identificar como una necesidad que se establezcan planes de mejora cuya finalidad es la mejora continua.

El estado peruano a través de la ley universitaria N°30220 dada en el año 2014 enfatiza la importancia de la política educativa del nivel superior, alcanzando un merecido reconocimiento tanto a nivel nacional como internacional. Por ello, la política de educación peruana está dirigida a elevar los bajos niveles de los estándares de calidad tanto a nivel público como privado; con el fin de afrontar y superar de manera estructural la propia problemática que corresponde al estudiante, a la institución superior y al contexto. Dicha política pública está relacionada a las decisiones tomadas en base a la investigación y a la responsabilidad social como objetivos principales de una institución universitaria.

Esto es corroborado por Cuenta (2015) quien frente al trabajo tradicional señala como consecuencias a la ampliación del acceso a los estudios superiores universitarios no llegó a todos ni tampoco fue de calidad, la nueva ley universitaria 30220 es reglamentarista. Esto, además de revelar la incapacidad del Estado y la sociedad para incorporar a la vida civil a los jóvenes indígenas, pone en evidencia el desencuentro entre la universidad y la diversidad cultural del país.

Coincidiendo con Herrera y Borrego (2017) quienes manifiestan que, en este contexto el concepto de calidad de la educación es relativo por los factores intervinientes que dan un vuelco de 360 grados que significa un empezar de nuevo en el trabajo académico a nivel universitario. La calidad educativa en la educación superior universitaria sostiene Crosby (1986) que el hacer bien las cosas implica calidad, que no haya errores, es una responsabilidad compartida, y el mismo término es variado, múltiple en su contexto. Asimismo, González y Espinoza (1994) que la calidad es un término complejo y polisémico, cualitativo que presenta a los estándares como referentes para alcanzar la excelencia.

Para Mejía (2017), en este contexto, la tarea de las universidades conlleva el trabajo de implementarse con programas o proyectos de responsabilidad social universitaria articulados a las necesidades o demandas de atención de las comunidades, bajo un enfoque de procesos con resultados que responden a la satisfacción de los grupos de interés. Lo dicho, refleja la presencia de una universidad peruana en proceso de cambio, flexible, heterogénea e inclusiva que poco a poco está re direccionando sus bases científicas, filosóficas, psicopedagógicas hacia el desarrollo del ser humano visto en su conjunto de potencialidades como individuo y ser social.

En este análisis de las políticas públicas de la educación peruana, se deja advertir que el estado peruano al igual que otras naciones viene afrontando una pandemia que ha detenido al país en todos sus aspectos de política de gobierno y ha evidenciado las limitaciones en su política educativa universitaria planteada. Estas medidas sanitarias fueron presentadas a través de planes de acción y de estudio a través del sistema remoto (no presencial) con estas medidas se replanteó y se reprogramó el calendario académico a nivel de universidades.

Vicentini (2020) afirma que la pandemia de Covid-19 sigue siendo un desafío para el sistema socioeconómico, especialmente en Perú, debido a la velocidad de contagio. Una de las medidas adoptadas ha sido el distanciamiento social, que ha generado una dificultad económica, sobre todo en las empresas peruanas. La educación no ha sido la excepción y también se ha visto afectada directamente, ya que se han modificado los mecanismos pedagógicos para adaptarse al trabajo remoto, es decir, no presencial.

El trabajo de docentes y estudiantes universitarios siempre será la investigación e innovación con herramientas digitales hoy en día, en modalidad presencial, semipresencial y no presencial que en adelante formarán parte de nuestra vida cotidiana.

- **Pertinencia y legalidad de la propuesta de la Universidad Nacional de Trujillo en el marco de la pandemia**

Los lineamientos universitarios tienen su base en la normatividad que enfatiza el Modelo educativo Universidad Nacional de Trujillo, versión 2 ha conllevado a iniciar la tan ansiada reforma curricular de las 45 carreras estableciéndose lineamientos de política educativa teniendo presente las normas de bioseguridad y la actualización del Modelo educativo UNT versión 2 que orienta el proceso de la gestión del modelo educativo, curricular, pedagógico y didáctico que ha sido proyectado en la práctica en dos facultades piloto como es Educación y Ciencias de la Comunicación además Derecho y Ciencias políticas respectivamente pero que a partir del 2022 es con las trece Facultades en un contexto determinado por protocolos de bioseguridad en el cuidado de la salud pública.

En 2022, considerando la situación de emergencia nacional ante la referida pandemia, la UNT implementó nuevas políticas de gestión académica que conllevan a rediseños estructurales de procesos y su respectivo soporte normativo a fin de respaldar la formación en la modalidad no presencial, la misma que utiliza la plataforma Moodle UNITRU Virtual, como herramienta tecnológica de soporte al proceso curricular en su nivel de implementación silábica, guías de aprendizaje, objetos virtuales de aprendizaje (OVA), foro, chat, calendario, reportes de asistencia y de evaluación. También se ha planificado, revisado, ejecutado, evaluado y elaborado un plan de mejora siguiendo el ciclo Deming, en las orientaciones pedagógicas y didácticas específicas del trabajo universitario.

La Universidad Nacional de Trujillo mediante Resolución Viceministerial N° 081.2020 MINEDU, aprueba la Norma Técnica denominada "Disposiciones para la prevención, atención y monitoreo ante el Coronavirus (COVID-19)". La normatividad técnica registra acciones de prevención, atención, acompañamiento y evaluación de la salud integral de los trabajadores universitarios.

Frente a esta situación en la responsabilidad de cumplir los protocolos de salud y organización se establece la conformación de la comisión de emergencia para la seguridad y salud en el trabajo, encargado de elaborar los protocolos para la prevención y monitoreo de Covid 19 en la UNT. El cumplimiento de los mismos es hasta el mes de diciembre del presente año. El cuidado de la salud, es también mejorar nuestra calidad de vida a nivel personal, familiar y social.

En el año 2022, despuès de un período de dos años de aislamiento social, por efecto de la pandemia generada por Covid-19, La Universidad Nacional de Trujillo tuvo que ir adaptando e innovando sus procesos de gestión y ejecución curricular en un contexto complejo y cambiante a fin de cumplir con los objetivos misionales. En la Universidad Nacional de Trujillo se aprobaron los lineamientos para la gestión curricular con Resolución Vicerrectoral N.º 115-2020-VAC/UNT y lineamientos complementarios R.V Nº 065-2021-VAC/UNT. Establece el retorno gradual a la presencialidad y/o semipresencialidad del Servicio Educativo en la UNT.

La Universidad Nacional de Trujillo se proyecta establecer desarrollar un conjunto de acciones con respaldo técnico-legales y académicos para el retomo gradual al desarrollo de las actividades académicas presenciales y/o semipresenciales con la participación de los miembros de la comunidad universitaria aplicando con responsabilidad las medidas de prevención y contención de la pandemia del Covid-19. Ademàs de determinar adecuadamente la implementaciòn del desarrollo de las modalidades de educaciòn presencial y / o semipresencial (mixta o hìbrida) en cada uno de los programas de formación profesional y sus respectivas asignaturas.

Sobre la presencialidad la Universidad Nacional de Trujillo, instituciòn licenciada por SUNEDU que excepcionalmente ha funcionado en forma no presencial en los años 2020 y 2021, pero es necesario volver a la presencialidad sobre todo en aquellas asignaturas que se requiera la presencia fìsica de los docentes y estudiantes en los centros de pràctica, laboratorios, talleres de investigaciòn de campo. Para ello se ha priorizado los cuatro ùltimos ciclos de formación profesional en los semestres académicos 2022-I, los ciclos VII y IX deben desarrollarse de modo presencial, y en el semestre 2022-II, los ciclos VIII y X. En los programas profesionales que tengan más de diez ciclos, estos últimos deben ejecutarse de manera presencial.

La Universidad Nacional de Trujillo en la semipresencialidad se utiliza el aula virtual UNT de acuerdo a los lineamientos establecidos y frente a ello se ha organizado una capacitaciòn de cursos MOOC en forma asìncrona para la comunidad universitaria.

Esto ha generado reestructurar el trabajo a sincrónico y asincrónico, donde la virtualidad ha establecido modalidades en la dinámica de enseñanza superior. Los estudiantes que no asisten presencialmente reciben, de modo virtual materiales, instructivos y las mismas tareas. Especialmente los estudiantes que no pueden asistir sus clases seràn semipresenciales replicadas reciben las mismas sesiones de enseñanza-aprendizaje, pero mediante materiales virtuales, diacrónicamente, según su disponibilidad temporal, y deben cumplir con las mismas exigencias de los que asisten al aula física (Resolución de Consejo Universitario N° 0116-2022/UNT).

En conclusión, los estudiantes de la Universidad Nacional de Trujillo realizan sus clases presenciales desde el VII al X ciclo, semipresenciales en las asignaturas como deporte y virtuales en las asignaturas de I – VI ciclo. El trabajo universitario de los docentes se evidencia en el sìlabo de las asignaturas y respectivas guías de aprendizaje. Todo ello bajo la supervisión en el cumplimiento de la Dirección de procesos Acadèmicos.

- **Pertinencia y legalidad de la propuesta de la Universidad Nacional Mayor de San Marcos, en el marco de la pandemia**

El 6 de marzo, el presidente de la República en conferencia de prensa, anuncia el primer caso de Covid-19 en el país (PCM, 2020). Y para el 11 de marzo el jefe de Estado establece las acciones urgentes a considerar en respuesta a la pandemia y sus consecuencias (DU-025, 2020), además, se declara la emergencia sanitaria por 90 días. En dicho documento, se precisa, en el segundo artículo, que el Ministerio de Educación (Minedu) debe tomar las medidas pertinentes para evitar los contagios (DS-008, 2020). Un día después, el Minedu, emite una resolución viceministerial donde suspenden las clases en todos los niveles, incluyendo el nivel universitario, hasta el 31 de marzo (RV-081-MINEDU, 2020).

Poco antes de vencer el plazo en el que se retornarán las clases presenciales, la Superintendencia Nacional de Educación Universitaria (SUNEDU), a través de una resolución de su consejo directivo, aprueba los criterios para la prestación de servicios educativos no presenciales hecho que avizora la continuidad del aislamiento social y que ya no se pueda brindar clases en contextos presenciales por el tiempo de pandemia. Esta posibilidad se materializa el 31 de marzo ampliando la prohibición de clases hasta el 3 de mayo (RV-084-MINEDU, 2020). Sin embargo, la Sala situacional del Covid-19 alertaba el desborde de la pandemia en la capital y otras grandes ciudades, la capacidad de atención de los sistemas sanitarios privados y públicos se encuentran saturados (Ministerio de Salud, 2020). Todo ello, lleva a que el 3 de mayo se suspendan las clases presenciales para todas las universidades, con una clara declaratoria, en el segundo artículo, que no hay fecha de retorno mientras dure la emergencia sanitaria, en otras palabras, no queda más posibilidad que brindar el servicio de enseñanza-aprendizaje que de forma remota (RV-095-MINEDU, 2020).

Ante la situación tan difícil que experimenta la universidad como institución, pero sobre todo, como casa de estudios que forma las próximas generaciones para el servicio de la ciudadanía, decide establecer el Comité Central Covid-19 estableciendo como presidente de la comisión al decano de la Facultad de Medicina, doctor Sergio Ronceros Medrano para tomar acciones consensuadas en coordinación con los marcos legislativos y la realidad de la universidad (RR-01144, 2020).

Posterior a la fecha de formación del Comité Central Covid-19, se decidió aprobar la reprogramación del inicio de las actividades académicas para el 30 de marzo en concordancia con la primera resolución viceministerial en contexto de pandemia que permitía para esa fecha, retornar a las clases de forma presencial. Además, se decidió postergar sin fecha determinada, el examen de admisión que estaba programado para las fechas 14 y 15 de marzo (RR-01204, 2020).

Para el mes de abril, a casi mes y medio del inicio del aislamiento social obligatorio, el Rectorado promulgó el "Protocolo general actuación y prevención frente a la Covid-19". Documento tiene la finalidad de establecer los parámetros que debe conducirse la universidad durante la emergencia sanitaria (RR-01244, 2020). Meses después, este documento es ampliado y detallado en el "Plan de vigilancia, prevención y control de la Covid-19", en el que se establecen las áreas comunes que deben enfatizar los lineamientos de higiene, los protocolos de lavado de manos, los controles para acceder con toma de temperatura, y delimitar los grupos y enfermedades de riesgo. Incluso, esta resolución de forma expresa busca precisar el mínimo de personas necesarias para la prestación de trabajo presencial, aborda la posibilidad de trabajar menor número y horas del día al mes, entre otros (RR-01555, 2020).

## Consideraciones finales

La gestión de la calidad que aporta la acreditación universitaria en Perú, se inicia desde los años 2000 habiéndose implementado dos modelos de calidad a cargo del SINEACE, lográndose instalar una cultura de calidad en las universidades, con énfasis en la autoevaluación con fines de mejora y de acreditación.

La adaptación y adopción de la tecnología de la información y comunicación como también el uso de plataformas virtuales, fue parte de los nuevos desafíos que las universidades tuvieron que asumir; más aún bajo las circunstancias de pandemia y de aislamiento social.

El sistema de trabajo universitario de la comunidad docente, estudiante y personal administrativo ha sido modificado; y se replantea un sistema bifuncional (modalidad presencial y no presencial), situación que advierte que las universidades van fortaleciendo sus políticas de gestión en función a los nuevos y retadores escenarios socio formativos, científicos, económicos y culturales.

La estrategia pedagógica ha sido modificada en tiempos de confinamiento ocasionada por el Covid-19 y no es periódica sino permanente en su función que desarrolla el docente, como líder transformacional en la Universidad y, hoy, la implementación de modelos formativos más dinámicos, centrados en el estudiante y sus contextos conduce a las universidades a replantear sus modelos educativos, sus currículos y las propias didácticas universitarias.

En ambos casos estudiados, Universidad Nacional de Trujillo y Universidad Nacional Mayor de San Marcos las políticas publicas han conllevado a implementar estrategias frente a los desafíos educativos en este contexto de emergencia sanitaria; entre ellas tenemos: actualizaciones de modelos educativos y cambios curriculares, ampliación de la infraestructura tecnológica, programas de capacitación para docentes en educación a distancia, implementación de plataformas educativas, monitoreo y evaluación de los procesos educativos y, finalmente, un cambio de cultura frente al cuidado de la salud preventiva.

## Referencias

AVENDAÑO, W.; PAZ, L.; RUEDA, J. Políticas públicas y educación superior. **Universidad de Zulia**, Venezuela, v. 22, n. 79, 2017.

CEVALLOS, D. **La calidad educativa en la realidad educativa universitaria, frente al contexto latinoamericano.** 2014.

CROSBY, P. B. **RunningThmgs.** Theartofmakingthingshappen. Milwaukee: American Society for Quality, 1986.

DÍAS, J. **Acreditación de la Educación Superior en América Latina y el Caribe**. En La Educación Superior en el Mundo 2007. Acreditación para la garantía de la calidad: ¿Qué está en juego?, Madrid, Barcelona: Global University Network for Innovation (GUNI/UNESCO), Ediciones Mundi-Prensa, 2006.

EXPÓSITO, C. D. Virtualidad y educación en tiempos de COVID-19. Un estudio empírico en Argentina. **Educación y Humanismo**, v. 22, n. 39, p. 1-22, 2020.

FIGALLO, F.; GONZALES, M. T.; DIESTRA, V. Perú: Educación superior en el contexto de la pandemia por el covid-19. **Esal Revista de Educación Superior en América Latina**, 2020. Disponible en: http://rcientificas.uninorte.edu.co/index.php/esal/article/view/13404. Acceso en: 22 enero 2021.

GONZÁLEZ, L. E.; ESPINOZA, O. **Propuestas para la modernización de la educación superior chilena**. Santiago de Chile: PIIE, 1994. Disponible en: http://www.piie.cl/documentos/documento/politica_ ed_superior2.pdf. Acceso en: 11 enero 2021.

HERNANDEZ, R.; FERNANDEZ, C.; BAPTISTA, M. **Metodología de la investigación**. 6. ed. Mc Graw Hill Education, 2014. Disponible en: https://www.uca.ac.cr/wp-content/uploads/2017/10/Investigacion.pdf. Acceso en: 8 oct. 2022.

HERRERA, A.; BORREGO, C. **Modelo Peruano PIHEM, evaluación de gestión de la calidad en organizaciones educativa**. Trujillo: Editorial EDUNT, 2017.

MEJÍA, J. El proceso de la Educación superior en el Perú. **Investigaciones sociales**, Lima, Perú, v. 21, n. 38, p. 199-212, 2017. Disponible en: https://revistasinvestigacion.unmsm.edu.pe/index.php/sociales/article/view/14226. Acceso en: 8 oct. 2023.

ORGANIZACIÓN PARA LA COOPERACIÓN Y EL DESARROLLO ECONÓMICO (OCDE). **Prueba Pisa 2003**. Disponible en: https://www.oecd.org/pisa/39732493.pdf. Acceso en: 8 oct. 2023.

ORGANIZACIÓN MUNDIAL DE LA SALUD – OMS (2020). **COVID-19**: cronología de la actuación de la OMS. Ginebra, Suiza. Disponible en: https://www.who.int/es/news/item/27-04-2020-who-timeline---covid-19. Acceso en: 8 oct. 2023.

PALACIOS, M.; SANTOS, E.; VELÁZQUEZ, M.; LEÓN, M. COVID-19, una emergencia de salud pública mundial. **Revista Clínica Española**, n. 54, p. 2-7. Presidencia del Consejo de Ministros [PCM], 2020. Mensajes a la nación. Lima, Perú. Disponible en: https://www.gob.pe/institucion/presidencia/mensajes-a-la-nacion. Acceso en: 12 marzo 2023.

PERU. Ministerio de Salud. **Sala situacional covid-19**. Perú, mayo, 2020. Disponible en: https://covid19.minsa.gob.pe/sala_situacional.asp. Acceso en: 12 marzo 2023.

PIRES, S.; LEMAITRE, M. J. Tendencias de la Educación Superior en América Latina y el Caribe. *In*: **Acreditación y evaluación de la educación superior en América Latina y el Caribe**. IESAL-UNESCO, 2020. p. 297-318.

RECTORADO UNMSM. Aprobar el plan de reactivación de las actividades de investigación, desarrollo innovación y (I + d + i) en Universidad Nacional Mayor de San Marcos durante la pandemia causada por el coronavirus Sars-Cov-2". [Resolución rectoral N° 01541-R-20]. Universidad Nacional Mayor de San Marcos, Lima, Perú, 2020. Disponible en: http://www.unmsm.edu.pe/transparencia/ resoluciones. Acceso en: 20 nov. 2023.

RECTORADO UNT. Aprobar el Reglamento para la Implementación del Retorno Gradual a la Presencialidad y/o Semi presencialidad del Servicio Educativo en la Universidad Nacional de Trujillo. Resolución de Consejo Universitario N° 0116-2022/UNT.

SÁNCHEZ, C.; REYES, C.; MEJÍA, K. Investigación. **Manual de términos en investigación científica, tecnológica y humanística**, 2018. Disponible en: https:// repositorio.urp.edu.pe/handle/URP/1480. Acceso en: 20 nov. 2023.

SISTEMA NACIONAL DE EVALUACIÓN, ACREDITACIÓN Y CERTIFICACIÓN DE LA CALIDAD EDUCATIVA. **Modelo de Acreditación para Programas de Estudios de Educación Superior Universitaria**, 2016. Disponible en: https:// www.sineace.gob.pe/wp-content/uploads/2014/08/Anexo-1-nuevo-modelo-programas-Resolucion-175.pdf. Acceso en: 20 nov. 2023.

VICENTINI, I. La educación superior en tiempos de COVID-19. Aportes de la segunda reunión de diálogo virtual con rectores de universidades líderes de América Latina. **Banco Interamericano de Desarrollo**. Santander y Universia, 2020. Disponible en: https://publications.iadb.org/es/la-educacion-superior-en-tiempos-de-covid-19-aportes-de-la-segunda-reunion-del-dialogo-virtual-con. Acceso en: 20 nov. 2023.

# CARACTERIZACIÓN DE LOS SISTEMAS DE EVALUACIÓN, ACREDITACIÓN Y LICENCIAMIENTO DE PROGRAMAS ACADÉMICOS EN EDUCACIÓN SUPERIOR

*Nelly Milady López-Rodríguez*
*Lisandro José Alvarado-Peña*
*Alexey Carvalho*
*Ana Susana Cantillo Orozco*
*Reina Margarita Vega Esparza*
*Elizabeth Rafael*

## Introducción

Como parte de la investigación "Aseguramiento de la calidad de la Educación Superior en América Latina y el Caribe: Brasil, Colombia, México y Perú 2020-2022", en el Nodo Educación y Pedagogía de la Red REOALCEI, se realizó la caracterización de los sistemas de evaluación, acreditación y licenciamiento en relación con los programas de pregrado en los países objeto de estudio. Para tales fines se ofrece un panorama de la normatividad vigente.

La evaluación de la educación superior en Brasil tiene como antecedentes, las evaluaciones de los programas de posgrado en la década de 1970. En las últimas décadas se destacan contribuciones importantes como, en 1993 del Programa de Evaluación Institucional de las Universidades Brasileñas (PAIUB), en 1995, del Examen Nacional de Curso (ENC), precursor del actual Examen Nacional de Desempeño Estudantil (ENADE). Estas y otras experiencias contribuyeron a la elaboración del Sistema Nacional de Evaluación de la Educación Superior (SINAES), establecido por la Ley 10861 abril 14 de 2004. El Decreto 9235 de diciembre 15 de 2017 (Brasil, 2017), en su artículo 3, establece que las funciones de regulación, supervisión y evaluación en el sistema educativo federal serán ejercidas por el Ministerio de Educación (MEC), el Consejo Nacional de Educación (CNE), el Instituto Nacional de Estudios e Investigaciones Educativas Anísio Teixeira (INEP) y la Comisión Nacional de Evaluación de la Educación Superior (CONAES). En este contexto, el INEP actúa de manera similar a las agencias de otros países, ya que es responsable del flujo de evaluaciones y del Banco de Evaluadores (Basis).

En Colombia, el Consejo Nacional de Acreditación (CNA), fue creado mediante la ley 30 de 1992, en 2008 mediante la ley 1188, se regula el registro calificado de programas de educación superior, con la resolución 10414 de 2018 se reorganiza la comisión Nacional Intersectorial de Aseguramiento de la Calidad de la Educación Superior (CONACES) quedando derogadas la resolución 14830 de 2016 y 3179 de 2017. En 2019 el decreto 1330 de 2019 (Colombia, 2019), se establece como "Único Reglamentario del Sector Educación". En 2020, con el decreto 843 de 2020 (Colombia, 2020) se actualiza el Sistema Nacional de Acreditación, su modelo, organización y actores, con la resolución 21795 de 2020, se establecen las condiciones de calidad del programa, evidencias e indicadores que deben presentar las instituciones para su cumplimiento, en la obtención, modificación y renovación del registro calificado y con la resolución 015224 de 2020 se establecer los parámetros de autoevaluación, verificación y evaluación de cada una de las condiciones institucionales definidas en el Decreto 1075 del 2015 modificado por el Decreto 1330 de 2019, las cuales deben ser demostradas integralmente en el marco de los procesos de solicitud y renovación del registro calificado de programas académicos de educación superior.

Una de las primeras acciones en México en materia de evaluación educativa, según Rubio (2007), se inician en los años 70´s por parte de la Secretaría de Educación Pública (SEP) y la Asociación Nacional de Universidades e Instituciones de Educación Superior (ANUIES). El autor califica esta etapa en general, como actividades realizadas de manera aislada por algunas instituciones. Se creó la Comisión Nacional de Evaluación (CONAEVA), la cual se derivó del Programa para la Modernización de la Educación Superior en el periodo 1989-1994, cuyo fin fue conseguir una excelencia educativa y competitividad en el nivel superior. A partir de ahí se crearon los organismos evaluadores y acreditadores que actualmente realizan esas funciones, tales como los Comités Interinstitucionales para la Evaluación de la Educación Superior (CIEES) y el Consejo para la Acreditación de la Educación Superior (COPAES).

En Perú, a partir de la ley universitaria 23733 de 1983, en el artículo 25: "Las Universidades están obligadas a mantener sistemas de evaluación interna para garantizar la calidad de sus graduados y profesionales", regulación que logra iniciar la incorporación de procesos sistémicos de calidad en las universidades, básicamente en el desarrollo de la docencia, investigación y responsabilidad social. En el año 2006, se aprueba la Ley del sistema nacional de evaluación, acreditación y certificación de la calidad educativa (SINEACE) la misma que inicia el involucramiento de las universidades en el cumplimiento de la política de calidad; siendo a partir del 2008, que el organismo regular SINEACE dispone el Modelo de evaluación de la calidad de carreras profesionales, estableciendo la obligatoriedad de la acreditación para las carreras de ciencias de la salud, educación y derecho. Mediante la Ley Universitaria 30220 de 2014, se regula el sistema de garantía interna de la calidad con cuatro procesos centrales: autoevaluación, evaluación externa, acreditación y licenciamiento.

## 1 Metodología

Este trabajo se realizó mediante un diseño metodológico cualitativo, crítico reflexivo y documental, en el periodo 2020-2022. El estudio se origina en el contexto incertidumbre Covid-19 por tanto se adoptó un enfoque caológico, en el que según Prigogine (2005), la irreversibilidad, disipación (caos), nacen posibilidades creativas y se establecen relaciones de largo alcance. Se siguieron se siguieron las fases: planeación, recolección de información, análisis e interpretación, redacción y presentación del trabajo de investigación Alfonso (1995).

## 2 Resultados y Discusión

A continuación, se analizan los hallazgos de esta investigación, en cada país de acuerdo con la disponibilidad de la información y sus especificidades, con enfoque para los programas académicos de pregrado (licenciatura). Se presentan mediante las categorías tituladas: panorama general, la cual muestra el estado del proceso de evaluación, acreditación y licenciamiento en los países en estudio; modelos y criterios de evaluación, que refleja la organización de los sistemas mediante los modelos y los aspectos considerados en la evaluación.

- **Panorama General**

**En Brasil**, se analizó la información del Censo de la Educación Superior del Instituto Nacional de Estudios e Investigaciones Educativas

Anísio Teixeira (INEP) del año 2021 (INEP, 2022), donde se encontraron un total de 2.574 Instituciones de Educación Superior en el país y 35.465 programas de pregrado, en todo tipo de formación y modalidades. En Brasil no existe un proceso de acreditación, todos los programas son autorizados, evaluados y existe un proceso llamado reconocimiento que se renueva periódicamente. En el Censo no hay información sobre la cantidad de programas que solo están autorizados y aún no reconocidos.

**En Colombia**, se analizó la información de la base de datos del Sistema Nacional de Información en la Educación Superior (SNIES), con vigencia a julio 2022 (SNIES, 2022), del Ministerio de Educación Nacional (MEN) se encontró un total de 7.751 programas de pregrado. La acreditación y evaluación de los programas académicos son estrategias de calidad en la educación superior del total de los programas de pregrado, el 20% es decir, 1.545 cuentan con acreditación de alta calidad y el 80%, correspondiente a 6.206 programas con registro calificado.

Es importante resaltar las 10 universidades con mayor número de programas reconocidos en Alta Calidad, clasificados según modalidad (presencial, virtual y a distancia), la modalidad prevaleciente es la presencialidad. La Universidad Nacional de Colombia cuenta con 181 programas presenciales, Universidad de Antioquia 105 presencial y 1 virtual, Universidad Javeriana 94, Universidad del Valle 88 presencial y 1 a distancia, Universidad de los Andes 52, Universidad industrial de Santander 48, Universidad Pontificia Bolivariana 47, Universidad Pedagógica y Tecnológica de Colombia UPTC 43, Universidad del Norte 42 y la Universidad de San Buenaventura 35 (SNIES, 2022).

**En México**, actualmente y desde hace varios, existen acuerdos institucionales, establecidos en la normatividad respectiva, para que la educación superior en México, sea sujeta de evaluación y acreditación a través de diferentes organismos especializados en ello, esto con el fin de asegurar una mejora continua en el nivel de licenciatura y se dé respuesta a las demandas que la sociedad hace en relación a sus necesidades de lograr una educación de calidad en un mundo globalizante que requiere de la adquisición de competencias cada vez más estrictas a efecto de desempeñarse en el ámbito laboral.

Los organismos que se encargan hoy en día de la evaluación y acreditación, además de los CIEES y el COPAES, se encuentran: el CENEVAL (Centro Nacional de Evaluación para la Educación Superior), SNI (Sistema

Nacional de Investigadores), PNPC (Programa Nacional de Posgrados de Calidad) y FIMPES (Federación de Instituciones Mexicanas Particulares de Educación Superior), cada uno con una estructura organizacional distinta y con objetivos específicos.

En 2019 conforme a datos de OCDE, menos de la mitad de los estudiantes se forman en programas académicos evaluados o acreditados. Además, se inscriben en instituciones privadas de educación superior alrededor de una tercera parte de los estudiantes, no existiendo ningún filtro para ingresar a éstas. Hasta el 2019, sólo 84 instituciones privadas solicitaron de forma voluntaria la acreditación institucional de un total 2,693 a la Federación de Instituciones Mexicanas Particulares de Educación Superior (OCDE, 2019, p. 16).

Por parte de los CIEES (2022), mediante los nueve cuerpos colegiados, se cuenta con 289 instituciones con programas acreditados, 19 que han pasado por un proceso de acreditación institucional y 1,546 programas educativos acreditados y por parte del COPAES (2022), a través del otorgamiento del reconocimiento a los Organismos Acreditadores (OA), que son Asociaciones Civiles, se han acreditado 2,346 programas académicos de Licenciatura. Hasta el 2019, sólo 84 instituciones privadas solicitaron de forma voluntaria la acreditación institucional de un total 2,693 a la Federación de Instituciones Mexicanas Particulares de Educación Superior (OCDE, 2019).

**En Perú**, el Ministerio de Educación mediante el SINEACE (Modelo de acreditación 2016) y la SUNEDU (Modelo de Licenciamiento, 2015), vienen implementando mecanismos de evaluación de la calidad con fines de acreditación y mejora continua. Al primer semestre del 2022 se cuenta con un avance en materia de acreditación aún incipiente. A febrero del 2022, del total de 4,705 programas de IES licenciadas, solo el 3,8 % cuenta con acreditación vigente (179), alcanzando a una matrícula de 195 044 estudiantes, equivalente al 14,8 % de la matrícula nacional (SINEACE, 2022).

Del total de programas universitarios de acreditación obligatoria (630), solo el 5,6%, cuenta con acreditación vigente (35 programas), los cuales corresponden: 8 a Educación, 19 a Salud y 8 a Derecho. La mayoría de programas obligatorios se encuentran en las universidades privadas (31), siendo sólo 4 los que corresponden a universidades públicas.

- **Modelos y criterios de evaluación**

**En Brasil**, desde 2017, el SINAES cuenta con cuatro instrumentos estandarizados para los procesos de evaluación presencial y sistematizada en el sistema e-Mec, dos para los actos de evaluación institucional y dos para actos de evaluación de programas académicos: 1) Instrumento de autorización y evaluación de cursos presenciales y a distancia de pregrado; 2) Instrumento de reconocimiento y renovación de reconocimiento de cursos presenciales y a distancia de pregrado.

**En Colombia**, los criterios de evaluación al igual que muchos países está enmarcado en cambios comparables con países como Corea, siguiendo a Shin (2018) observamos la similitud de cambios relacionados con los marcos de políticas en países y sectores. Es por eso, que en el año 2020 el artículo 16 del acuerdo 02, establece los factores de evaluación con propósito de acreditación en alta calidad de programa académicos. Los artículos del 31 al 35 del acuerdo CESU 2 de 2020 presentan la estructura a cumplir por la institución, el CNA, mediante la guía 03: brinda orientaciones para la autoevaluación de programas académicos e instituciones.

**En México**, como ya se mencionó en párrafos anteriores, los principales organismos que evalúan y acreditan los programas y las IES se encuentran los CIEES y el COPAES. Los CIEES, están conformados por nueve cuerpos colegiados integrados por pares académicos con un nivel académico alto en el país, que lleva a cabo la evaluación mediante una serie de criterios y parámetros de calidad, iniciando con una autoevaluación y posteriormente con una evaluación; se otorga un determinado nivel, siempre y cuando la institución o los programas cumplan con los requerimientos establecidos en los procesos y prácticas educativas. El COPAES tiene a su cargo la acreditación, una vez analizados, reconocidos y formalizados los procesos que sustentan dicha decisión, realizando las recomendaciones pertinentes, si las hay. La evaluación, tiene una vigencia de cinco años, teniendo la opción que, una vez terminado este periodo, pueden solicitar la reacreditación, cuando tales recomendaciones hayan sido solventadas.

A la fecha, los CIEES han sido reconocidos con la norma ISO-9001:2015, mediante la certificación de su sistema de gestión de la calidad, cuyo propósito fue establecer un modelo de evaluación enfocado a la mejora de los programas educativos y a la excelencia de las IES.

Se emitió un Manual de procedimientos de Visita de Evaluación Externa Remota de Programas Académicos de Educación Superior en el año 2020, con la misma metodología CIEES, a fin de continuar y en su caso, no interrumpir, los procesos de evaluación por la pandemia del Covid-19. Lo anterior da cuenta del gran profesionalismo con el cual actúan este tipo de organismos.

En México se presenta una problemática, pues al ser voluntaria la acreditación no todas las instituciones participan, por lo tanto, deben concientizarse a las autoridades de las mismas, así como reorientar las políticas públicas en este sentido, a fin de que sea obligatorio e ingresen a este proceso. La asignación de los recursos financieros a estas actividades, no debe soslayarse, por el contrario, debe diseñarse un sistema de incentivos económicos para todas las instituciones participantes, con el propósito de fortalecer la cultura del seguimiento y certificación.

**En Perú**, el SINEACE proporciona tres documentos guía de evaluación: el modelo de acreditación de cursos en institutos y escuelas de educación superior; el modelo de acreditación de carreras universitarias de educación superior; y el modelo de acreditación institucional para universidades. El proceso de acreditación consta de cuatro etapas: análisis previo del proceso; autoevaluación; evaluación externa y acreditación. Las evaluaciones externas son realizadas por evaluadores registrados en el SINEACE, designados por las entidades evaluadoras. Según Carvalho (2021) en la educación superior existen seis entidades evaluadoras acreditadas dentro del ámbito del sistema.

- **Aspectos considerados en la evaluación.**

Respecto a los aspectos a considerar en la evaluación, se observa diferencia en la denominación en cada país. La tabla 1, presenta una síntesis de los factores, categorías o dimensiones de evaluación de cada modelo de evaluación en los países en estudio:

Tabla 1 – Factores/Categorías/Dimensiones de evaluación

| | |
|---|---|
| Colombia | • Proyecto educativo del programa e identidad institucional<br>• Estudiantes<br>• Profesores<br>• Egresados<br>• Aspectos académicos y resultados de aprendizaje<br>• Permanencia y graduación<br>• Interacción con el entorno nacional e internacional<br>• Aportes de la investigación, la innovación, el desarrollo tecnológico y la creación<br>• Bienestar de la comunidad académica del programa<br>• Medios educativos y ambientes de aprendizaje<br>• Organización, administración y financiación del programa académico<br>• Recursos físicos y tecnológicos |
| Brasil | • Dimensión 1: Organización Didáctico-Pedagógica<br>• Dimensión 2: Profesorado y Tutorial<br>• Dimensión 3: Infraestructura |
| México | • Personal Académico<br>• Estudiantes<br>• Plan de Estudios<br>• Evaluación del aprendizaje<br>• Formación integral<br>• Servicios de apoyo para el aprendizaje<br>• Vinculación-extensión<br>• Investigación<br>• Infraestructura y equipamiento<br>• Gestión Administrativa y financiamiento |
| Perú | • Dimensión 1: Gestión Estratégica<br>• Dimensión 2: Formación Integral<br>• Dimensión 3: Soporte Institucional<br>• Dimensión 4: Resultados |

Fuente: López *et al.* (2022)

## Consideraciones finales

La acreditación de programas de pregrado, en México es voluntaria, al igual que en Colombia, donde para los programas de educación la acreditación de alta calidad, es obligatoria; en Perú la acreditación de programas de pregrado es voluntaria con excepción de las carreras de salud, educación y derecho que tienen obligatoriedad de cumplimiento. En Brasil, se realizan evaluaciones periódicas obligatorias, vinculadas al examen de desempeño estudiantil. En los cuatro países, el proceso de evaluación externa, se realiza con la participación de pares evaluadores.

El quehacer del gobierno mexicano y de todas las instituciones de educación superior tanto públicas como privadas, ha sido muy significativo, no obstante, se requiere unir más esfuerzos, a efecto de lograr que todas las organizaciones educativas y sus programas académicos sean evaluados y acreditados, que representen una mejora continua en el proceso de enseñanza-aprendizaje y en la calidad educativa. Es trascendental que los actores e instituciones que integran el Sistema Nacional de Educación Superior, cuya función es el aseguramiento de la calidad, actúen con una gran formalidad, responsabilidad y sentido ético en el trabajo que realizan.

El carácter obligatorio de la evaluación inicial para la autorización de funcionamiento del programa académico en un periodo de tiempo determinado es diferenciado, en Colombia, se debe obtener registro calificado, previa verificación por CONACES de las condiciones mínimas de calidad, en Perú, el SUNEDU, realiza la evaluación de condiciones básicas de calidad, para obtener el licenciamiento. En Brasil, es realizada una evaluación de autorización del programa por el INEP, en México no se requiere presentar condiciones iniciales.

Entre los países estudiados, Brasil es el único que no ha establecido un proceso de acreditación, pero adopta evaluaciones periódicas y obligatorias para todas las IES y programas de pregrado; es el único país que vincula la evaluación de los estudiantes al proceso regulatorio de evaluación.

## Referencias

ALFONSO, I. **Técnicas de investigación bibliográfica**. Caracas: Contexto Ediciones, 1995.

BRASIL. Decreto nº 9.235, de 15 de dezembro de 2017. Dispõe sobre o exercício das funções de regulação, supervisão e avaliação das instituições de educação superior e dos cursos superiores de graduação e de pós-graduação no sistema federal de ensino. **Diário Oficial [da] República Federativa do Brasil**. Brasília, DF, 2017. Disponible en: http://www.planalto.gov.br/ccivil_03/_ato2015-2018/2017/decreto/D9235.htm. Acceso en: 9 mayo 2024.

CAMARGO, M. I. B.; MORENO, S. E. C.; ARBOLEDA, I. F. M. Análisis estadístico textual del financiamiento de políticas de educación superior: evidencia de países miembros de la Organización para la Cooperación y el Desarrollo Económicos. **Form. Univ.**, v. 14, n. 1, feb. 2021.

CARVALHO, A. **Avaliação e acreditação da educação superior**: uma visão dos sistemas da América Latina e Caribe. São Paulo: Alexa Cultural, 2021.

CESU – CONSEJO NACIONAL DE EDUCACIÓN SUPERIOR. Acuerdo 2 de 2020. Por el cual se actualiza el modelo de acreditación en alta calidad de Colombia. 1 jul. 2020.

COLOMBIA. Ley 28740, Ley del Sistema Nacional de Evaluación, Acreditación y Certificación de la Calidad Educativa (SINEACE). 2006. Disponible en: https://www.gob.pe/institucion/produce/normas-legales/148027-738-2017-produce-conas. Acceso en: 9 mayo 2024.

COLOMBIA. Ley 9151 de 2019. Por la cual se crea el Ministerio de Ciencia, Tecnología e Innovación. 24 enero 2019.

COLOMBIA. Ministerio de Educación Nacional. Decreto 1330 de 2019. Por medio del cual se sustituye el capítulo 2 y se suprime el capítulo 7 del Título 3 de la parte 5 del Libro 2 del Decreto 1075 del 2015- Único Reglamentario del Sector Educación. 25 jul. 2019.

COLOMBIA. Ministerio de Educación Nacional. Decreto 843 de 2020. Por medio del cual se adiciona el Capítulo 7 al Título 3 de la Parte 5 del Libro 2 del Decreto 1075 de 2015- Único Reglamentario del Sector Educación. 13 jun. 2020.

COLOMBIA. Ministerio de Educación Nacional. Resolución 21795 de 2020. Por la cual se establecen los parámetros de autoevaluación, verificación y evaluación de las condiciones de calidad de programa reglamentadas en el Decreto 1075 de 2015 modificado por el Decreto 1330 de 2019, para la obtención, modificación y renovación del registro calificado. 19 nov. 2020.

COMITÉS INTERINSTITUCIONALES PARA LA EVALUACIÓN DE LA EDUCACIÓN SUPERIOR – CIEES. 2022. Disponible en: https://www.ciees.edu.mx/padron/. Acceso en: 9 mayo 2024.

COMITÉS INTERINSTITUCIONALES PARA LA EVALUACIÓN DE LA EDUCACIÓN SUPERIOR – CIEES. Que son y que hacen los CIEES. 2022. Disponible en: https://www.ciees.edu.mx/normateca/pdf/Que-son-y-que-hacen-los-CIEES.pdf. Acceso en: 9 mayo 2024.

COMITÉS INTERINSTITUCIONALES PARA LA EVALUACIÓN DE LA EDUCACIÓN SUPERIOR – CIEES. 2022. Disponible en: https://www.ciees.edu.mx/imgs/blog-ISO.jpg. Acceso en: 9 mayo 2024.

COMITÉS INTERINSTITUCIONALES PARA LA EVALUACIÓN DE LA EDUCACIÓN SUPERIOR – CIEES. 2022. Disponible en: https://www.ciees.edu.mx/normateca/pdf/presentacion-metodologia-CIEES-2018.pdf. Acceso en: 9 mayo 2024.

CONSEJO NACIONAL DE CIENCIA Y TECNOLOGÍA – CONACYT. 2021. Disponible en: https://conacyt.mx/sistema-nacional-de-investigadores/. Acceso en: 17 jul. 2024.

CONSEJO PARA LA ACREDITACIÓN DE LA EDUCACIÓN SUPERIOR – COPAES. 2022. Disponible en: https://www.copaes.org/procesoacreditacion.html. Acceso en: 9 mayo 2024.

CONSEJO PARA LA ACREDITACIÓN DE LA EDUCACIÓN SUPERIOR – COPAES. 2022. Disponible en: https://www.ciees.edu.mx/normateca/pdf/Manual-visita--de-evaluaci%C3%B3n-externa-remota.pdf. Acceso en: 9 mayo 2024.

HANH, N. D. Una revisión de los problemas de garantía de calidad y acreditación de calidad para las instituciones de educación superior y la situación en Vietnam. **Accred Qual Assur**, n. 25, p. 273-279, 2020. Disponible en: https://doi.org/10.1007/s00769-020-01439-3. Acceso en: 9 mayo 2024.

HOZ, R. de la. Institucionalismo nuevo y el estudio de las políticas públicas. **En Justicia**, n. 30, p. 107-121, 2020. Disponible en: http://dx.doi.org/10.17081/just.21.30.1353. Acceso en: 9 mayo 2024.

INEP – INSTITUTO NACIONAL DE ESTUDOS E PESQUISAS EDUCACIONAIS ANÍSIO TEIXEIRA. Nota Técnica INEP/DAES/CONAES No. 65-Roteiro para Relatório de Autoavaliação Institucional. Brasília, DF: Inep, 2014.

INEP – INSTITUTO NACIONAL DE ESTUDOS E PESQUISAS EDUCACIONAIS ANÍSIO TEIXEIRA. Instrumento de Avaliação Institucional Externa Presencial e a Distância-Credenciamento. Brasília, DF: Inep, 2017a.

INEP – INSTITUTO NACIONAL DE ESTUDOS E PESQUISAS EDUCACIONAIS ANÍSIO TEIXEIRA. Instrumento de Avaliação Institucional Externa Presencial e a Distância-Recredenciamento. Brasília, DF: Inep, 2017b.

INEP – INSTITUTO NACIONAL DE ESTUDOS E PESQUISAS EDUCACIONAIS ANÍSIO TEIXEIRA. Instrumento de Avaliação de Cursos de Graduação Presencial e a Distância-Autorização. Brasília. DF: Inep, 2017c.

INEP – INSTITUTO NACIONAL DE ESTUDOS E PESQUISAS EDUCACIONAIS ANÍSIO TEIXEIRA. Instrumento de Avaliação de Cursos de Graduação Presencial e a Distância – Reconhecimento e Renovação de Reconhecimento. Brasília, DF: Inep, 2017d.

INEP – INSTITUTO NACIONAL DE ESTUDOS E PESQUISAS EDUCACIONAIS ANÍSIO TEIXEIRA. Censo da Educação Superior 2021. Inep, 2022. Disponível em: https://www.gov.br/inep/pt-br/acesso-a-informacao/dados-abertos/sinopses-estatisticas/educacao-superior-graduacao. Acesso em: 9 mayo 2024.

LOPEZ, N.; CARVALHO, A.; CANTILLO, A.; VEGA, E.; RAFAEL, E. Evaluación, Licenciamiento y Acreditación en programas académicos de pregrado en Colombia, México, Brasil y Perú. En Memorias del VI Encuentro Internacional de la Red REOALCEI (En edición), 2022.

MANARBERK, G.; KONDYBAYEVA, S.; DOSZHAN, R.; TURAROV, D.; ABYLAY, A. Quality management of higher education: Innovation approach from perspectives of institutionalism. **An exploratory literature review, Cogent Business & Management**, n. 7, p. 1, 1749217, 2020. Doi: 10.1080/23311975.2020.1749217.

OCDE. Análisis estadístico textual de políticas de financiamiento de la educación superior: evidencia en países de la Organización para la Cooperación y el Desarrollo Económico (OCDE). **Formación universitaria**, v. 14, n. 1, p. 169-180, 2020. Disponible en: http://dx.doi.org/10.4067/S0718-50062021000100169. Acceso en: 9 mayo 2024.

OECD. Higher Education in Mexico: Labour Market Relevance and Outcomes, Higher Education, **OECD Publishing**, Paris, 2019. Disponible en: https://www.oecd.org/education/education-at-a-glance/EAG2019_CN_MEX.pdf. Acceso en: 2 jun. 2024.

PORRAS, S. T.; LEAL G. R. Institucionalismo y financiamiento en las IES en México. El caso de la UAM. **Denarius**, n. 15, México, 2007. Disponible en: https://denarius.izt.uam.mx/index.php/denarius/article/view/228. Acceso en: 9 mayo 2024.

PRIGOGINE, L. **El nacimiento del tiempo**. España: TusQuets Editores, 2005.

PONCE, E. R.; CONTERAS, F. G.; ALMONTE, M. D.; REJAS, L. P. La relación entre la gestión financiera y la calidad de las instituciones a relación entre la gestión financiera y la calidad en las instituciones de educación superior. **Interciencia**, v. 42, n. 2, p. 119-126. ISSN: 0378-1844. 2017. Disponible en: https://www.redalyc.org/articulo.oa?id=33949912008. Acceso en: 1 jun. 2024.

RAMIREZ, J. R.; MORALES, L. G. Características del aseguramiento de la calidad educativa: Un mapeo sistemático 2016-2020. **Revista Complutense de Educación**, v. 32, n. 3, p. 337-348, 2021. Disponible en: https://revistas.ucm.es/index.php/RCED/article/view/70182. Acceso en: 1 jun. 2024.

RUBIO, J. La evaluación y acreditación de la educación superior en México: un largo camino aún por recorrer. **Reencuentro**, UAM, Unidad Xochimilco, México, n. 50, p. 35-44, dic. 2007. Disponible en: http://www.redalyc.org/articulo.oa?id=34005006. Acceso en: 1 jun. 2024.

SECRETARÍA DE GOBERNACIÓN. Diario Oficial de la Federación (DOF). **Programa Nacional para la Modernización Educativa 1990-1994**. Disponible en: https://dof.gob.mx/nota_detalle.php?codigo=4642789&fecha=29/01/1990#gsc.tab=0. Acceso en: 1 jun. 2024.

SHIN, J. C. Sistemas de garantía de calidad como herramienta de política de educación superior en Corea: convergencia internacional y contextos locales. **Revista Internacional de Desarrollo Educativo**, Elsevier, v. 63, n. C, p. 52-58, 2018.

SINEACE – SISTEMA NACIONAL DE EVALUACIÓN, ACREDITACIÓN Y CERTIFICACIÓN DE LA CALIDAD EDUCATIVA. Norma Técnica para la Evaluación y Acreditación de Instituciones de Educación Superior en el Perú. **SINEACE**, 2014. Disponible en: https://www.gob.pe/institucion/sineace/normas-legales/196514-norma-tecnica-para-la-evaluacion-y-acreditacion-de-instituciones-de--educacion-superior-en-el-peru. Acceso en: 1 jun. 2024.

SINEACE – SISTEMA NACIONAL DE EVALUACIÓN, ACREDITACIÓN Y CERTIFI-CACIÓN DE LA CALIDAD EDUCATIVA. Guía para la acreditación de programas de estudios universitarios en el Perú. **SINEACE**, 2015. Disponible en: https://www.gob.pe/institucion/sineace/normas-legales/198089-guia-para-la-acreditacion-de-programas-de-estudios-universitarios-en-el-peru. Acceso en: 1 jun. 2024.

SINEACE – SISTEMA NACIONAL DE EVALUACIÓN, ACREDITACIÓN Y CERTIFICA-CIÓN DE LA CALIDAD EDUCATIVA. Criterios e Indicadores para la Evaluación de Programas de Estudios Universitarios. **SINEACE**, 2017. Disponible en: Disponible en: https://www.gob.pe/institucion/sineace/normas-legales/250406-criterios--e-indicadores-para-la-evaluacion-de-programas-de-estudios-universitarios. Acceso en: 1 jun. 2024.

SINEACE – SISTEMA NACIONAL DE EVALUACIÓN, ACREDITACIÓN Y CERTIFI-CACIÓN DE LA CALIDAD EDUCATIVA. Resultados de la evaluación externa de la calidad educativa en el Perú. **SINEACE**, 2020. Disponible en: https://www.gob.pe/institucion/sineace/normas-legales/386195-resultados-de-la-evaluacion-externa-de-la-calidad-educativa-en-el-peru. Acceso en: 1 jun. 2024.

# POLÍTICAS PÚBLICAS EN EDUCACIÓN SUPERIOR EN TIEMPOS DE COVID-19 EN COLOMBIA

*Pedro Antonio Redondo Silvera*
*Nelly Milady López-Rodríguez*
*Luis Carlos Baleta Medrano*

## Introducción

Los sistemas de educación soportan su quehacer en una prospectiva misional con la que se pretende garantizar la formación de ciudadanos que contribuyan en el desarrollo y sostenibilidad de la sociedad; estos sistemas se administran desde las políticas de estado y los diferentes marcos normativos, garantes del cumplimiento de metas e indicadores que permiten la transformación de la sociedad a través de la educación.

> La educación es un elemento esencial y permanente en la cotidianidad tanto a nivel individual como social, no se ha realizado siempre del mismo modo, toda vez que esta ha variado o sufrido modificaciones en función a las necesidades y aspiraciones de cada sociedad en cada época (Luzariaga, 1971 *apud* Clavijo; Valencia, 2022, p. 3).

Para llevar a cabo estas modificaciones los gobiernos implementan políticas públicas, que son un conjunto de decisiones del Estado para responder a problemas de interés general o común que afectan la vida de los ciudadanos. En este sentido, Franco (2011 *apud* Lesa, 2021, p. 28) las define como:

> [...] acciones de gobierno cuya finalidad es de interés público, que nacen de decisiones sustentadas en un diagnóstico previo y un análisis de factibilidad, con el fin de brindar una atención efectiva a situaciones problemáticas específicas, en las cuales la participación de la ciudadanía es de vital importancia para poder definir los problemas y sus soluciones.

Precisamente, en atención a esta participación es que adquiere el carácter público, porque permiten la interacción entre diferentes actores, como, por ejemplo, la sociedad civil, entidades religiosas, instituciones de educación superior (IES), gremios y sindicatos, entre muchas otras. Por lo tanto, cualquier ciudadano podrá participar individualmente o a través de los delegados de las diversas organizaciones en la construcción de política pública.

Según Munera (2012), "las políticas públicas tienen que ver con los planteamientos que hace el Estado para la educación, es decir, con los planes de educación o los planes de gobierno". Las políticas públicas de educación deben responder a las necesidades y requerimientos de cada país, en armonía con los compromisos internacionales relacionados con la educación, contemplados en los pactos y convenios ratificados por el Estado y a sus fines esenciales establecidos en la Constitución Política. La implementación y desarrollo de esta política pública forma parte de los compromisos del Estado colombiano en favor de sus ciudadanos.

## 1 Metodología

El presente artículo se contextualiza en el marco del proyecto de investigación "Aseguramiento de la calidad de la Educación Superior en América Latina y el Caribe: Brasil, Colombia, México y Perú", del Nodo de investigación Educación y Pedagogía de la Red Académica Internacional de Estudios Organizaciones en América Latina, el Caribe e Iberoamérica REOALCEI y responde al objetivo de, identificar las tendencias de política pública definidos por los países objeto de estudio que impactan el proceso de enseñanza-aprendizaje remoto asegurando la calidad de los programas educativos en emergencia sanitaria Covid-19, empleando para ello la metodología del análisis documental, según Báez-Pérez (2007), en el cual se identifican las características del evento en estudio, mediante el procesamiento y almacenamiento de la información. Este análisis responde a una perspectiva cualitativa, de corte descriptivo.

## 2 Resultados y Discusión

A continuación, se presentan los resultados de este estudio y la discusión en relación con los hallazgos, en tres apartados así: sistema de aseguramiento de la calidad en Colombia, disposiciones ante el Covid y las Tic en tiempos de pandemia, cambio de paradigma en educación.

- **Sistema de aseguramiento de la calidad en Colombia**

La Constitución Política de 1991 definió a la educación en su artículo 67 como "un derecho de la persona y un servicio público que tiene una función social; con ella se busca el acceso al conocimiento, a la ciencia, a la técnica y a los demás bienes y valores de la cultura". Precisamente por ser un servicio público corresponde al Estado ejercer inspección y vigilancia del mismo, con la finalidad de velar por su calidad. Es por esto, que los cambios más profundos que el Estado ha realizado con el objetivo de fortalecerse como nación están basados en la Carta Magna. Para el año 2000, Colombia pone en marcha el Plan Sectorial-Revolución Educativa 2006-2010, el cual se diseñó para la articulación entre los diferentes niveles educativos (inicial, preescolar, básica, media y superior), sustentado en un enfoque de competencias básicas, laborales y ciudadanas, lo que apunta a propender por ciudadanos con capacidades para afrontar los retos a futuro.

De esta manera, surge el Sistema de Aseguramiento de la Calidad, con el fin de fortalecer a las Instituciones de Educación Superior como espacios de construcción de aprendizaje, desarrollo de competencias y convivencia pacífica. Todo esto, "a través de la rendición de cuentas ante la sociedad y el Estado brinda información confiable que permita el desarrollo de procesos de autoevaluación con el fin de conocer sus fortalezas y oportunidades de mejora" (Espinoza; González, 2010).

El Sistema de Aseguramiento de la Calidad de la Educación Superior en Colombia está integrado por tres componentes que se relacionan entre sí: información, evaluación y fomento, tal y como lo señala el Consejo Nacional de Acreditación (CNA, 2016). El primero, es suministrado a través de las diferentes plataformas administradas por el Ministerio de Educación Nacional, como son: Sistema Nacional de Información de Educación Superior (SNIES), Observatorio Laboral para la Educación (OLE), Sistema de Información para el Aseguramiento de la Calidad (SACES), Sistema de Prevención y Análisis de la Deserción en las Instituciones de Educación Superior (SPADIES), Pruebas (SABER-PRO), entre otros. Información, que se emplea como materia prima para poder evaluar el otorgamiento y la renovación de los registros calificados y reconocimientos de acreditación de calidad para los Programas y las Instituciones de Educación Superior (IES).

La UNESCO (2016), afirma que en la mayoría de los países el objetivo del aseguramiento de la calidad, es garantizar de manera pública la calidad, y para ello hace uso de mecanismos de acreditación de programas de pregrado y postgrado, existiendo una fuerte tendencia en buscar la acreditación como mecanismo de control de calidad.

> En general, los expertos conciben como aseguramiento de la calidad todas aquellas estrategias de las que hace uso el Estado para que la educación superior se evalúe a través de óptimos estándares de eficiencia, los cuales deben estar presentes en la formación de profesionales, investigadores, académicos y científicos para así lograr un importante aporte a la sociedad. Estos procesos incluyen dinámicas de autoevaluación, evaluación por pares, acreditación y autorización, para que tanto las instituciones, como los programas de educación superior puedan constituir propuestas formales de educación profesional (Torres, 2012).

Teniendo en cuenta lo anteriormente expuesto, se analizan los efectos que ha tenido la legislación y normativa colombiana expedida a partir de la pandemia producida por el coronavirus, para garantizar el aseguramiento de la calidad de las Instituciones y programas académicos en Educación Superior.

- **Disposiciones ante la Covid-19**

El 31 de diciembre de 2019, China informa a la oficina de la OMS sobre la infección de 41 personas con síntomas de neumonía, posteriormente informa la presencia de un nuevo coronavirus y la secuencia genética del mismo. Una vez que el virus llega a países europeos como España e Italia y muestra toda su letalidad, el mundo descubre que ni las grandes potencias estaban preparadas para hacerle frente y la única salida que encontraron fue imponer una estricta cuarentena en sus territorios; esto presagiaba lo que podría ocurrir en los países subdesarrollados (OMS, 2020).

pesar de ello, existía en algunos países suramericanos cierto escepticismo sobre la llegada del virus a sus territorios, dentro de esos países estaba Colombia, país que reportó su primer caso el 6 de marzo de 2020 y sólo adoptó medidas estrictas 19 días después, entre ellas el cierre de las fronteras, la suspensión de vuelos nacionales e internacionales, una cuarentena rigurosa y el cierre de algunos de los sectores menos esenciales de la economía. Esta situación desnuda la eventual improvisación al no preverse con suficiente tiempo posibles escenarios y estrategias necesarias para plantear soluciones integrales, tomando en cuenta para ello la adopción de políticas públicas que estén en correspondencia con la emergente realidad (OCDE, 2020).

En el sector educativo,

> [...] esta emergencia dio lugar al cierre masivo de las actividades presenciales de instituciones educativas en más de 190 países con el fin de evitar la propagación del virus y mitigar su impacto. Según datos de la Organización de las Naciones Unidas para la Educación, la Ciencia y la Cultura (UNESCO), a mediados de mayo de 2020 más de 1.200 millones de estudiantes de todos los niveles de enseñanza en todo el mundo habían dejado de tener actividades presenciales en la escuela. De ellos, más de 160 millones eran estudiantes de América Latina y el Caribe (CEPAL-UNESCO, 2020).

Colombia no fue ajena a esta situación y también implementó el distanciamiento social que conllevó a la suspensión total de las actividades en todo el sector educativo mientras el gobierno organizaba la política pública a implementar, dicha política, al igual que en la mayoría de países giraría en torno a lo que se denominó generalmente virtualidad, que en realidad se configuró en presencialidad remota.

En este contexto la mayor responsabilidad de las Instituciones de Educación Superior, fue dar continuidad al cumplimiento de sus labores formativas, académicas, docentes, científicas, culturales, de extensión con calidad (CNA, 2020). Es así como surge un número importante de normativas expedidas por el gobierno nacional para la implementación de su política pública en materia educativa, que se relaciona a continuación y, así mismo, se presenta el papel fundamental de las TICS en la educación para afrontar las limitantes que represento la pandemia.

El 11 de marzo de 2020 el director de la Organización Mundial de la Salud (OMS) declara pandemia a nivel mundial a causa del Covid-19, comentando que una vez que se evaluó el brote durante varios días y con base en la preocupación por los altos niveles de propagación y la gravedad de los casos, se decidió declarar Pandemia.

En consonancia con lo anterior, el Ministerio de Salud y Protección Social declaró por medio de la Resolución 385 del 12 de marzo el estado de emergencia sanitaria a nivel nacional hasta el día 30 de mayo con el propósito de contener el avance de la pandemia. Ese mismo día se expide la directiva presidencial 2 en la que autoriza de manera temporal y extraordinaria a los organismos de la Rama Ejecutiva del orden nacional y territorial a adoptar mecanismos que permitan el desarrollo de las labores de los servidores públicos desde sus casas y para ello se podrá acudir a las tecnologías de la información y de las comunicaciones, habilitando de esta manera la implementación de las reuniones virtuales, utilizar los canales institucionales, transmisiones en vivo y redes sociales para realizar foros.

Posteriormente, el Ministro de Educación Nacional y el Ministro de Salud y Protección Social expidieron la circular 11 del 9 de marzo en la que se imparten unas recomendaciones a los Gobernadores, Alcaldes y Secretarios de Educación de Entidades Territoriales Certificadas, Rectores o Directores de Instituciones Educativas para evitar el contagio de una infección respiratoria aguda dentro las que se destacan implementar el lavado frecuente de las manos con agua y jabón, evitar el contacto y saludar de mano o de beso a personas con gripa, tapar la boca y nariz cuando va a cambiar de temperatura o cuando se estornuda o se tose.

Seguidamente la Ministra de Educación expidió la circular 19 del 14 de marzo en la que establece una serie de recomendaciones para mitigar la propagación del virus que complementan las que ya se habían establecido en circular 11 del 9 de marzo. Adicionalmente, creó la estrategia de apoyo al aprendizaje "Aprender digital, contenidos para todos", la cual está disponible en el portal Colombia Aprende y pone a disposición del país más 80 mil recursos educativos en diferentes formatos, de igual manera, insta a los establecimientos educativos para que desarrollen un plan de trabajo articulado con su Proyecto Educativo Institucional (PEI) acompañado de estrategias flexibles de aprendizaje que permitan el desarrollo del servicio educativo en consonancia con la situación particular de cada territorio.

A su vez, el Ministerio de Educación emitió la Resolución 3963 de 18 de marzo de 2020 por medio de la cual suspende los términos procesales dentro de las investigaciones administrativas sancionatorias adelantadas por la Subdirección de Inspección y Vigilancia que adelanta este ministerio en contra de las Instituciones de educación Superior durante el período comprendido entre los días 17 de marzo hasta el 30 de mayo.

Un día después este mismo Ministerio expidió la resolución 4193 del 19 de marzo de 2020 Por medio de la cual se suspenden los términos de trámites administrativos del Ministerio de Educación Nacional, en la que resuelve que se suspenden los trámites establecidos en las normas que reglamentan algunos trámites administrativos hasta el día 30 de mayo, dentro de estos trámites podemos mencionar el registro calificado, acreditación de alta calidad de programas académicos y de instituciones de educación superior; de igual manera anunció el uso de los medios tecnológicos para la atención al público.

Ese mismo día el MEN emite la Directiva 4 del 22 de marzo de 2020, por medio de la cual autoriza a las IES y a aquellas autorizadas para ofrecer y desarrollar programas de educación superior para que dentro de su autonomía tracen estrategias tendientes a facilitar el desarrollo de sus programas de manera asistida por las herramientas de las TIC, garantizando en todo caso las condiciones de calidad contenidas en los registros calificados, durante el tiempo que dure la emergencia sanitaria.

También es importante resaltar que el gobierno colombiano no se ha quedado en la sola expedición de normas, así lo señala Varela (2020), sino que también ha liderado estrategias como por ejemplo "El Plan Padrino" que tiene como objetivo facilitar el intercambio de las experiencias pedagógicas entre IES en relación a la implementación, uso y apropiación de las Tecnologías de la Información y las Comunicaciones TIC en los procesos formativos. A esta iniciativa se han vinculado 126 Instituciones de Educación Superior, de las cuales 30 de ellas se vincularon como aliados para compartir sus experiencias con las 96 instituciones restantes.

En este mismo sentido, el Ministerio de Educación Nacional conjuntamente con Asociación Colombiana de Universidades (ASCUN), el Sistema Universitario Estatal (SUE), la Red de Instituciones Técnicas Profesionales, Tecnológicas y Universidades Públicas (REDTTU), el Fondo de Desarrollo de la educación Superior FODESEP y la Asociación Colombiana de Facultades de Psicología (ASCOFAPSI) ponen a disposición de estudiantes y profesores en el portal "Colombia aprende" la plataforma llamada Bienestar en tu Mente, en la que se pueden encontrar 40 contenidos digitales con consejos para la salud mental (GARCÍA, 2020).

Este mismo ministerio expide el Decreto 662 del 14 de mayo de 2020 por medio del cual se crea el Fondo Solidario para la Educación con el objetivo de atenuar la deserción y promover la permanencia en el sector educativo, que será destinado a apalancar el Plan de Auxilios Educativos coronavirus Covid-19, creado por medio del Decreto 467 del 23 de marzo de 2020, las líneas de crédito para facilitar la cancelación de los pagos de las pensiones colegios privados y, el auxilio monetario cancelar el pago de las matrículas de los jóvenes en condición de vulnerabilidad, en las IES (MORENO, 2020).

Por otra parte, el 25 de junio de 2020 el MEN hizo pública su decisión de asignar recursos nuevos para el programa Generación E, que apoya a jóvenes en condición de vulnerabilidad para que accedan a la educación superior. Con estos recursos se espera beneficiar a 160 mil estudiantes durante el segundo semestre del presente año. De igual manera, el CESU, mediante acuerdo 2 del 1 julio de 2020 en referencia a la acreditación de alta calidad de las Instituciones de educación superior, consecuentemente se decide mediante su artículo 62 extender automáticamente por 12 meses más la vigencia de la acreditación en alta calidad a aquellos programas académicos e instituciones que cuenten con acreditación en alta calidad que venza mientras dure la Pandemia. El Decreto 1076 del 18 de julio de 2020, Por medio de la cual se autorizó a las IES, para que desarrollen sus actividades educativas presencialmente con alternancia de manera coordinada con los entes territoriales.

La Resolución 1721 del 24 de septiembre de 2020, Por medio del cual se adopta el protocolo de bioseguridad para el control del riesgo del Covid-19 en Instituciones educativas, IES y las instituciones de educación para el trabajo y el desarrollo humano, en esta Resolución podemos destacar el plan de alternancia educativa contemplada en su artículo 3.

También, la Circular Externa 026 del 31 de marzo expedida por el MEN, por medio de la cual se reitera el compromiso de mantener la apertura de los establecimientos educativos bajo la modalidad presencial con observación de las medidas de bioseguridad del caso. La Circular 9 del 21 de abril de 2021 expedida por el MEN, relacionado con el envío de la información necesaria para asegurar el regreso paulatino a la presencialidad bajo el modelo de la alternancia y la Directiva 5 del 17 de junio de 2021, por medio de la cual se instituyen disposiciones para el retorno a las actividades educativas de forma presencial. El reglamento para la implementación de la gratuidad en la Matrícula en las universidades, expedido el 18 de enero de 2022.

- **Las TICS en tiempos de pandemia, cambio de paradigma en educación**

Para el sector educativo de Colombia no ha sido fácil asumir estos cambios, desde el año 2020 comenzaron las actividades en forma virtual, todos los estudiantes que asistían a los diferentes claustros educativos a recibir sus clases ahora debieron recibirlas en casa convirtiéndose esto en un reto especialmente para los docentes que no tenían experiencia alguna en materia de clases virtuales y para una gran parte de los estudiantes que no cuentan con las herramientas necesarias para ello o que desconocen el procedimiento para llevarlas a cabo, más difícil aún el hecho de que muchos padres no pueden contar con el servicio de internet; de igual forma, varias regiones del país no cuentan con el acceso al servicio de internet, lo que se convierte en un desafío para el gobierno (Moreno, 2020).

La conectividad es crucial para el uso de las Tecnologías de la Información y las Comunicaciones, de acuerdo con Ligarretto (2020), el poder acceder a internet es fundamental para lograr desarrollar el modelo educativo virtual, al examinar los datos de conectividad en la educación en todos sus niveles, se encontraron fisuras importantes que necesitan inversiones fuertes. El Dane (2020) refiere que el 26% del estudiantado de zonas rurales pueden tener opción a conectarse en comparación con el 89% de las zonas urbanas.

Ahora bien, en lo que a educación superior se refiere esta ha tenido un desarrollo de retos pues la pandemia por Covid-19, llegó a instituciones que no estaban preparadas constituyéndose en uno de los mayores retos que han debido encarar los sistemas educativos de los países, circunstancia sin precedentes históricos por la magnitud y cobertura en la población (Valencia, 2020).

Con el transcurrir de la pandemia surgen diversas prácticas a favor de la educación con el objetivo de impactar positivamente el proceso de enseñanza de los discentes en las que con la participación de todos los estamentos de la comunidad educativa se alcanza a garantizar la educación en nuestro país, en forma paralela a una pandemia a nivel global.

Según Aprendizaje E.V.D.E (2016), en el proceso de enseñanza-aprendizaje, los estudiantes y docentes requieren una comunicación constante que permita la retroalimentación de la información compartida. Esta comunicación permanente es la base del proceso de aprendizaje. De acuerdo con Manzuoli (2015, p. 2),

> Esta interacción entendida como proceso de comunicación, contribuye a la apropiación del conocimiento, a través del seguimiento y realimentación que el profesor realiza a los

avances de los estudiantes en las actividades de aprendizajes propuestas.

Rey (2020) expresa que es trascendental que el gobierno asuma nuevos desafíos que lleven a la utilización de una mejor tecnología y de esta manera hagan posible la innovación del sistema educativo. La Secretaría de Educación de Bogotá (2020) comparte esta visión al manifestar que: El principal desafío es comprender que el proceso educativo mutó y por tanto debe haber una reorientación y una concepción distinta. Un aspecto profundamente enraizado a este cambio se relaciona con el proceso de comunicación con el estudiantado, el cual debe estar basado en el uso de plataformas tecnológicas que faciliten desplegar un verdadero acompañamiento de todo el proceso, esto involucrará formas diferentes de pensar y actuar (Marsollier; Aires, 2020).

## Consideraciones finales

El caso de Colombia en relación a la oferta del servicio de educación superior fue particularmente positivo en relación a que desde el respaldo normativo el gobierno nacional pudo generar de manera estratégica diecisiete orientaciones legales que permitieron dar herramientas para que las Instituciones dieran respuesta a los requerimientos de calidad en medio de la incertidumbre y exigencias de la pandemia. Las instituciones de educación superior generaron con prontitud estrategias a través de plataformas como zoom, teams, meet, para adelantar las clases de manera remota, y los docentes generaron innovaciones didácticas para dinamizar las clases en esta modalidad.

De la pandemia quedan muchos aprendizajes, sobre todo que las condiciones de interacción pueden ser distintas, la forma como se asume la vida diaria. La pandemia desnuda la necesidad de un actor activo dentro del sistema educativo, un individuo con la necesidad de desarrollar habilidades y condiciones para responder a un nuevo ambiente de aprendizaje, donde la virtualidad ha ganado reconocimiento, donde la universidad va a el estudiante, donde deje de ser una mole de concreto y se transforme en un centro de pensamiento, reflexión y construcción valiéndose de nuevas tecnologías, técnicas y teorías.

Otro de los aspectos importantes es la necesidad de generar cultura digital aplicada a los diferentes modelos educativos donde se transite de manera libre y sin complicaciones entre las actividades remotas, presenciales y bimodales. Las instituciones de educación superior están llamadas a replantearse su misión, visión y proyecto educativo institucional, siendo coherentes con las necesidades del momento actual y en los que se fortalezcan intereses que permitan dinamizar la economía.

## Referencias

CEPAL-UNESCO. **Informe COVID-19**. La educación en tiempos de la pandemia COVID-19. Paris: UNESCO, 2020. Disponible en: https://repositorio.cepal.org/bitstream/handle/11362/45904/1/S2000510es.pdf. Acceso en: 17 jul. 2024.

CNA – CONSEJO NACIONAL DE ACREDITACIÓN. **Acreditación Internacional en Colombia**. Colombia: Consejo Nacional de Acreditación, 2016. Disponible en: https://universidadean.edu.co/la-universidad/acreditaciones-y-certificaciones/consejo-nacional-de-acreditacion-cna. Acceso en: 1 jun. 2024.

COLOMBIA. Ministerio de Educación Nacional. Plan sectorial 2006-2010. Revolución educativa. Documento N. 8. Bogotá. Colombia, 2008.

COLOMBIA. **Prevenir el coronavirus está en manos de todos**. Secretaria de Educación de Bogotá, 2019. Disponible en: https://www.educacionbogota.edu.co/portal_institucional/coronavirus. Acceso en: 1 jun. 2024.

COLOMBIA. Medidas de protección. Marco para la emergencia del covid19. **DANE**, 2020. Disponible en: https://www.dane.gov.co/index.php/actualidad-dane/5172-medidas-dane-covid-19. Acceso en: 1 jun. 2024.

COLOMBIA. Ministerio de Educación Nacional. **Directiva número 6 del 25 de marzo de 2020**. Uso de las tecnologías en el desarrollo de Programas de educación para el Trabajo y el Desarrollo Humano. 2020. Disponible en: https://www.mineducacion.gov.co/1759/articles-394578_recurso_1.pdf. Acceso en: 1 jun. 2024.

COLOMBIA. Ministerio de Educación Nacional. **Circular 19 del 14 de marzo de 2020**. Orientaciones con ocasión a la declaratoria de emergencia sanitaria provocada por el coronavirus (COVID 19). 2020. Disponible en: https://www.mineducacion.gov.co/1759/articles-393910_recurso_1.pdf. Acceso en: 1 jun. 2024.

COLOMBIA. Ministerio de Educación Nacional. **Resolución 3963 del 18 de marzo**. Por la cual se suspenden los términos legales dentro de las investigaciones administrativas adelantadas por el Ministerio de Educación Nacional en contra de las Instituciones de Educación Superior por motivos de salubridad pública. 2020. Disponible en: https://www.mineducacion.gov.co/1759/articles-394133_pdf. Acceso en: 1 jun. 2024.

COLOMBIA. Ministerio de Educación Nacional. **Resolución 4193 del 19 de marzo de 2020**. Por medio de la cual se suspenden lo términos de trámites administrativos del Ministerio de educación. 2020. Disponible en: https://www.mineducacion.gov.co/1759/articles-394206_pdf. Acceso en: 1 jun. 2024.

COLOMBIA. Ministerio de Educación Nacional. **Directiva Ministerial 8 del 6 de abril de 2020**. Alcance de las medidas tomadas para la emergencia del COVID19 en Educación Superior y Educación para el Trabajo y el Desarrollo Humano. 2020. Disponible en: https://www.mineducacion.gov.co/1759/articles-395659_recurso_1.pdf. Acceso en: 1 jun. 2024.

COLOMBIA. Ministerio de Salud y Protección Social. **Colombia confirma su primer caso de COVID-19**. 2020. Disponible en: https://www.minsalud.gov.co/Paginas/Colombia-confirma-su-primer-caso-de-COVID-19.aspx. Acceso en: 2 jun. 2024.

COLOMBIA. Ministerio de Educación Nacional. **Directiva Ministerial 4 del 22 de marzo de 2020**. Uso de las tecnologías en el desarrollo de programas académicos presenciales, 2020. Disponible en: https://www.mineducacion.gov.co/1759/articles-394296_recurso_1.pdf. Acceso en: 2 jun. 2024.

COLOMBIA. Ministerio de Educación Nacional. **Matrícula en educación superior 2021**. Disponible en: https://snies.mineducacion.gov.co/1778/articles-401926_recurso_1.pdf. Acceso en: 2 jun. 2024.

ESPINOZA, O.; GONZALEZ, L. Los sistemas de aseguramiento de la calidad en la educación Superior en América Latina. **Akádemeia**, Revista Digital Universidad UCINF, v. 1, n. 1, p. 7-22, 2010.

LIGARETTO, R. **Educación virtual**: realidad o ficción en tiempos de pandemia. Colombia: Pontificia Universidad Javeriana, 2020. Disponible en: https://www.javeriana.edu.co/pesquisa/educacion-virtual-realidad-o-ficcion-en-tiempos-de-pandemia/. Acceso en: 1 jun. 2024.

MANZUOLI, C. Construcción de conocimiento en educación virtual: Nuevos roles, nuevos cambios. **RED** – Revista de Educación a Distancia, n. 45, 2015. Disponible en: http://www.um.es/ead/red/45. Acceso en: 1 jun. 2024.

MARSOLLIER, R.; AIRES, B. Virtualidad y educación en tiempos de COVID-19. Un estudio empírico en Argentina. **Educación y Humanismo**, v. 22, n. 39, p. 1-22, 2020. Disponible en: https://doi.org/10.17081/eduhum.22.39.4214. Acceso en: 17 jul. 2024.

MARTINEZ, A. B.; FERNANDEZ, P. A. La perspectiva de estudiantes en línea sobre los entornos virtuales de aprendizaje en la educación superior higher education. **Innoeduca**, v. 2, n. 2, p. 109-116, 2016.

MORENO-CORREA, Sandra-Milena. **La innovación educativa en los tiempos del coronavirus (14-24)**. 2020. Disponible en: https://www.researchgate.net/profile/Sandra_Moreno7/publication/40515328_la_innovacion_educativa_en_los_tiempos_del_Coronavirus/links/5e8e301fa6fdcca789fe623d/. Acceso en: 1 jun. 2024.

MUNERA, M. Procesos de aseguramiento de la calidad en la formación bibliotecológica de América del Sur. **Revista Interamericana de Bibliotecología**, UDEA, v. 35, n. 1, 2012. Disponible en: https://revistas.udea.edu.co/index.php/RIB/article/view/13338. Acceso en: 2 jun. 2024.

OCDE. **Construir una recuperación fuerte**. Cómo podemos salir reforzados del COVID 19. 2020. Disponible en: https://www.oecd.org/coronavirus/es/. Acceso en: 2 jun. 2024.

OMS. Enfermedad por coronavirus 19. **Organización panamericana de la salud**, 2020. Disponible en: https://www.paho.org/es/enfermedad-por-coronavirus--covid-19. Acceso en: 2 jun. 2024.

ORTIZ-CLAVIJO, L. F. Y.; CARDONA-VALENCIA, D. Tendencias y desafíos de los videojuegos como herramienta educativa. **Revista Colombiana de Educación**, v. 1, n. 84, p. 1-17, 2022. Disponible en: https://doi.org/10.17227/rce.num84-12761. Acceso en: 2 jun. 2024.

REPÚBLICA DE COLOMBIA. Constitución política de 1991. Bogotá, Colombia, 1991.

REY, D. **Las TIC en Colombia y su implementación en la educación en tiempos de pandemia**. Universidad Militar de Nueva Granada, Bogotá, Colombia, 2020.

SOTO, V.; JUÁREZ, U.; MORENO, B. La educación fuera de la escuela en época de pandemia por Covid 19. Experiencias de alumnos y padres de familia. **Revista electrónica sobre cuerpos académicos y cuerpos de investigación en Iberoamérica**, España, v. 7, n. 14, 2020.

TORRES, D.; ZAPATA, G. Impacto de procesos de aseguramiento de la calidad sobre las instituciones de educación superior: un estudio en siete países. **Educación Superior en Iberoamérica**, 2012. Disponible en: https://www.researchgate.net/publication/277589270. Acceso en: 2 jun. 2024.

UNESCO. **Reconocimiento de cualificaciones de la educación superior**. Paris: UNESCO, 2016. Disponible en: https://es.unesco.org/themes/educacion-superior/reconocimiento-cualificaciones. Acceso en: 2 jun. 2024.

VALENCIA, J. Covid-19, TIC y Educación: ¿Por qué no estábamos preparados? **Observatorio De Educación del Caribe Colombiano – OECC**, 2020. Disponible en: https://www.uninorte.edu.co/web/blogobservaeduca/blogs/-/blogs/covid--19-tic-y-educacion-por-que-no-estabamos-preparados. Acceso en: 2 jun. 2024.

WITSCHI, Casandra Agustina Lesa. **Evaluación de diseño de política pública aplicado al proyecto en contextos de encierro**: "viajeros de la vida". Tesis (Licenciatura en Ciencias Políticas) – Facultad Teresa de Ávila, Departamento de Ciencias Políticas y Relaciones Internacionales, Pontificia Universidad Católica Argentina, Buenos Aires, 2021. Disponible en: https://repositorio.uca.edu.ar/handle/123456789/12098. Acceso en: 2 jun. 2024.

# POLÍTICAS PÚBLICAS SOBRE LA AUTOEVALUACIÓN Y ACREDITACIÓN EN LAS UNIVERSIDADES DE LATINOAMÉRICA

*Lisandro José Alvarado-Peña*
*Flor de la Cruz Salaiza Lizárraga*
*Amaya Sauceda Rosas Amadeo*

## Introducción

El concepto de reforma de la educación superior ha estado en el centro de los debates sobre evaluación y calidad desde la década de 1980, inicialmente, hubo resistencia a la evaluación, debido a una cultura de responsabilidad y la subsiguiente inexperiencia para diseñar procedimientos de evaluación (Caregnato, 2020; Cabrera, 2020; Páez *et al.*, 2021). En la actualidad se puede observar como las universidades son criticadas por la sociedad, haciéndolas responsables de responder a las demandas de los diferentes sectores en la sociedad (Guaglianone, 2012).

Producto del alto nivel de demandas sociales sobre los sistemas educativos, los cuales enfrentan severas restricciones presupuestarias, el creciente partidismo, politización institucional, la falta de financiamiento y el aislamiento nacional y social, se ha generado una crisis en la calidad, eficiencia y eficacia de la educación superior, haciendo que los actores del entorno nacional y regional influyan directa o indirectamente, para que las universidades participen más directamente en la solución de los problemas sociales (García; Lindquist, 2020).

Es así como Molina *et al.* (2020) plantean, como la mayoría de las universidades de Latinoamérica han establecido organismos de evaluación para garantizar la calidad, por lo cual, deben considerar los estándares de calidad como un aspecto fundamental de sus actividades. Este nuevo enfoque de calidad, según Rodelo *et al.* (2020), viene a ser entendido como la excelencia que promueve la jerarquización institucional y la competitividad, especialmente por parte de la política nacional y de las academias en la lucha por sobresalir y diferenciarse de las demás, sin embargo, hay quienes creen que este enfoque solo será validado si es ampliamente reconocido a nivel nacional e internacional por sus pares, no solo por los rankings más respetados, especialmente en la academia.

Es así como a raíz del conflicto y la negociación entre la universidad y diversos actores sociales, surge la práctica de la evaluación. Sin embargo, dicha conflictividad se vio agravada por la histórica importancia del sector universitario y la falta de una política pública estable implementada en la educación superior del país a través de los tiempos. La expresión evaluación de la educación superior, de acuerdo a los planteamientos de Molina *et al.* (2017) y Dias, (2007) se utiliza para describir un fenómeno que corresponde tanto a la evaluación de mejora como a la categoría de acreditación de garantía de calidad.

Por su parte, la práctica de la acreditación correspondió al consenso y acuerdo con la comunidad académica que aceptó la política de calidad. Donde, la participación de grupos profesionales y de decanos en la elaboración y discusión de normas permitió, que la comunidad académica participara más activamente en los procesos de acreditación de estudios de pregrado, llegando durante su discusión a un consenso sobre la necesidad de implementar los procesos de mejoramiento en la calidad de los programas.

Conforme a lo antes planteado, las teorías, conceptos y prácticas de evaluación y acreditación constituyen un campo donde se ubican valores e intereses en diferentes lugares en relación a los bienes materiales y simbólicos en discusión. Es precisamente en este campo y entre sus participantes (gobierno, investigadores, empresarios, directores de instituciones, estudiantes) que se definió el programa de evaluación y acreditación, los medios de su implementación y los logros alcanzados.

Por lo cual, la presente investigación busca describir las políticas públicas sobre la autoevaluación y acreditación en las Universidades de Latinoamérica, tratando de unificar los criterios y aspectos tomados en cuenta para dichos procesos evaluativos y con ello generar una perspectiva más sólida y completa que permita a los organismos internacionales de acreditación, generar instrumentos más completos adaptados a las particularidades, demandas sociales y contextos de los distintos países, de forma que pueda ser usado en la mejora de los lineamientos y políticas del Estado para otorgar la certificación de los programas académicos de las universidades latinoamericanas.

## 1 Procedimientos sistemáticos de evaluación y acreditación en los sistemas de educación superior

Desde finales del siglo XX, las altas exigencias de la sociedad, el sector manufacturero, el sector de servicios y el propio estado han hecho necesaria la introducción de un estricto control de calidad en el proceso de enseñanza-aprendizaje en la educación superior (Villarruel, 2010), buscando una educación superior innovadora, generadora de conocimiento y conexión con la sociedad y el mundo laboral. Su propósito debe ser cuestionado de manera persistente, consciente, a largo plazo (Acosta; Acosta, 2016; Hernández, 2014).

Es así como, la autoevaluación de la educación, y en este caso de la educación superior, es un método para determinar las fortalezas y debilidades de la educación universitaria con el fin de mejorar la calidad de sus programas curriculares (Marciniak; Gairín, 2017). No obstante, para Gairín, Díaz-Vicario, Rosales y Sentinella (2014), estos procesos se justifican por la responsabilidad que tienen los profesionales de mejorar la educación y los programas que desarrollan.

En el contexto de la Ley de Educación Superior se crean a nivel mundial distintas organizaciones de evaluación y acreditación universitaria, significando ello, la integración de procedimientos sistemáticos de evaluación y acreditación en el sistema nacional y la redistribución del poder entre el Estado, las instituciones académicas y las instituciones del mercado (Guaglianone, 2012).

La autoevaluación debe tomar en cuenta la situación actual e histórica de la institución y la adecuada relación entre las unidades académicas y la universidad sin perder de vista que su objeto es la institución en su conjunto. Sabiendo, que la identidad no puede formarse como la suma de sus partes, deben asumir la diversidad como punto de partida y su enfoque, no solo comparativo entre universidades, sino también hacia dentro de ellas mismas.

Asimismo, como resultado del proceso de autoevaluación se debe generar información que sirva de base fundamental para conocer la realidad de la institución y formular propuestas de mejora, modificación o conservación. Específicamente, mejorar la calidad de la institución analizando resultados, identificando problemas y entendiéndolos desde su propio contexto.

Sin embargo, hasta los tiempos actuales se le ha dado mínima importancia a estos procesos para el mejoramiento de la universidad entre todas las partes que conforman la comunidad académica de la institución. Los expertos y su burocratización solo han creado una naciente "cultura de la evaluación" en las instituciones de educación superior, impidiendo que este proceso se arraigue como una instancia permanente de autodiagnóstico. sus metas y objetivos encaminados a mejorar su práctica académica.

Por otra parte, la acreditación periódica de cursos cuyos títulos correspondan a profesiones reguladas por el Estado y cuyo ejercicio laboral de sus egresados puede afectar negativamente el interés público al poner en peligro directamente la salud, la seguridad, los derechos, la propiedad o la educación de sus residentes; debe estar basada en la aplicación de normas establecidas por el Ministerio de Educación en consulta con el Consejo de Universidades nacionales e incluso a nivel internacional (Guaglianone, 2012).

Hoy en día, los procesos de acreditación representan un mecanismo nacional que cumple un papel de control de enorme importancia, en general protagonizado por los gobiernos, frente a la necesidad de atestiguar la garantía pública de calidad de una institución o de un programa, en contextos complejos de internacionalización, enorme diversificación y creciente mercantilización (Dias, 2007).

El resultado del proceso de acreditación es un informe en el que los revisores evalúan si el programa cumple con los estándares establecidos y evalúan la viabilidad de los planes de mejora. Donde, la propuesta final de dictamen pericial incluye las siguientes recomendaciones: a) si cumple con el perfil establecido previamente se le otorga una certificación por seis años; b) Se le otorga la certificación solo por 3 años, si cumple con el perfil establecido pero no tiene un ciclo completo de dictado; igualmente, c) se le puede otorgar una certificación por tres años en caso de que no cumpla con el perfil establecido pero posee estrategias de mejoramiento adecuadas; y, finalmente, d) no obtienen la acreditación esperada si no cumplen con el perfil establecido y sus estrategias de mejoramiento no se estima sean alcanzables en un plazo razonable.

Los procedimientos de acreditación de programas de grado resultaron ser más ampliamente aceptados que los procedimientos de evaluación institucional dentro de la comunidad académica, debido a la participación activa de la comunidad en el proceso. Pues, la propia academia establece los criterios por los cuales se acreditan los títulos. Estas discusiones y procesos de coordinación aseguran una mayor conciencia profesional de la participación y el compromiso de los graduados en temas relacionados con la formación y su implementación.

La acreditación de carreras a nivel universitario ha generado una situación contraria con respecto a la evaluación institucional, acelerando el proceso de cambio de carrera conforme a la exigencia de cumplir con los estándares, convirtiéndose en un mecanismo de planificación y gestión para las instituciones. Estos procesos de mejora se basan en el carácter punitivo del proceso, la continuidad obligatoria de la acreditación y la disponibilidad de financiamiento para cumplir con sus compromisos.

A modo de reflexión se puede decir, que los países latinoamericanos son focos de cambio impulsados desde el exterior, donde la acreditación y evaluación universitaria juegan un papel muy importante. Estas transformaciones están impregnadas de cambios conceptuales e ideológicos fundamentales para el mejoramiento de la calidad profesional de sus programas y formación de sus egresados, basadas en los lineamientos de las políticas públicas de Estado y las demandas sociales, lo cual será analizado de forma descriptiva a lo largo del desarrollo de la presente investigación.

## 2 Método

Este estudio corresponde a una revisión documental y sistemática de carácter descriptivo no experimental, que se basa en el análisis de evidencias presentes en la literatura científica (Fan y See, 2022; Hernández et al., 2014). El propósito de las revisiones documentales y sistemáticas es unificar los diversos resultados y las perspectivas de los estudios previamente realizados sobre el tema investigado, a fin de dar respuesta a varias preguntas de investigación, basándose en la evidencia publicada de un campo en particular, realizando una selección de estudios utilizando criterios de inclusión y exclusión conforme a los intereses de los investigadores, tal como se muestra en el cuadro 1 (Snyder, 2019).

Cuadro 1 – Criterios de inclusión y exclusión para selección de la muestra

| Tipo de Criterio | Inclusión | Exclusión |
|---|---|---|
| (a) Tiempo de publicación | 01 de enero del 2020 al 30 de Noviembre del 2022. | Anterior al año 2020 y/o posterior al 30 de Noviembre de 2022. |
| (b) Tipo de publicación | Artículos científicos. | Otros tipos de documentos publicados en sitios WEB. |
| (c) Contexto Educacional de la publicación | Educación de Pregrado. | Educación primaria, secundaria, formación técnica y/o postgrado. |

Fuente: elaboración propia (2022)

Específicamente, el análisis de la literatura según Aktoprak y Hursen (2022), consiste en examinar e interpretar la información contenida en las publicaciones científicas. Donde, se analizan las siguientes áreas en particular: a) palabras clave, b) país de estudio, c) año de publicación, d) idioma, e) revistas científicas, f) disciplinas de formación profesional, g) métodos de investigación.

Seguidamente, el análisis de contenido, es una técnica utilizada para la interpretar el contenido que poseen los textos (Aktoprak; Hursen, 2022), en el caso específico de la presente investigación se definen las siguientes categorías de análisis: políticas públicas en el ámbito académico y procesos de autoevaluación y acreditación en las instituciones de educación superior, que estén presentes en los estudios de la muestra seleccionada.

El proceso de búsqueda de la información se realizó en las bases de datos WoS y Scopus, aplicando el análisis bibliográfico y de contenido a la muestra final conformada por 24 artículos para identificar las palabras clave, el país de estudio, año de publicación, idioma, revistas académicas, áreas de formación especializada, métodos de investigación, y así poder llevar a cabo un análisis descriptivo más completo sobre los procesos de autoevaluación y acreditación de las instituciones de educación superior en Latinoamérica.

Específicamente, conforme a los artículos tomados como referencia, se trabajó con una muestra de 6 países de Latinoamérica, integrados por Brasil, Argentina, Ecuador, Costa Rica, Colombia y México, a fin de poder realizar un análisis descriptivo sobre cómo han llevado a cabo sus procesos de autoevaluación y acreditación dentro de sus instituciones de educación superior y sirvan de referencia sus criterios para otros países, además de unificar criterios de evaluación entre ellos mismos.

## 3 Resultados

La educación superior es un campo controvertido tanto a nivel nacional como internacional. Los órganos de evaluación y acreditación, aunado al concepto de calidad, son elementos centrales de la política universitaria. Sin embargo, a pesar de los diferentes niveles de desarrollo presentes en los países latinoamericanos, se han venido impulsando cada vez más los procesos y políticas de evaluación y acreditación.

Muchos de los cambios en la educación superior están integrados en las reformas que los países están impulsando para ser más competitivos en el escenario internacional. La expansión cuantitativa de las instituciones y el número de estudiantes, las crisis de financiación, la privatización y los cuasimercados, la diferenciación institucional, la heterogeneidad de los niveles de calidad y la internacionalización son algunos de los fenómenos más comunes y predominantes (Caregnato *et al.*, 2020).

Los fenómenos antes mencionados, aunado a la situación de pandemia que afrontaron todos los países a nivel mundial en los últimos años, crean serios desafíos y grandes oportunidades (Miguel, 2020; Vidal *et al.*, 2021). Trabajan en conjunto y representan la respuesta más común a las nuevas demandas, especialmente las relacionadas con la ampliación de la escolaridad, el aumento de la competencia, las exigencias del mundo del trabajo y la necesidad de garantía de calidad. El mayor reto es crecer con calidad.

Los términos evaluación y acreditación a pesar de ser diferentes, se encuentran estrechamente relacionados y son interdependientes. Generalmente, el término evaluación se refiere a un proceso participativo de análisis, investigación y discusión sobre los méritos y valores de sistemas, instituciones y programas con metas de mejora. La acreditación es un privilegio en este texto.

El término acreditación tiene diversos usos e interpretaciones. Sin embargo, desde el punto de vista institucional, se refiere a convalidación de títulos y cursos basados en la comprobación sobre el cumplimiento de unos requisitos de calidad previamente establecidos. El modelo de certificación trata con dos matrices diferentes, una es centrada en el estado donde predomina la aprobación previa y la acreditación oficial permanente, y la otra es centrada en lo social donde los organismos zonales realizan evaluaciones periódicas y acreditan instituciones. y programa.

El enfoque de la acreditación es el control y la garantía de calidad. La evaluación, a su vez, es más relevante para la lógica del avance académico. En América Latina, especialmente en las instituciones públicas, existen muchas prácticas de autoevaluación, con o sin apoyo de ministerios y agencias externas. Para estas instituciones educativas, la evaluación tiene un alto valor pedagógico y político en términos de mejora académica y administrativa y fortalecimiento de la autonomía universitaria.

No obstante, estas prácticas de autoevaluación para fortalecer el desarrollo académico y la autonomía universitaria son cada vez más desatendidas ya que las evaluaciones externas recientes dominan con fines de control o regulación. A continuación, se mostrará un análisis descriptivo sobre lo que han venido desarrollando los países latinoamericanos en el ámbito de la autoevaluación y acreditación universitaria.

## 3.1 El desarrollo de los procesos de autoevaluación de las carreras universitarias en los países de Latinoamérica

Los procesos de autoevaluación en Latinoamérica resultan ser cada vez más globalizados, trascienden las fronteras internacionales, pero a la vez, buscan la estandarización en términos cuantitativos y objetivos, ampliando las posibilidades de convalidación externa, clasificación y también referencia para sus participantes. Los criterios bajo los cuales una carrera o programa es evaluado, de acuerdo a lo planteado por Zúñiga-Arrieta y Camacho-Calvo (2022), deben identificar qué aspectos son fundamentales y medibles, brindan contextos teóricos y prácticos que les dan sentido, coherencia y pertinencia, para pasar de un punto de vista teórico a los principales referentes a evaluar. A continuación, se realizará una muy breve presentación de cinco países de Latinoamérica.

En primer lugar, se menciona a Argentina, donde las condiciones institucionales referidas a los procesos de evaluación en las instituciones educativas dependían principalmente de la existencia de dos elementos principales: el primero la Ley de Educación Superior, y el segundo un organismo ejecutor de la política de evaluación denominado Comisión

Nacional de Evaluación y Acreditación Universitaria (CONEAU), que se alinea con las necesidades de gestión, aunado a un liderazgo capaz de manejar las tensiones y negociaciones que surgen durante el desarrollo de dichos procesos.

El propósito de la evaluación institucional es mejorar la calidad de la institución haciendo preguntas sobre sus resultados y especialmente actividades, identificando problemas, analizándolos desde su contexto. Por tanto, debe interpretar, modificar y mejorar, no regular, prescribir y menos aún sancionar. La evaluación antes mencionada corresponde a un proceso continuo y con carácter constructivo, que considera tanto los aspectos cualitativos como los cuantitativos y se realizará en dos fases: la autoevaluación y la evaluación externa, en forma permanente y participativa conforme a lo establecido por la CONEAU (1997).

En Ecuador, durante el año 2018 se produce la reforma a la Ley Orgánica de Educación Superior (LOES), la cual incorpora varios cambios en cuanto a la medición de la calidad educativa y de evaluación externa, entre los cuales, se creó el Consejo de Aseguramiento de la Calidad de la Educación Superior (CACES), encargado de establecer el modelo de evaluación institucional conforme a lo dispuesto en la Ley. Es así como el CACES, entiende el aseguramiento de la calidad como un sistema basado en la autoevaluación y la evaluación externa, con o sin fines de acreditación, en un sistema claro orientado a fomentar la mejora continua en la educación superior, y como eje de su trabajo ofrecer aseguramiento de la calidad (Santana y Santana 2022).

Adicionalmente, todos esos procesos antes mencionados deber ser permanentes, continuos, interactivos y planificados a mediano y largo plazo, estableciendo que todas las instituciones de educación superior ecuatorianas deben pasar por este proceso de evaluación para demostrar la calidad de su trabajo académico. El proceso de evaluación en las universidades ha permitido aumentar la competitividad y atender una mayor matricula, dado que, al ubicarse en una categoría superior, resulta más atractiva para las personas que quieren desarrollar una carrera profesional en dichas instituciones (Delgado *et al.*, 2020).

En este sentido, continuando con los autores antes citados, las universidades ecuatorianas están concentrando sus esfuerzos en medidas para cumplir con los estándares del modelo, y este instrumento será el norte que direccione su labor académica a acreditarse. Los criterios de autoevaluación establecidos son complejos y no solo se enfocan en aspectos puramente técnicos, detrás de cada criterio hay una propuesta conceptual que se aborda desde el punto de vista de las personas que deciden cuál es la universidad ideal para la sociedad en un momento determinado.

En Costa Rica, el Sistema Nacional de Acreditación de la Educación Superior (SINAES) fue creado para diversificar su trabajo y brindar oportunidades más consistentes para el funcionamiento de las instituciones de educación superior, con un cierto grado de afinidad en su estructura y eficacia, por lo tanto, minimiza el costo y el tiempo de autoevaluación (SINAES, 2013).

El Proceso de autoevaluación según la agrupación de las titulaciones universitarias, implicó, conforme a Morera-Castro (2019):

1.  Reconocer las diferentes poblaciones involucradas en el proceso de autoevaluación, sus valores, estudiantes de primer año, estudiantes de larga duración, personal académico, personal administrativo, líderes universitarios de cada facultad, egresados y empleadores.

2.  Recopilación, categorización y generación de evidencia para respaldar el informe de autoevaluación.

3.  Elaboración, implementación y análisis de los resultados de las encuestas de opinión de las personas participantes del proceso a partir de los macro instrumentos creados por cada facultad de la universidad nacional.

4.  Difusión de los resultados de la investigación a los diferentes grupos de participantes.

5.  Preparación del informe final de autoevaluación.

6.  Entrega del informe de autoevaluación ante la dependencia responsable de la acreditación.

Asimismo, sucede en Brasil donde El SINAES puede entenderse como un proceso conjunto de evaluación y acreditación coordinado y monitoreado por varias agencias gubernamentales, donde su reto más importante es mejorar las funciones de mejora y ajuste del sistema. En cuanto a la mejora, además de los problemas técnicos de evaluación, su reto es evitar la excesiva burocratización y posibles desviaciones éticas, especialmente de la lógica de la competitividad mercantilista (Dias, 2007).

El papel del Estado es iniciar procesos de evaluación que brinden un panorama general del sistema para generar políticas de regulación y mejora; en las instituciones, es posible desarrollar procesos globales de evaluación con todas las dimensiones y estructuras institucionales que combinan actividades internas y externas y dependen de la participación efectiva de varias partes, además de, crear una cultura de evaluación, reflexión y discusión en el espacio público.

En la actualidad, las políticas públicas y educativas de Colombia se consolidan las directrices hacia el aseguramiento de la calidad, tal como lo mencionan Rios-Campos y Barreiro (2022), sus lineamientos integrales de evaluación son directamente relevantes para el contexto de consolidación del mercado educativo global, con poder político, ímpetu económico y apoyo conceptual, para un país como Colombia, enfrente los desafíos característicos de su contexto de educación superior.

Ahora bien, "México es considerado uno de los países pioneros respecto a la implementación de políticas de evaluación en la región" (Cabrera, 2020, p. 167), en 1989 fue creada la Comisión Nacional de Evaluación (CONAEVA), iniciando con ello un período en el que la evaluación fue considerada el eje principal de la reforma. Una meta que no se logró fue el inicio de un proceso nacional a nivel de todo el sistema. Sin embargo, los procesos de evaluación son rutinarios y sus resultados no son claros. Hay mucha experiencia, pero no fue posible construir un sistema nacional de evaluación y acreditación (de Vries, 1999).

En general, según las descripciones mencionadas en cada país, se pueden visualizar dos tendencias principales en los procesos de autoevaluación practicados en la región. Algunas de ellas están orientadas casi exclusivamente a la autorregulación sin fines de certificación. Sus criterios, indicadores y procedimientos metodológicos se desarrollan dentro de su propia comunidad institucional, la cual, está orientada principalmente a la acreditación.

### 3.2 La Acreditación de las carreras universitarias en Latinoamérica

La educación superior actualmente tiene muchos requisitos en cuanto a la calidad de los servicios educativos que debe brindar a sus estudiantes. Cualquier institución de educación superior o programa de grado debe someterse a un riguroso proceso de evaluación y cumplir con ciertos criterios para ser acreditado (Bejarano *et al.*, 2022). En el trabajo realizado por Guzmán-Puentes y Guevara-Ramírez (2022), se encontró que más allá de la búsqueda de la calidad, la acreditación se considera un mecanismo para mejorar la imagen pública y la visibilidad internacional de una universidad en el cambiante mundo universitario a nivel mundial.

La acreditación es vista como una herramienta para fortalecer las redes de colaboración con otras universidades y la participación en los intercambios de estudiantes, por lo cual, además de los beneficios de mejorar la calidad, obtener una acreditación es una parte importante del prestigio internacional, se convierte en su boleto de entrada al mundo y muestra a la universidad como un ente de mayor reconocimiento académico, calidad y desempeño en comparación a sus pares.

En Argentina, el principal organismo de acreditación fue establecido en 1996, llamado Comisión Nacional para la Evaluación y Acreditación de las Universidades (CONEAU). La acreditación de los planes de estudios permitió la estructuración horizontal del sistema en relación con los programas incluidos en las prácticas de acreditación. convenios entre diferentes universidades que han pasado por los procesos antes mencionados. Estos convenios permiten la integración del sistema en su conjunto y la movilidad de los estudiantes entre carreras del mismo campo, así como el reconocimiento de partes del plan de estudios. De igual forma, se observa un proceso de consolidación interna en la comunidad de investigadores, enmarcado como resultado de transitar el proceso de acreditación con una trayectoria y sentido de pertenencia a una unidad académica diferente a las demás.

Por su parte, la evaluación sobre la producción de conocimiento en las universidades del Ecuador y, especialmente en lo que respecta al sistema de evaluación y acreditación, es de reciente origen y aún se encuentra en etapa de crecimiento, se introdujo como vinculante a partir de la Ley Orgánica de Educación Superior (LOE) en el año 2010. Seguidamente, el año 2012, refieren Molina *et al.* (2020), fue un período pionero cuando se empezó a implementar el modelo de evaluación universitaria y aparecieron limitaciones, no consensuadas con los evaluadores por la falta de indicadores básicos pertinentes al contexto ecuatoriano y el uso de procesos poco confiables que llevaron al predominio de indicadores cuantitativos.

Luego de superar las desventajas iniciales y aprovechar las fortalezas de la experiencia, se realizó la evaluación de 2015 utilizando un modelo basado en la objetividad de la evaluación cualitativa y mejores indicadores de confianza para la información procesada (Molina *et al.*, 2020). Esto se ha facilitado como resultado de muchos cambios en la sociedad, además de la necesidad de articular el sistema de educación superior con la agenda de desarrollo del país, tal como lo propone la Constitución de 2008 (Cabrera, 2020) y que represente declaración formal de la capacidad de la institución para ofrecer programas y servicios efectivos basados en los requisitos acordados (Delgado *et al.*, 2020).

Sin embargo, señala Raza (2019), sin embargo, a pesar de que existe una ligera evolución entre los modelos utilizados en 2009 y 2012, se ha mantenido un enfoque predominantemente cuantitativo en relación con la reorganización de los criterios e indicadores. Anteriormente, primaban las puntuaciones acumuladas de certificación sobre las evaluaciones. Una verdadera evaluación de la calidad académica. Agregando a lo anterior, Sánchez *et al.* (2018), quienes realizaron un análisis comparativo de los indicadores presentes en el modelo de evaluación y acreditación utilizado en Ecuador y otros modelos desarrollados en Latinoamérica y concluyeron que no existían diferencias claras. Es por ello que se evidencia cierta estandarización de criterios de evaluación de la calidad para optar por la acreditación.

En Costa Rica, la acreditación se origina en el interior del Consejo Nacional de Rectores (CONARE) de la Educación Superior Pública y por iniciativa de las universidades estatales, luego de lo cual se sumaron algunas universidades privadas, en 1998 se instituyó oficialmente el Sistema Nacional de Acreditación de la Educación Superior (SINAES), con personalidad jurídica y otorga carácter oficial a la acreditación, confirmado en 2002. Donde, los criterios y estándares definidos por el SINAES tendrán carácter oficial de norma académica nacional de calidad (Zúñiga-Arrieta; Camacho-Calvo, 2022).

La selección para esta acreditación requiere una revisión inicial de las profesiones autocalificadas para determinar su grado de afinidad, seguida de un proceso de autoevaluación que aborda atributos, fortalezas y procesos de mejora. en cada carrera en los últimos cuatro años. El proceso mencionado se basa en la verificación de los estándares y criterios elaborados por este organismo de acreditación, lo que posibilita la elaboración y adaptación del informe de autoevaluación. Este es un documento que se envía a la unidad de evaluación para la determinación del nivel de calidad de la carrera y definir si reciben un certificado de calidad (Morera-Castro *et al.*, 2019).

En general, la acreditación en Costa Rica es voluntaria y cubre seis componentes: personal académico, currículo, estudiantes, administración, infraestructura y equipamiento, impacto y pertinencia del programa. De manera similar a los procesos de otros países de la región, se siguen tres etapas: autoevaluación y autorregulación; visita de colegas académicos externos y decisión de acreditación (Alvarado Urtecho, 2003).

Ahora bien, en Brasil, con la internacionalización y el fortalecimiento de las relaciones entre las naciones y las barreras territoriales, se utiliza la palabra acreditación, como un conjunto de procesos y operaciones consistentes en autorización de actividades, reconocimiento de programas y acreditación de instituciones está especificado en la Normativa Brasileña. En el año 2004 fue creado el Sistema Nacional de Avaliação da Educação Superior (SINAES). Este organismo se encarga de asegurar el proceso de evaluación del desempeño de las instituciones de educación superior y de sus programas de pregrado (Páez *et al.*, 2021).

Igualmente, el organismo antes mencionado, realiza la acreditación de las instituciones educativas. Esto incluye un proceso de autoevaluación seguido de una evaluación y certificación externa. El programa académico de las universidades también se evalúa a través de análisis sobre las condiciones educativas, material didáctico y profesionalización de sus docentes (Páez *et al.*, 2021).

Por su parte, en Colombia, en el año 1992 fue establecido el ente responsable de la acreditación, llamado Consejo Nacional de Acreditación (CNA); el cual, se asemeja en sus funciones a otros organismos internacionales de acreditación, pues se encarga de promover los procesos de autoevaluación; definir y confirmar claramente los criterios, herramientas e indicadores de calidad para la evaluación externa; forma comisiones académicas colegiadas y prepara un informe final para que discutido por el Ministro de Educación (Murillo-Vargas *et al.*, 2020; CNA, 2020).

La acreditación en Colombia se entiende como un acto por el cual el Estado confirma y publica el reconocimiento otorgado por los colegas académicos validando que la institución garantiza la calidad, organización y funcionamiento de sus programas académicos y el cumplimiento de sus funciones. social (Decreto 2904, de 1994, art. 1). Para el CNA (2020), la acreditación es una certificación estatal de la calidad de un programa de educación superior o una institución de educación superior basada en un riguroso proceso de evaluación que involucra a la institución de educación superior, las comunidades académicas y el Consejo Nacional de Acreditación. Es así, como el propósito del sistema de acreditación es incentivar y orientar los esfuerzos para mejorar la calidad.

Los principales mecanismos para el aseguramiento de la calidad de la educación superior en Colombia, son la acreditación de alta calidad de instituciones y programas y, el registro calificado de programas. Donde, la Ley 30 de 1992, que es la norma rectora de la educación superior en el país, estableció el sistema nacional de acreditación con el objetivo principal de garantizar a la sociedad que las instituciones de educación superior que hacen parte del sistema cumplen con los más altos requisitos de calidad y que realizan sus propósitos y objetivos.

Asimismo, la Ley N° 1188 de 2008, establece que el registro calificado es un medio del sistema de aseguramiento de la calidad de la educación superior, por el cual, el Estado verifica si las universidades cumplen con los requisitos de calidad, establecidos en su artículo 1. Esta ley se encuentra hoy reglamentada por el Decreto 1330 de 2019 (Páez *et al.*, 2021).

Por su parte, en México, la acreditación de los programas académicos surgió como una de las áreas que componen las estrategias gubernamentales dirigidas al mejoramiento de la calidad del sistema de educación superior (García; Hervas, 2020); luego de la proliferación de diversas agencias privadas de acreditación de programas, en el año 2000 se estableció el Consejo para la Acreditación de la Educación Superior (COPAES), una organización no gubernamental compuesta por miembros de varios organismos de evaluación encargados de la regulación oficial del sistema a través de la reglamentación de los organismos de acreditación que cumplan con los requisitos establecidos (Martínez *et al.*, 2022).

En general, se puede decir, que los países de Latinoamérica, cuentan con entes gubernamentales, encargados de evaluar y acreditar la calidad de un programa de educación superior, en base a un conjunto de herramientas e indicadores que permiten medir el nivel de calidad que se ofrece en la institución universitaria, por lo cual, cada institución realiza su propia autoevaluación, a través de instrumentos aplicados a sus propios miembros a fin de evaluar el cumplimiento de los requisitos exigidos para optar por la certificación.

## 4 Discusión

Los resultados muestran que los esfuerzos de estos modelos son consistentes con los criterios de evaluación internacionalmente exigidos por los organismos competentes. Tal como lo refieren Molina *et al.* (2021), los criterios de evaluación están determinados por la dinámica interna de la institución, por lo que existe una relación directa entre los indicadores y los criterios de evaluación, y se evalúan procesos similares, pero con criterios específicos para dar seguimiento a la pertinencia del proceso de evaluación.

La acreditación de carreras en Latinoamérica ha experimentado un importante desarrollo en los últimos años, tanto cuantitativa como cualitativamente, para finales de la década de los 80 y principios de los 90 del siglo pasado, la mayoría de los países de la región mencionada adoptaron estándares nacionales que reflejan la calidad y acreditación de la educación superior. Coincidiendo así con los planteamientos de Juanes (2022), quienes señalan que esta época fue propicia para establecer mecanismos que demostraran la transparencia del sistema de instituciones de educación superior y la rendición de cuentas a la sociedad.

Como parte de las reformas de la educación superior de este período, el concepto de acreditación de la calidad se ha convertido en una política de todos los sistemas de educación superior, además, en un requisito obligatorio de todas las instituciones y en un denominador común en las políticas y agendas de desarrollo de la educación superior latinoamericana.

Los anteriores resultados coinciden con lo planteado por (Mora, 2003; Dias, 2007) al mencionar que la acreditación responde a la creación de confianza pública en la calidad de las instituciones educativas o programas educativos; informa a los ciudadanos y autoridades públicamente asegurando que los valores otorgados alcancen un cierto nivel. El propósito es verificar oficialmente si una institución educativa o un programa específico, cumple o no con los requisitos de calidad y, por lo tanto, los certificados emitidos por ella son válidos o no. Al mismo tiempo, la acreditación debe incentivar la búsqueda continua de la calidad y facilitar la movilidad de estudiantes y docentes.

## Conclusión

Los procesos de evaluación en el ámbito institucional, como la acreditación de los programas universitarios, han dado lugar a avances significativos en todos los departamentos de educación superior; entre ellos se destacan la organización del material, la recopilación de estadísticas, la comunicación entre varios campos, la generación del conocimiento generado en las instituciones, sin olvidar también, los problemas de la carrera y, con mayor frecuencia, la posibilidad de desarrollar planes de mejora en dichos programas e instituciones.

Dado que la acreditación de los cursos de pregrado conlleva una diferenciación importante dentro de cada institución y entre las distintas unidades académicas que la conforman, la mayoría de los cursos que deseen ser incluidos y aprobar el artículo 43 de la Ley de Educación Superior serán Proceso de acreditación por calidad, reconocimiento, prestigio y recursos.

En países como Argentina, las políticas de educación superior desarrolladas desde la década de los noventa han provocado un cambio en la política universitaria hacia la calidad y la mejora profesional e institucional como eje de la política y la gestión. En la práctica, existe una distinción importante entre evaluación institucional y acreditación en Argentina. El propósito de la evaluación es mejorar la calidad, mientras que el propósito de la acreditación es asegurar un nivel de calidad que cumpla con los estándares predefinidos. El mayor desafío para otros países es evitar actitudes demasiada burocráticas que impidan comprender los procesos que forman las obligaciones más profundas e importantes de las instituciones para con la sociedad.

Por otra parte, a pesar que la implementación de la evaluación y acreditación universitaria en el Ecuador se ha institucionalizado casi 20 años después y se encuentra en una situación político-económica diferente a los demás países analizados, muestra criterios de evaluación similares al resto de los países, especialmente en cuanto a sistemas de educación superior con una fuerte expansión hacia los intereses del sector privado y con la consecuente necesidad de garantizar la calidad de sus instituciones.

Por otra parte. países como Brasil y Colombia necesitan enfocarse en indicadores clave como la planificación, la investigación, la educación, la pertinencia y la comunicación con la sociedad, sin embargo, los criterios e indicadores para la evaluación y acreditación parten de la percepción del entorno, el cual resulta académicamente exigente, generando la necesidad de adaptabilidad al entorno en el que se desempeñan y a la sociedad que le rodea.

Los países latinoamericanos han creado numerosas instituciones y organismos de evaluación y acreditación para mejorar y asegurar la calidad de las instituciones y los sistemas educativos, teniendo en cuenta los nuevos desafíos provocados por el crecimiento de la población, la expansión del sector privado y la crisis de los fondos públicos y los peligros de la comercialización de la educación superior. Se produjeron desarrollos conceptuales y técnicos y, lo más importante, se difundió una cultura de evaluación en toda la comunidad educativa.

Finalmente, se puede decir, que las instituciones de educación superior utilizan los lineamientos proporcionados por los organismos nacionales e internacionales de evaluación y acreditación en sus procesos de autoevaluación con el objetivo de mejorar la calidad, con o sin acreditación y ofrecer cada día un mejor servicio.

En el caso de la legislación científica para los procedimientos de evaluación y acreditación, ésta incide directamente en los objetivos, contenidos, formas organizativas, métodos, medios y evaluación de la formación. El contenido amparado por la ley académica prevalece sobre otros factores, teniendo en cuenta el nivel de experiencia gerencial y la forma organizativa de la educación.

## Referencias

ACOSTA, Byron. Y ACOSTA, Miguel. Modelos de evaluación para la acreditación de carreras. Análisis de su composición y una respuesta para las carreras de Ecuador. **Revista Mexicana de Investigación Educativa**, v. 21, n. 71, p. 1249-1274, 2016.

AKTOPRAK, Ayten; HURSEN, Cigdem. A bibliometric and content analysis of critical thinking in primary education. **Thinking Skills and Creativity**, v. 44, p. 101029, 2022. https://doi.org/10.1016/j.tsc.2022.101029

BEJARANO, Caroll; TINCO, Miluzca; Rivera, Gloria; HUAMAN, Luis y CONTRERAS, Robert. Contribución de la acreditación para el aseguramiento de las condiciones básicas de calidad en la educación superior universitaria. **Ciencia Latina Revista Científica Multidisciplinar**, v. 6, n. 6, p. 8186-8194, 2022. https://doi.org/10.37811/cl_rcm.v6i6.3991

CAREGNATO, Célia; SANTIN, Dirce; DEL VALLE, Dámian. Educación superior y universidad en América Latina: perspectivas temáticas para debates e investigaciones. *Revista Brasilia*, v. 101, n. 259, p. 670-690. Sep-Dec 2020. https://doi.org/10.24109/2176-6681.rbep.101i259.4610

CABRERA, Fredy. La evaluación y acreditación universitaria en Ecuador: antecedentes y contextualización regional. *Revista Pucara*, n. 31, p. 159-182, 2020.

Consejo Nacional de Acreditación (CNA). **Sistema de Aseguramiento de la Calidad de la Educación Superior**. 2020. Disponible en: https://www.cna.gov.co/1779/w3-article-402539.html?_noredirect=1. Acceso en: 17 jul. 2024.

COMISIÓN NACIONAL DE EVALUACIÓN Y ACREDITACIÓN UNIVERSITARIA (CONEAU). **Lineamientos para la Evaluación Institucional**. Editorial: Ministerio de cultura y educación. 1997.

DELGADO, Stephanie; VILLAVICENCIO, Diana y HERNÁNDEZ, Karen. Acreditación y resultados organizacionales: caso Universidad de Guayaquil. **Uisrael**, v. 7, n. 3, p. 1-24, 2020. https://doi.org/10.35290/rcui.v7n3.2020.261

DIAS, José. Acreditación de la educación superior en América Latina y el Caribe. **La educación superior en el mundo**, p. 282-295, 2007. Disponible en: https://core.ac.uk/download/pdf/41781784.pdf. Acceso en: 17 jul. 2024.

FAN, K., y SEE, B. H. How do Chinese students' critical thinking compare with other students?: a structured review of the existing evidence. **Thinking Skills and Creativity**, n. 46, p. 101145. 2022. https://doi.org/10.1016/j.tsc.2022.101145

GAIRÍN, Joaquín, DÍAZ-VICARIO, Anna, ROSALES, Manuel y SENTINELLA, Xavier. La autoevaluación para la mejora de la seguridad integral en centro educativos. **EDUCAR**, v. 50 n. 2, p. 363-381. 2014. http://dx.doi.org/10.5565/rev/educar.144

GARCÍA, Rodolfo y LINDQUIST, Ricardo. Hacia una agenda social de las universidades latinoamericanas del siglo XXI: una perspectiva teórica-epistémica y política. **Revista de la educación superior**, v. 49, n. 194, p. 89-113, 2020. https://doi.org/10.36857/resu.2020.194.1126

GUAGLIANONE, Ariadna. Las políticas públicas de evaluación y acreditación de las carreras de grado en argentina. **Calidad en la educación**, n. 36, p. 187-217, jul. 2012.

GUZMAN-PUENTES, Sandra; GUEVARA-RAMIREZ, René. Configuración de la acreditación de la calidad como campo de estudio. Una revisión sistemática de la investigación internacional. **Revista iberoamericana de educación superior**, v. 13, n. 36, p. 160-180, 2022. https://doi.org/10.22201/iisue.20072872e.2022.36.1189

HERNÁNDEZ, Fuensanta. Evaluación y acreditación del profesorado, programas e instituciones educativas. **Revista Electrónica Interuniversitaria de Formación del Profesorado**, v. 17 n. 1, p. 15-32. 2014. https://doi.org/10.6018/reifop.17.1.198821

JUANES, Blas. El proceso de evaluación y acreditación de carreras en Ecuador. **Universidad y Sociedad**, v. 14, n. 1, p. 536-542, feb.2022.

MARCINIAK, Renata y GAIRÍN, Joaquín. Un modelo para la autoevaluación de la calidad de programas de educación universitaria virtual. **Revista de Educación a Distancia**, v. 2 n. 54, p. 1-30. 2017. http://dx.doi.org/10.6018/red/54/2

MARTÍNEZ, Jorge; PONCE, Salvador; MORENO, Israel y ZAMORA, Liliana. Evaluación y acreditación en una universidad pública de México: Experiencias docentes. **Revista Venezolana De Gerencia**, v. 27, n. 7, p. 443-459, 2022. https://doi.org/10.52080/rvgluz.27.7.29

MIGUEL, José. La educación superior en tiempos de pandemia: una visión desde dentro del proceso formativo. **Revista Latinoamericana de Estudios Educativos**, v. L, n. Esp, p. 13-40, 2020.

MINISTERIO DE EDUCACIÓN NACIONAL. Decreto 2904 de diciembre 31 de 1994, por el cual se reglamentan los artículos 53 y 54 de la Ley 30 de 1992.

MOLINA, Lilian; REY, Carina; VALL, Aurora y CLERY, Arturo. La evaluación de las instituciones de educación superior. **Revista Electrónica en Educación y Pedagogía**, v. 1, n. 1, p. 43-58, 2017.

MOLINA, Teresa; BURBANO, Lenin; LIZCANO, Carlos y VITERI, Jorge M. Evaluación y acreditación de las Universidades en Ecuador. Caso: Universidad Regional Autónoma de Los Andes. **Revista Espacios**, v. 41, n. 20, p. 297-309, 2020.

MOLINA, Teresa; MENDOZA, Auxiliadora y BURBANO, Lenin. Evaluación y acreditación de las universidades latinoamericanas: eficiencia o burocracia. **Revista Conrado**, v. 17, n. S2, p. 486-494. 2021.

MORA, José-Ginés. La evaluación y la acreditación de programas académicos en España y en la Unión Europea. *In*: CNA. **Educación superior, calidad y acreditación**. Colombia: Consejo Nacional de Acreditación, 2003. tomo II.

MORERA-CASTRO, María; AZOFEIFA-MORA, Christian; GÓMEZ-BARRANTES, Viviana; AZOFEIFA-LIZANO, Ana y ROJAS-VALVERDE, Daniel. Propuesta metodológica para efectuar un proceso de autoevaluación por conglomerado en carreras universitarias. **Revista Electrónica Educare**, v. 23, n. 3, p. 263-282, 2019. https://doi.org/10.15359/ree.23-3.13

MURILLO-VARGAS, Guillermo; GONZÁLEZ-CAMPO, Carlos y URREGO-RODRÍGUEZ, Diana. Transformación del Sistema de Aseguramiento de la Calidad de la

Educación Superior en Colombia 2019-2020. **Educación y Humanismo**, *2020*. https://doi.org/10.17081/eduhum.22.38.3541

PAEZ, Dora; CAMARGO, Diana y MURIEL-PEREA, Yasser. Calidad de las instituciones de educación superior desde la perspectiva de América Latina y el Caribe. **Signos**, v. 13, n. 1, p. 1-29, 2021. https://doi.org/10.15332/24631140.6350

RAZA, Diego. Evaluación y Acreditación universitaria en Ecuador. **Revista ESAL**, p. 13-17. 2019.

RIOS-CAMPOS, Carlos y BARREIRO, Dunia. Internacionalización de las universidades latinoamericanas. **South Florida Journal of Development**, v. 3, n. 1, p. 811-830, 2022. https://doi.org/10.46932/sfjdv3n1-061

RODELO, Milys; TORRES, Gabriel; JAY, Witt y FLÓREZ, Yazmín. Transversalidad curricular en la gestión del conocimiento. **Utopía y Praxis Latinoamericana**, v. 25, n. Esp.11, p. 124-137, 2020. https://doi.org/10.5281/zenodo.4278338

SANTANA, Cecilia; SANTANA, José. Nuevo enfoque de calidad en el modelo de evaluación externa de universidades ecuatorianas-2019. **Revista Areté**, v. 8, n. 15, p. 11-34, jun. 2022.

SANCHEZ, Jacqueline; CHÁVEZ, Jenny y MENDOZA, Javier. La calidad en la educación superior: una mirada al proceso de evaluación y acreditación de universidades del Ecuador. **Revista Caribeña de Ciencias Sociales**, 2018. http://www.eumed.net/rev/caribe/2018/01/calidad-educacion-superior.html

SNYDER, H. Literature review as a research methodology: an overview and guidelines. **Journal of Business Research**, 104, 333-339. 2019. https://doi.org/10.1016/j.jbusres.2019.07.039

VIDAL, María; GONZALEZ, María y ARMENTEROS, Ileana. Impacto de la COVID-19 en la Educación Superior. **Educación Médica Superior**, v.35, n.1, p. 274-292. 2021.

VÏLLARRUEL, M. Calidad en la educación superior: Un análisis reflexivo sobre la gestión de sus procesos en los centros educativos de América. **Revista Iberoamericana sobre Calidad, Eficacia y Cambio en Educación**, v. 8 n. 5, p. 110-118. 2010.

ZÚÑIGA-ARRIETA, Sandra y Camacho-Calvo, Silvia. Referentes teóricos para un modelo de acreditación desde la evaluación y la gestión de la calidad. **Educare**, v.26 n.1. 2022.

# PARTE 2

## EDUCACIÓN, POLÍTICAS PÚBLICAS INTERSECTORIALES E INTERDISCIPLINARIEDAD EN BRASI

## INVESTIGADORES COATORES

Alciane Matos de Paiva
Antônio Carlos Maciel
Luís Marcelo Batista da Silva
Aparecida Luzia Alzira Zuin
Geane Rocha Gomes Lima
Márcia Gonçalves Vieira
Samilo Takara
Mislane Santiago Coelho
Jaqueline Custodio Chagas Soares
Juliene Rezende Oliveira Vieira
Mislane Santiago Coelho
Francisco Magalhães de Lima
Nathalia Viana Lopes

# SINOPSIS

LA PARTE 2 "EDUCACIÓN, POLÍTICAS PÚBLICAS INTERSECTORIA-LES E INTERDISCIPLINARIEDAD EN BRASIL" COMPRENDE 9 CAPÍTULOS QUE EXAMINAN ASPECTOS CRÍTICOS DE LA EDUCACIÓN EN BRASIL.

Maciel y Paiva discuten sobre la desigualdad regional en Brasil y cómo se refleja en las diferencias económicas entre grupos sociales favorecidos y menos favorecidos en diversas regiones. Estas diferencias incluyen la falta de infraestructuras productivas, acceso a servicios básicos y educación de calidad. Este estudio analiza la implementación de políticas educativas y sus efectos en los estudiantes de la zona rural de Manacapuru, Amazonas. Se examina la política de nucleación escolar y los factores que llevaron al cierre de algunas escuelas rurales. Se propone el método pedagógico histórico-crítico para mitigar los impactos negativos de esta política.

Silva y Zuin apresentam la política educativa representadas por leyes, planificación, financiamiento y programas educativos. Esta investigación explora la política de Educación Especial Inclusiva a nivel nacional mediante la legislación infraconstitucional y constitucional (Brasil, 1988) y a nivel regional mediante las Resoluciones nº 552/2009-CEE/RO y nº 651/2009-CEE/RO, y Portarias nº 377/2010-GAB/SEDUC/RO, nº 1.281/2010-GAB/SEDUC/RO y nº 1.529/2017-GAB/SEDUC/RO. A nivel internacional, se aborda el derecho a la Educación en varios instrumentos como la Declaración Universal de Derechos Humanos (1948) y la Convención sobre los Derechos de las Personas con Discapacidad (2006).

Lo campo de la educación inclusiva el trabajo de Lima y Zuin es verificar si las prácticas pedagógicas para la inclusión de alumnos con discapacidad y el Proyecto Político Pedagógico de la Escuela 3 de Dezembro, en Unión Bandeirantes, Porto Velho, Rondônia, están alineados con la Política Nacional de Educación Especial e Inclusiva. El estudio también examina la participación de padres, profesores y comunidad, promoviendo la escuela como espacio de diálogo y cooperación. La escuela, además de la enseñanza, es un espacio social donde los alumnos aprenden a interactuar, desarrollar empatía, tolerancia y habilidades sociales esenciales para la inclusión en la vida adulta.

El artículo "Cibercultura y Construcciones de Identidades de Género y Sexualidad en la Educación Física Escolar" de Vieira y Takara analiza las relaciones de género en la sociedad contemporánea a través de los Estudios Culturales. Observa cómo la construcción de identidad es influenciada por experiencias variadas, reflejando cambios continuos. Diferentes artefactos mediáticos, como smartphones, alteran la dinámica de producción de contenido en las redes sociales. El estudio explora cómo la cibercultura influye en la identidad de género y sexualidad en las clases de Educación Física, destacando las interacciones entre cuerpos, medios y pedagogías.

El artículo de Coelho y Soares, "Educomunicación, Inclusión, Uso de Medios y Tecnologías Digitales en la Conjuntura de la Educación y Desarrollo de Niños con Trastorno del Espectro del Autismo", aborda la inclusión de niños con Autismo, explorando la educomunicación y el uso de tecnologías digitales en la educación. El Trastorno del Espectro del Autismo (TEA) afecta gravemente la socialización y comunicación, siendo reconocido legalmente como discapacidad. El estudio analiza la historia y procesos de inclusión del Autismo en Brasil y la influencia de los medios. La metodología es un ensayo teórico cualitativo, utilizando fuentes como la Plataforma Sucupira, Periódicos Capes y Google Académico.

El trabajo "Educomunicación: Un Análisis de su Implementación como Política Pública Educacional" de Vieira explora cómo las políticas públicas son desarrolladas por el Estado para garantizar los derechos previstos en la legislación y promover el bienestar social. El estudio enfatiza la importancia de la planificación, implementación y evaluación para la eficacia de las políticas públicas. Destaca la relevancia de la educomunicación como política pública educacional, considerando el papel creciente de las tecnologías y medios en la vida cotidiana de los estudiantes. La cuestión central es cómo la educomunicación puede facilitar la cohesión social y las prácticas pedagógicas en el entorno escolar.

En el trabajo "Las Contribuciones de los Recursos Mediáticos y Tecnológicos en la Educación de Sordos" de Soares y Coelho, las autoras discuten cómo la Ley nº 10.436/2002 reconoce la Libras (Lengua Brasileña de Señas) como forma de comunicación de las comunidades sordas en Brasil, cuyo sistema lingüístico es visual-motor. Esto impacta directamente las prácticas pedagógicas en las escuelas, que deben ser adaptadas a las necesidades educativas de los sordos. El estudio destaca las contribuciones de los recursos mediáticos y tecnológicos en la enseñanza, aprendizaje e inclusión de sordos, articulando con los principios de la educomunicación.

El artículo de Lima, "Gestión Democrática en una Escuela Pública de Ariquemes (RO): Percepciones Docentes y del Equipo Gestor", analiza las percepciones del equipo gestor y los docentes sobre la gestión democrática en una escuela pública de Ariquemes. Las percepciones revelan la prevalencia de la lógica privada en la formación sobre gestión escolar organizada por la Secretaría Municipal de Educación (Semed) e impartida por Sebrae. La gestión está centrada en el equipo gestor, con poca participación de las familias. Se destacan las discrepancias entre teoría y práctica.

En el texto "Acceso a la Educación y Derecho a la Ciudad: La Evasión Estudiantil y la Mercantilización de las Políticas de Expansión de la Educación Superior Brasileña", Lopes critica la mercantilización de la vida y la subalternización de la clase obrera. El texto aborda cómo el derecho a la ciudad y la lucha contra la segregación socioespacial son cruciales para transformar la realidad urbana y promover la ciudadanía de las clases desfavorecidas.

Así, los resultados de la investigación pueden contribuir en el perfeccionamiento de los sistemas de evaluación, acreditación, licenciamiento y inclusione social, a modo que permitan la reflexión y mejora permanente de los procesos y de la gestión de la calidad educativa, aportando a la construcción y actualización de la política pública de educación superior en los países estudiados.

Extendemos la invitación a los lectores a acompañarnos en las reflexiones que de este estudio se derivan, esperando aportar a la transformación de las políticas públicas educacionales de los países en estudio, abriendo la puerta a nuevas investigaciones necesarias en la construcción y consolidación de los procesos orientados a la mejora continua de la calidad educativa.

# POLÍTICA EDUCACIONAL DE NUCLEAÇÃO ESCOLAR E A PRÁTICA DA PEDAGOGIA HISTÓRICO-CRÍTICA NA ZONA RURAL DO MUNICÍPIO DE MANACAPURU

*Alciane Matos de Paiva*
*Antônio Carlos Maciel*

## Introdução

A desigualdade regional do Brasil é refletida pelas diferenças econômicas de determinados grupos sociais favorecidos em relação a grupos menos favorecidos nas mais diversas regiões. Nessas diferenças estão presentes a falta de estruturas produtivas, possibilidades de acesso aos serviços básicos, e educação de boa qualidade. O interesse no estudo resulta em analisar a implantação de políticas educacionais que afetam os resultados dos alunos residentes na área rural do município de Manacapuru no estado do Amazonas. Especificamente procuramos caracterizar a política educacional, denominada de nucleação escolar e os fatores que levaram à extinção de algumas escolas da zona rural do município. Em um segundo momento, indicamos o método pedagógico histórico-crítico como proposta a amenizar os impactos negativos causados pela ineficiência dessa política. O texto está dividido em duas seções, no qual a primeira esboçará as características da política educacional, contexto histórico, e impactos aos alunos da zona rural do município de Manacapuru. A segunda seção demonstrará o método pedagógico histórico-crítico como proposta pedagógica para mitigar os impactos negativos na implantação da política educacional de nucleação escolar. O método adotado para a construção da pesquisa tratou-se de um estudo de caráter bibliográfico, de natureza documental e pesquisa *in loco*. O cenário a que se refere o estudo está centrado nas comunidades da zona rural do município de Manacapuru no estado do Amazonas que está localizado à margem direita do rio Solimões, e faz parte da Região Metropolitana de Manaus, atualmente é considerado o quarto município mais populoso do estado do Amazonas. A principal via de acesso é a estrada Manoel Urbano a 93 quilômetros da capital Manaus.

## 1 O contexto histórico da Política de Nucleação Escolar

Segundo Ramos (1991, p. 20), as experiências de consolidar escolas, reunindo várias escolas isoladas e multisseriadas em uma escola maior, localizada em ponto estratégico com maior densidade demográfica, surgiu no Estados Unidos em meados do século 19.

Segundo Andrade (2012, p. 27), o argumento que se justifica para a consolidação dessas escolas, funda-se em dois princípios: "1) proporcionar igualdade de oportunidades educacionais para alunos da zona urbana e rural; 2) minimizar os custos de funcionamento, otimizando os recursos disponíveis nas escolas".

No caso brasileiro, a proposta de nucleação escolar surgiu na década de 70 com a criação do Projeto de Cooperação Técnica e Financeira Estado/Município (Promunicípio). Inicialmente implantado no estado do Paraná, esse projeto possibilitou a construção de 53 Escolas Rurais Consolidadas[2] (ERCs) entre 1976 e 1986, tinha como agente financiador o Banco Interamericano de Desenvolvimento (BID) (Ramos, 1991).

De acordo com Ramos (1991), o Promunicípio fornecia suporte técnico e financeiro aos municípios para a consolidação das escolas, englobava inclusive objetivos mais amplos, além de reter alunos no campo, visava modernizar a agricultura de subsistência e incorporar ao mercado interno, com o intuito de melhorar a qualidade de vida da população rural. O programa atendeu 43% dos municípios brasileiros nesse período. A partir de 1979 o programa de nucleação escolar contou com o apoio do PRÓ-RURAL (Projeto Integrado de Apoio ao Pequeno Produtor Rural).

Bareiro (2007) critica o resultado dos projetos quando acusa a modernização tecnológica da agricultura de diminuir drasticamente a população rural, inviabilizando a permanência da maioria das escolas rurais, o que levou os municípios a optarem por transportar os alunos da zona urbana para a zonal rural, com efeitos contrários ao objetivo principal do projeto.

Ramos (1991) aponta a vantagem da nucleação escolar nesse período como a possibilidade de aumentar os anos de escolaridade e melhoria de infraestrutura escolar, já Vasconcellos (1993) acusa desvantagens, e destaca que o fechamento de escolas menores enfraquece o laço escola/

---

[2] Para Ramos (1991) e Vasconcellos (1993), os termos consolidação de escolas, ou agrupamento, tinham o mesmo sentido de nucleação.

comunidade, aumenta os custos de manutenção por ter uma infraestrutura maior, e o percurso mais longo até a locomoção para a escola núcleo ou consolidada, além do índice de reprovação maior por se tratar de uma escola com alto padrão de ensino. O fato é que, por todos os levantamentos bibliográficos levantados, a nucleação escolar visava resolver os problemas das escolas multisseriadas predominantes no meio rural.

A escola multisseriada é caracterizada por sua particularidade ao unir na mesma sala alunos com idades diferentes, séries e nível de aprendizado diferentes. Segundo Hage e Rocha (2010), esse tipo de ensino passa pelo mais puro preconceito, abandono e o próprio silenciamento, é uma prática pedagógica recorrente nos espaços rurais e uma alternativa para suprir as demandas de toda as séries do nível básico no espaço rural.

Para Gonçalves (2009), não se pode negar que apesar de todos os problemas pedagógicos enfrentados, a escola multisseriada foi responsável por muitas experiências escolares no espaço rural, inclusive para alguns, foi a única experiência escolar na vida, além de ser a responsável por alfabetizar durante décadas grande parte dos "caboclos ribeirinhos", por esse motivo não se pode desmerecer a importância pedagógica do ensino multisseriado.

Não obstante as experiências escolares pelo povo ribeirinho por meio das classes multisseriadas, elas têm apresentado muitos problemas comuns durante décadas, dentre eles: falta de professor, orientador educacional, pedagogos, cozinheiros, zeladores e diretor(a) escolar, bem como, problemas estruturais, como falta de biblioteca, laboratórios e, em alguns casos, a quantidade de alunos por sala. Por esses problemas surgem discussões que envolvem as entidades e movimentos no espaço rural e que acabam influenciando nas formulações de políticas públicas, além também do interesse do poder público em racionalizar recursos financeiros.

Na região Amazônica, mais especificamente no estado do Amazonas, desde 1997, a redução dos estabelecimentos de ensino na zona rural vem sendo colocada em prática, no qual adotam a nucleação escolar como alternativa pedagógica para tentar mitigar os problemas enfrentados nas classes multisseriadas. Segundo Jardim e Oliveira (2017), a redução de estabelecimentos escolares foi efetivada em estreitas parcerias com os poderes municipais, que tinha como meta concentrar maior número de alunos em escolas núcleos em ações seletivas e redistributivas, tendo em vista que o valor dos recursos a ser aplicado no estabelecimento escolar era distribuído de acordo com o número de alunos. Sobre os recursos aplicados no ano de 1997, o Fundef[3] (Fundo de Manutenção e Desenvolvimento do Ensino Fundamental e de Valorização do Ensino Médio), amparado pela Lei 9.424/96 e pelo Decreto 2.264/97, era o responsável por repassar à rede de ensino fundamental recursos de acordo com o número de alunos matriculados.

Jardim e Oliveira (2017, p. 2) descrevem o mecanismo utilizado pelo poder público municipal, e afirmam que:

> A nucleação escolar foi considerada como um artifício informal e não obrigatório. No entanto, foi amplamente utilizada com a finalidade de concentrar os benefícios do FUNDEF (Fundo de Manutenção e Desenvolvimento do Ensino Fundamental e de Valorização do Magistério), pois para o MEC a prioridade não é o número de escolas e, sim, o número de alunos que recebe o atendimento escolar. Daí ser constatado desde 1997 um acelerado processo de redução dos estabelecimentos escolares na zona rural realizado pelas Secretarias de Educação Municipais em municípios como Parintins, Eirunepé, Iranduba, São Gabriel da Cachoeira, Nhamundá, Manacapuru, Manaquiri, Autazes, Nova Olinda, Barreirinha, Maués, Urucará e outros.

A atuação do poder público municipal em Manacapuru, como apontado pelos autores, também não foi diferente, utilizando dos mesmos mecanismos para justificar a extinção das escolas rurais. Pelo diário oficial do município, por meio do Decreto 1.212[4], de 27 de julho de 2022, é possível verificar a extinção de várias escolas rurais. A justificativa do poder público municipal é que as escolas se encontram paralisadas, prédios desativados e não existe demanda nas localidades, porém não vamos entrar no mérito da veracidade dos fatos, até porque não foi possível realizar a pesquisa na comunidade e nessas escolas desativadas apontadas no decreto.

Em pesquisa à Secretaria Municipal de Educação de Manacapuru, foi possível fazer o levantamento de algumas escolas extintas. Na Comunidade Rosa de Saron, na localidade Paraná do Supiá, a Escola Municipal

---

[3]  O Fundef foi criado no governo Fernando Henrique, foi revogado pelo governo Lula, que cria o Fundeb por meio do Decreto 6.253, de 13 de novembro de 2007. A principal diferença dos dois fundos é que o Fundeb engloba, do ensino infantil ao ensino médio, este último não considerado na distribuição do antigo Fundef. No governo Jair Bolsonaro, o Decreto é revogado, porém sem exclusão do fundo e sim para regulamentação, competências e atuação, por meio do Decreto 10.656, de 22 de março de 2021, não constando nenhuma revogação expressa até o momento atual (Brasil, 2007).

[4]  O decreto pode ser visualizado no site: https://diariomunicipalaam.org.br.

Monte Sião II atendia alunos do 1º ao 5º ano do ensino fundamental até 2017. A partir do ano de 2018, os alunos foram remanejados para a escola nucleada Monte Sião I, da mesma localidade, porém em comunidades diferentes. A escola nucleada estava localizada na Comunidade Monte Sião. Outro diagnóstico realizado foi da Escola Inês Félix da Silva na Comunidade Nossa Senhora da Conceição, na Localidade Canabuoca I, essa escola atendia os alunos de 1º ao 5º ano até o ano de 2019. No ano de 2020, os alunos foram remanejados para a Escola Andrade Silva Diniz, na Comunidade Parauá, na localidade Costa do Marrecão.

Segundo Jardim e Oliveira (2017), a exclusão de determinada escola se dava quando a escola rural apresentasse número inferior a 21 alunos (número bem característico das escolas rurais do Amazonas). Com número inferior de matrículas, o recurso teria queda, comprometendo a verba para o município. Assim posto, seria possível associar a otimização dos recursos na qualidade de ensino? Com todo esforço do governo para garantir o desempenho financeiro municipal, houve alguma mudança, ou ações pedagógicas que melhorassem a qualidade do ensino? Quais ações pedagógicas poderiam ser postas para mitigar tais impactos, e que impactos foram causados pela introdução da política educacional da nucleação escolar?

Em pesquisa realizada com alguns comunitários da Comunidade Canabuoca I, no Município de Manacapuru, é possível identificar alguns impactos negativos com a nucleação escolar, tais como: aumento da jornada do transporte escolar (independentemente da nucleação acontecer na mesma localidade[5]), ainda assim, a particularidade da região não permite proximidades das comunidades, e a sazonalidade da região. No período de seca, o acesso ao transporte escolar fica comprometido, o aluno caminha por horas, até chegar onde o barco está ancorado, exposto em muitas vezes às condições climáticas intensas, expondo-se ao cansaço, além do mais, tem que participar de aulas não dinamizadas, sem recurso pedagógico, em espaços precários, com professor sem nenhum preparo pedagógico, que não intervém na apropriação de elementos culturais à formação humana do aluno.

Sob esses aspectos negativos, Jardim e Oliveira (2017) afirmam que, embora a nucleação escolar apresente um número maior de alunos

---

5 Em conversa informal com os servidores da Secretaria de Educação do Município de Manacapuru, os mesmos garantiram que a nucleação escolar só ocorre na mesma localidade para facilitar o acesso dos alunos às vias do transporte escolar, tendo em vista que cada localidade compõe sua rota.

matriculados, isto não gera direito iguais, enfraquece a democratização do ensino quando exclui escolas, visto que o ensino democrático deve possibilitar o acesso de forma igual, para todos, e não centralizado em algumas áreas.

Sobre a educação para atender os alunos da zona rural em suas especificidades e particularidades, de modo que os alunos possam ser compreendidos a partir de seus contextos político, social, econômico e cultural, diante de todos os impactos sofridos com a nucleação escolar, principalmente em relação a sua identidade local, ao mínimo, em reparos, deve ser uma educação de boa qualidade. A proposta em questão é uma escola adaptada a novas tendências pedagógicas que possam contribuir para que o aluno possa interferir na sociedade, e na transformação dela. Essa tendência pedagógica tem sido discutida desde o final da década de 70 e surge como uma saída do mundo alienado que supere todas as limitações que são apresentadas pelas teorias reprodutivistas da pedagogia. Essa pedagogia foi desenvolvida por Dermeval Saviani (filósofo e educador brasileiro) com o intuito de superar as limitações impostas pelos movimentos pedagógicos da escola tradicional e escola nova. Com valorização e acesso da classe trabalhadora ao conhecimento sistematizado, a pedagogia histórico-crítica foi reconstruída ao longo do tempo por diversos autores de vertente marxista, pois fundamenta-se no materialismo histórico-dialético, contrapondo-se à corrente da pedagogia liberal por meio da formação omnilateral do indivíduo. Entende-se por formação omnilateral, uma formação oposta à unilateral, aquela provocada pelo trabalho alienado e a separação de classes, apesar do conceito em si, não ser proposto por seu defensor, Karl Marx, porém entende-se em suas obras que seja o fim do homem limitado no centro da sociedade capitalista. Karl Marx defende a ideia de que a formação omnilateral integra a ciência e as técnicas em todas suas dimensões e potencialidades, no qual supera a diferença de classe (Manacorda, 2011).

## 2 Marx e a formação do homem

A concentração de capital e exploração da classe trabalhadora trouxeram grandes reflexões teóricas, dentre elas, a maneira pela qual o indivíduo possa gozar de todos seus direitos e alcançar o pleno desenvolvimento humano. Karl Marx, grande precursor das doutrinas comunistas, reflete que o ser humano precisa se libertar, no sentido de desprender dos obstáculos que interferem a emancipação humana (múltiplo desenvolvimento das potencialidades humanas e desenvolver novas formas dignas para a sobrevivência do homem). Essas reflexões estão balizadas na consciência de classe, pois quando a classe trabalhadora toma consciência que sua situação de exploração está associada ao modelo capitalista de produção, vai em busca de soluções para se desprender daquilo que a sufoca. Esse desprendimento visa uma transformação com o objetivo para a emancipação humana, na qual o homem se torna liberto, eliminando qualquer tipo de exploração. E de que forma poderia o homem se tornar liberto e emancipado? Para Marx (2011), a emancipação humana vem da livre relação do trabalhador com seu produto de trabalho, é quando não há um estranhamento de apropriação dos meios de produção, onde o trabalho passa a ser associado ao sentido de pertencimento, criando a situação de independência.

Souza e Domingues (2012), com o intento de fazer alguns apontamentos sobre emancipação no pensamento de Marx, consideram algumas questões relevantes, expõe as diferenças entre a emancipação humana e política. Para Marx, a emancipação política é a da burguesia, da sociedade das classes, já a emancipação humana é a superação da exploração do homem pelo homem, que elimina a sociedade das classes, deixa claro que a primeira, a revolução é política com perspectiva do capital, e a segunda, a revolução é social, com perspectiva no trabalho, no entanto cabem algumas provocações sobre as fases de emancipação na vida do ser humano. Em que momento da vida o ser humano estaria preparado para ir em busca dessa revolução social? Na próxima seção, estaremos demonstrando a fase infantil como o pontapé inicial desse processo de emancipação.

## 2.1 Educação Infantil e Emancipação

Como pôde ser visto anteriormente, para Marx, a emancipação humana estava associada por uma quebra total do sistema vigente, visando à total liberdade do ser humano. Alguns processos do sistema vigente, em particular a educação escolar, contribuem para o sistema atual e não possibilitam a liberdade humana. No entanto, segundo Mata (2015), a educação está associada a duas condições de definição, a primeira condição, está associada à manutenção do sistema vigente, reforça as relações sociais, mantendo as condições de subordinação de uma classe para outra, e a segunda está associada a possibilitar ao ser humano a condição de humanização, ou seja, sua evolução, onde aperfeiçoa suas aptidões, interagindo de forma harmoniosa com seu meio, cumprindo tarefas conscientes, e não apenas um mero robô que executa sua atividade, e transforma tudo em objetos alienáveis, desvalorizando sua força de trabalho e não se apropriando daquilo que produz.

A segunda proposta da definição de educação escolar é fundamental para destruir a manutenção do status quo de uma classe para outra, sendo necessárias assim, a sistematização do conhecimento acumulado historicamente e a libertação para o trabalho, nesse sentido não pode haver uma separação de trabalho e educação. Por essa justificativa de não separação de trabalho e educação é que Saviani (2011) assenta a sistematização do saber à realidade da prática social.

Dermeval Saviani foi o grande precursor da Pedagogia Histórico--Crítica que visa trabalhar o saber sistematizado, transformando em saber significativo por meio do processo de transmissão e assimilação, para que o aluno seja capaz de associar as conexões das disciplinas de sala de aula com a realidade em que vive, compreendendo como um processo historicamente acumulado (Jesus; Santos; Andrade, 2019).

A pedagogia histórico-crítica ressalta a importância da escola para a classe trabalhadora, pois é um lugar para que haja transmissão do conhecimento e apropriação de conhecimentos adquiridos historicamente e acumulados pela humanidade, assim deve formar um cidadão crítico. Por ser voltada à classe trabalhadora, também é possível vincular a prática pedagógica a cada faixa etária e aos estágios de desenvolvimento. Com vínculo à psicologia histórico-cultural, é possível adequar os conhecimentos a cada fase da vida, auxiliado com uma atividade-guia, porém é com a mediação do adulto que a criança será capaz de desenvolver o seu papel social e atuante (Marsiglia, 2011).

Com a consolidação das reflexões acerca do desenvolvimento infantil ao longo do tempo, é possível verificar mudanças no papel social da criança e sugerir novas perspectivas, e considerar a infância extremamente importante para o desenvolvimento das próximas etapas da vida. Nesse sentido, Moreira e Orso (2018, p. 182) enfatizam que:

> [...] é necessário compreendermos que o ensino organizado e planejado na primeira infância pode promover a máxima apropriação das qualidades humanas, possibilitando que os mesmos se desenvolvam de forma que sejam minimizadas as dificuldades que poderão existir nas etapas seguintes.

Os autores em questão refletem que a educação é um processo que deve ser priorizado desde a etapa inicial de vida, pois o desenvolvimento, a construção humana irá permitir a relação entre o indivíduo e sociedade para as próximas etapas de vida, e que várias dificuldades podem ser minimizadas.

O desenvolvimento infantil não se fixa de maneira biológica ou casual, todas as apropriações de qualidades humanas ocorrem de maneira mediadora por outros seres humanos, a natureza por si só não oferece tais apropriações ao desenvolvimento infantil (Moreira; Orso, 2018). Com vista nisso, o papel do professor é importantíssimo, Pasqualini (2010) confirma a importância do professor e alega que o papel desse profissional é muito mais do que estimular e acompanhar o desenvolvimento da criança, ele transmite os resultados do desenvolvimento histórico, intermedeia a apropriação do objeto, além de organizar as atividades da criança. O método pedagógico histórico-crítico para a educação infantil está voltado para o desenvolvimento integral da criança, proporcionando a ela o conhecimento de acordo com as particularidades de sua faixa etária.

Com a finalidade de demonstrar o método histórico-crítico para a prática escolar infantil, nos próximos parágrafos apontaremos a transposição do método que pode ser utilizado nos espaços rurais para crianças e infantojuvenil.

## 2.2 Transposição do Método Pedagógico Histórico-Crítico para a Educação Básica

Para que a educação escolar promova a ruptura do modelo atual vigente e leve em conta as especificidades de seus alunos, formando-os críticos e emancipados, a escola deve criar maneiras que favoreçam o diálogo entre aluno e o professor agrupando as experiências da criança aos conhecimentos gerados historicamente. Nesse sentido, Marsiglia (2005, p. 2) aconselha que:

> [...] a escola deve se desenvolver com diretrizes que favoreçam o diálogo entre professores e alunos; incorporem a experiência inicial do educando à cultura acumulada historicamente, superando a compreensão de senso comum; respeitem o ritmo de aprendizagem e o desenvolvimento psicológico, bem como as condições sociais dos sujeitos; estejam atentos para a necessidade de transmissão dos conteúdos cognitivos, não transformando os enriquecimentos que os conteúdos podem receber nos próprios conteúdos.

A proposta da pedagogia histórico-crítico na escola, apoiada pela autora, vai nesse sentido, de socializar os conhecimentos adquiridos historicamente, incluindo a cultura conhecida (popular) pelo aluno e fazendo com que a criança seja superada, sendo capaz quando adulta, de escolher uma profissão e ao mesmo tempo ter consciência crítica da sociedade que vive. No entanto, para que o método funcione, é necessário que a escola viabilize a socialização do conhecimento sistematizado, deve ter clareza dos conteúdos a serem abordados na sala de aula, do que é principal e o que é secundário. Como condição primária, a escola deve estabelecer e sequenciar o conhecimento, de modo que, mecanismos possam agir livremente, tomado por posição de reflexão crítica que favoreça o domínio do conhecimento determinado pelo método pedagógico e busque propor novos caminhos e que a crítica não seja evacuada por falta de soluções (Marsiglia, 2005).

Para haver uma organização metodológica do pensamento, e sistematizar o conhecimento, a Pedagogia Histórico-Crítica propõe cinco momentos: a prática social inicial, a problematização, a instrumentalização, a cartase e, por último, a prática social final.

Um dos primeiros momentos, que é a prática social inicial, é a ocasião em que o professor motiva os alunos para conhecer o saber existente a respeito do conteúdo proposto. Para Gasparin (2012), esse primeiro momento é um momento em que o professor passa a conhecer aquilo que os alunos já conhecem, ou seja, é ocupação prévia sobre o tema que será desenvolvido, e assim desenvolver um trabalho pedagógico mais adequado e nas próximas fases do processo, apropriem-se de um conhecimento significativo para as suas vidas. Nesse sentido, Gasparin (2012, p. 13) manifesta que:

> Uma das formas para motivar o aluno é conhecer a prática social imediata a respeito do conteúdo curricular proposto. Como também ouvi-lo sobre a prática social mediata, isto é, aquela prática que não depende diretamente do indivíduo, e sim das relações como um todo. Conhecer essas suas dimensões do conteúdo constitui uma forma básica de criar interesse por uma aprendizagem significativa do aluno e uma prática também significativa do professor.

Na transposição didática desse primeiro momento do método pedagógico histórico-crítico, a autora Marsiglia (2011) incita que se deve escolher um tema gerador, assunto que permitia oferecer conteúdos essenciais à ação pedagógica, demonstrar toda a importância daquele tema para a vida dos alunos, até chegar um momento em que os mesmos reconheçam tal importância no ambiente em que vivem. Outras estratégias iniciais devem ser adotadas, como os jogos, com o objetivo de os alunos desenvolverem a oralidade, outras formas de expressão e a linguagem matemática, além de filmes e gravuras, e a retomada de trabalhos desenvolvidos anteriormente fazendo o ajuntamento de novas ações com assuntos já abordados e conquistados. A esse respeito, Gasparin (2012, p. 17), nesse momento de interação, aborda que:

> A assimilação das características fundamentais de um conceito é muito mais fácil para crianças quando os traços definidores desse conceito se apresentam com as imagens visuais correspondentes. Quando isso não ocorre, isto é, quando as imagens visuais não coincidem com o conteúdo ou conceitos ou estão em contradição com ele, a tarefa torna-se mais difícil para o educando.

No momento da prática inicial, a professora deve perguntar aos alunos sobre os assuntos tema da aula, estimular o desenho sobre o que elas conhecem do tema proposto, além de incitar conhecimentos de aulas anteriores e assim sucessivamente para as outras unidades da aula (Marsiglia, 2011).

Após a prática social inicial, onde a realidade do aluno foi apresentada a respeito do tema, passa-se então aos questionamentos dessa realidade e do conteúdo proposto. Nessa etapa, a problematização, a realidade do aluno e o conteúdo devem gerar um novo olhar. Nesse sentido, Gasparin (2012, p. 34) enfatiza que:

> Nesse processo de problematização do conteúdo, tanto o conteúdo quanto a prática social tomam novas feições. Ambos começam a alterar-se: é o momento em que começa a análise da prática e da teoria. Inicia-se o desmonte da totalidade, mostrando ao aluno que ela é formada por múltiplos aspectos interligados. São evidenciadas também diversas faces sob as quais pode ser visto o conteúdo, verificando suas pertinências e suas contribuições, bem como seu relacionamento com a prática.

Nesse momento, o professor deve procurar questões específicas, deve buscar a necessidade de examinar o tema em suas transformações. As questões devem ser levantadas a partir das sessões das discussões, onde todos os alunos se manifestem, e deve-se mostrar livros, ou outro material de apoio que apresente tal temática. No diálogo a ser desenvolvido com as crianças, será possível demonstrar o caminho dedutivo delas. Conforme as perguntas e as respostas irem acontecendo, as interferências devem ser feitas para complementar, fazer refletir e problematizar. Segundo Marsiglia (2011), é com esse diálogo inicial que será possível na próxima etapa as crianças fazerem algumas indagações e questionamentos, por já terem certo subsídio do conhecimento. Para Gasparin (2012, p. 35), a problematização tem como finalidade selecionar as principais indagações feitas na prática social relacionadas ao conteúdo.

Pela experiência da autora Marsiglia, entre perguntas e respostas podem surgir a falta de referência e alguma das vezes os alunos podem apresentar conhecimentos elaborados em unidades anteriores.

O terceiro momento do método histórico-crítico, a instrumentalização, é a fase de "colocar a mão na massa". Nessa fase, deve-se desenvolver tarefas de experimentação, artes, exibição de filmes, pintura em tecido, recorte de letras, circuito de jogos antigos, ou de acordo com a fase da história abordada, passeios, fabricação de papel, carimbos de letras, encadernação de bonecos de livros, tintas para marmorização ou outros instrumentos regionais, da cultura dos próprios alunos, no caso da zona rural de Manacapuru, exemplos de palhas, caroços de açaí, tucumãs, tinta de urucum etc.

As aulas práticas são essenciais para o desenvolvimento do aluno, com materiais que forneçam informações suficientes sobre a temática desenvolvida. Esse terceiro momento, é onde o aluno e o professor realizam os atos para processo de ensino-aprendizagem. Há uma apresentação sistemática do assunto afim de que o aluno assimile o conteúdo. Nesse sentido, Gasparin (2012) afirma que a instrumentalização é o passo pelo qual o conteúdo sistematizado é colocado para que os alunos aprendam, incorporem e transformem-no com instrumentos de construção pessoal e profissional.

No quarto momento do método pedagógico histórico-crítico, ocasião crucial para verificação de aprendizagem, é onde o aluno é chamado a mostrar o quanto se aproximou da solução da problemática dada pela professora, a devolutiva deve ser sistematizada, podendo ser traduzida de diferentes formas, oral, escrita. O importante é que o aluno expresse sua nova forma de ver o conteúdo, algo mais elevado, e estruturado.

Esse momento, para Marsiglia (2011), pode ser observado por meio das pinturas dos alunos e esquemas conceituais associados com os temas propostos. A observações devem ser feitas pelas gravuras, que com certeza devem representar a abstração do tema pelas crianças. Nos esquemas conceituais será possível observar a organização de palavras de acordo com os períodos históricos e depois a organização em cartazes, acredita-se para melhorar a fixação do conteúdo. Para Gasparin (2012, p. 124), esse momento pode ser sintetizado como:

> A cartase é a síntese do cotidiano e do científico, do teórico e do prático a que o educando chegou, marcando sua nova posição em relação ao conteúdo e a forma de sua construção social e sua reconstrução na escola. É expressão teórica dessa postura mental do aluno que evidencia a elaboração da totalidade concreta em grau intelectual mais elevado da compreensão. Significa outrossim, a conclusão, o resumo que ele faz do conteúdo aprendido recentemente. É o novo ponto teórico de chegada; a manifestação do novo conceito adquirido.

O desenvolvimento de aprendizado da criança só pode ser observado quando a criança reage a determinado comando, como o exemplo da solicitação de desenhos em que as crianças destacam exatamente aquilo que foi explanado, visualizado nos filmes, destacado nas pinturas e nas manifestações de jogos, atividades planejadas previamente pela professora.

O último passo metodológico da pedagogia histórico-crítica é a prática social final. Esse momento é a averiguação do desenvolvimento considerando o trajeto entre a prática inicial até momento final dos términos das atividades desenvolvidas, é a evolução dos alunos. Marsiglia (2011) afirma que os alunos devem conceber novas atitudes com os conhecimentos adquiridos, demonstrando domínio dos assuntos abordados, os alunos devem avançar com a capacidade de fazer nova leitura daquela realidade que conheciam.

No entanto, para Saviani (1999 *apud* Gasparin, 2012), é na prática social final que o aluno é capaz de adquirir a compreensão e transformá-la em atos, não basta o aluno agir intelectualmente se não tiver a consciência crítica de mudanças. Nessa compreensão, Gasparin (2012, p. 140) analisa que:

> Desenvolver ações reais efetivas não significa somente realizar atividades que envolvam um fazer predominantemente material, como plantar uma árvore, fechar uma torneira, assistir um filme etc. Uma ação concreta, a partir

> do momento em que o educando atingiu o nível do concreto pensado, é também todo o processo mental que possibilita a análise e compreensão mais ampla e crítica da realidade, determinando uma nova maneira de pensar, de entender, de julgar os fatos, as ideias. É uma nova ação mental.

Posicionar-se na realidade, criar nova postura crítica cidadã, criar novas atitudes, desenvolver ações conscientes para a transformação da realidade social, esses são alguns objetivos que devem ser atingidos com a transposição didática do método histórico-crítico, no entanto o que esperar para esses objetivos de uma criança na educação infantil? Não se trata de criar uma criança genial pelo método histórico-crítico, mais sim uma criança que desenvolva plenamente suas capacidades humanas, que alargue a consciência da sociabilidade, que supere o senso comum, que consiga ser formadora de conceitos, que confronte conhecimentos e, quando adulta, crie práticas colaborativas coletivas que promovam sua emancipação, e em se tratando de áreas longínquas, com limitações de locomoção, com suas especificidades culturais, aí é que o processo de ensino-aprendizagem deve ser pensado, com toda infraestrutura planejada, material de apoio e profissionais capacitados. Quanto aos recursos para tal infraestrutura, material de apoio e profissional, se o principal objetivo da extinção das escolas era a otimização de recursos, então explicitamente, esses recursos devem estar disponíveis.

## Considerações finais

O texto proposto buscou analisar a política educacional de nucleação escolar como fator de resultados negativos no aprendizado dos alunos da zona rural do município de Manacapuru no estado do Amazonas. E como proposta pedagógica para amenizar tais impactos em relação ao ensino-aprendizado, a pedagogia histórico-crítica põe-se essencial nesse processo. A proposta inicial da nucleação escolar foi fundada para proporcionar igualdade de oportunidades entre os alunos e minimizar os custos de funcionamento, neste último caso, em otimizar os recursos e melhorar o desempenho financeiro do município, no entanto constatou-se grandes perdas, apesar da intenção das entidades municipais de melhorar o ensino, provocadas pelos problemas estruturais de décadas das classes multisseriadas. No entanto, os mesmos problemas permaneceram: falta de infraestrutura, de material didático, de apoio, qualificação dos profissionais (aulas sem dinamismo, métodos de memorização e sem intenção de mudanças na realidade), além do problema gerado pela extinção das escolas, onde o deslocamento do aluno se torna o grande alvo.

Com a extinção das escolas nas comunidades, os alunos locomovem-se a outras comunidades. Apesar de serem na mesma localidade, ainda assim, tornam-se distantes. No período de seca, a situação torna-se mais agravante, os alunos caminham distâncias maiores até chegar onde o barco está ancorado, pois a seca do rio não permite ancorar o barco próximo às comunidades. Os alunos já chegam na escola fadados ao cansaço e ainda enfrentam a falta de infraestrutura: salas não climatizadas, merenda escolar de péssima qualidade, professor não qualificado, sem nenhum tipo de preparo emocional para lidar com as crianças em seus mais diferentes comportamentos. Portanto, apontar o método histórico-crítico como alternativa para amenizar as situações agravantes, no que tange à questão do ensino-aprendizagem, é tentar supor um ensino organizado, sistemático e planejado voltado para o pleno desenvolvimento do aluno.

Convém aqui abordar que, diante das análises, pode-se dizer que a trajetória metodológica perpassa por vários momentos (prática inicial, problematização, instrumentalização, cartase, prática social inicial), que não devem ser trabalhados isoladamente, por razões de exposição, as fases são separadas, no entanto as partes se entrelaçam entre si, acontecendo simultaneamente. A prática social inicial demonstra o estágio inicial da criança sobre o tema proposto, a problematização e a instrumentalização são etapas que acontecem simultaneamente à medida com que a professora deve levantar os questionamentos sobre o tema, e, em seguida, já fazer a intervenção sistemática.

Para o momento da instrumentalização algumas atividades se tornam essenciais, principalmente por se tratar do público infantil, tais como tarefas de experimentação com argila, gravuras em tecidos, filmes, jogos e exibição de filmes. Nessa fase, é essencial que o dinamismo aconteça, pois é a fase anterior à abstração, e é a fase extremamente importante, não que as outras não sejam, mas é o caminho pelo qual o conteúdo sistemático acontece. Essa fase de sistematização transforma-se em momento de instrumento de transformação pessoal, nessa etapa é apenas o instrumento, porque a transformação ocorrerá lá na fase da prática social final. Entre essas duas fases, ocorre a cartase, que é a apropriação propriamente dita daquilo que foi trabalhado, é a nova expressão estruturada, é quando o aluno vai da síncrese para a síntese, ou seja, é quando há a manifestação do novo conceito adquirido.

E, por último, o retorno à prática social, no entanto a prática social modificada só é considerada quando existe uma ação dos alunos que foram instrumentalizados, caso isso não aconteça, o objetivo do método pedagógico histórico-crítico, que é a mudança não só da escola como da sociedade ficará comprometido.

## Referências

ANDRADE, Maria José Netto. **Metodología de pesquisa em educação**. 2 ed. rev. ampl. São João Del Rey: UFSP, 2012.

BAREIRO, E. **Políticas educacionais e escolas rurais no Paraná 1930-2005**. 2007. Dissertação (Mestrado em Educação e Ciências da Matemática) – Universidade Federal de Maringá, Maringá, 2007.

BRASIL. Fundo de Manutenção e Desenvolvimento da Educação Básica e de Valorização dos Profissionais da Educação (FUNDEB). Lei n. 11.494, de 20 de junho de 2007. Dispõe sobre a implementação do FUNDEB. **Diário Oficial [da] República Federativa do Brasil**, Brasília, DF, 21 jun. 2007. Disponível em: http://www.planalto.gov.br/ccivil_03/_Ato2007-2010/2007/Lei/L11494.htm. Acesso em: 1 jun. 2024.

BRASIL. **Decreto-lei nº 2.264, de 27 de junho de 1997**. Regulamenta a lei 9.424, de 24/12/1996 no âmbito federal e da outras providências. Brasília, DF: Presidência da República, [1997]. Disponível em: https://legislacao.presidencia. gov.br/atos/?tipo=DEC&numero=2264&ano=1997&ato=45cgXT610MJpWT7bc. Acesso em: 25 mar. 2023.

BRASIL. **Decreto-lei nº 6.253, de 13 de novembro de 2007**. Dispõe sobre o Fundo de Manutenção e Desenvolvimento da Educação Básica e de Valorização dos Profissionais da Educação-FUNDEB, regulamenta a lei nº 11.494, de 20 de junho de 2007, e dá outras providências. Brasília, DF: Presidência da República, [2007]. Disponível em: https://legislacao.presidencia.gov.br/ficha/?/legisla/ legislacao.nsf/Viw_Identificacao/DEC%206.253-2007&OpenDocument#:~:- text=DISP%C3%95E%20SOBRE%20O%20FUNDO%20DE,2007%2C%20E%20 D%C3%81%20OUTRAS%20PROVID%C3%8ANCIAS. Acesso em: 25 mar. 2023.

BRASIL. **Decreto-lei nº 10656, de 22 de março de 2021**. Dispõe sobre o Fundo de Manutenção e Desenvolvimento da Educação Básica e de Valorização dos Profissionais da Educação. Brasília, DF: Presidência da República, [2021]. Disponível em: https://legislacao.presidencia.gov.br/atos/?tipo=DEC&numero=10656&ano=2021&data=22/03/2021&ato=41fQTRE5UMZpWTeee. Acesso em: 25 mar. 2023.

GASPARIN, J. L. **Uma didática para a pedagogia histórico-crítica**. 5. ed. rev. 2 reimpr. Campinas: Autores Associados, 2012.

GONÇALVES, G. B. B. **Programa Escola Ativa**: educação do campo e trabalho docente. 2009. Tese (Doutorado em Políticas Públicas e Formação Humana) – Universidade do Estado do Rio de Janeiro, Rio de Janeiro, 2009.

HAGE, S. M.; ROCHA, M. I. A. **Escola de direito**: reinventando as classes multisseriadas. Belo Horizonte: Autêntica, 2010.

JARDIM, C. M.; OLIVEIRA, J. A. As políticas públicas educacionais e as especificidades regionais na zona rural do Amazonas. *In*: JORNADA INTERNACIONAL POLÍTICAS PÚBLICAS, 8., 2017, São Luís. **Anais** [...]. Disponível em: http://www.joinpp.ufma.br/jornadas/joinpp2017/pdfs/eixo13/aspoliticaspublicaseducacionaiseasespecificidadesregionaisnaszonasruraisdoamazonas.pdf. Acesso em: 17 fev. 2023.

JESUS, L. A. F.; SANTOS, J.; ANDRADE, L. G. S. B. Aspectos Gerais da Pedagogia Histórico-Crítica. **Educação Profissional e Tecnológica em Revista**, v. 3, n. 1, p. 71-86, 2019. Disponível em: https://ojs.ifes.edu.br/index.php/ept/article/view/378. Acesso em: 12 jun. 2022.

MANACORDA, M. A. Marx e a formação do homem. **Revista HISTEDBR On-line**, Campinas, n. especial, p. 6-15, abr. 2011.

MARSIGLIA, A. C. G. Como transpor a pedagogia histórico-crítica para a prática pedagógica do professor na educação infantil? *In*: SEMINÁRIO INTERNACIONAL DE PESQUISA E ESTUDOS QUALITATIVOS, 2., 2005, Bauru. **Anais** [...]. Bauru: [*s. n.*], 2005. Disponível em: https://arquivo.sepq.org.br/II-SIPEQ/Anais/pdf/poster4/03.pdf. Acesso em: 19 jun. 2022.

MARSIGLIA, Ana Carolina Galvão. **A prática pedagógica histórico-crítica na educação infantil e ensino fundamental**. Campinas: Autores Associados, 2011. (Coleção Educação Contemporânea).

MARX, K.; ENGELS, F. **Textos sobre educação e ensino**. 5. ed. São Paulo: Navegando Publicações, 2011.

MATA, V. A. Educação e Liberdade. A Pedagogia Histórico-Crítica e a Emancipação Humana. **Revista HISTEDBR On-line**, Campinas, n. 66, p. 211-221, 2015.

Disponível em: https://periodicos.sbu.unicamp.br/ojs/index.php/histedbr/article/download/8643711/11227/15897. Acesso em: 9 jun. 2022.

MOREIRA, H. B.; ORSO, J. P. O Ensino na Educação Infantil sob a Perspectiva da Pedagogia HistóricNettoo-Crítica e sua Importância para o Desenvolvimento Humano. **Revista Espaço do Currículo**, João Pessoa, v. 11, n. 2, p. 180-187, maio/ago. 2018. Disponível em: https://periodicos.ufpb.br/index.php/rec/article/view/ufpb.1983-1579.2018v2n11.40173. Acesso em: 15 jun. 2022.

PASQUALINI, J. C. **Princípios para a Organização do Ensino na Educação Infantil na Perspectiva Histórico-Cultural**: um estudo a partir da análise da prática do professor. 2010. Tese (Doutorado em Educação Escolar) – Faculdade de Ciências e Letras, Universidade Estadual Paulista Júlio Mesquita, Araraquara, SP, 2010.

PASQUALINI, J. C. Objetivos do Ensino na Educação Infantil à Luz da Pedagogia Histórico-Crítica. **Germinal**: Marxismo e Educação em Debate, Salvador, v. 7, n. 1, p. 200-209, jun. 2015. Disponível em: https://periodicos.ufba.br/index.php/revistagerminal/article/view/12776. Acesso em: 16 jun. 2022

RAMOS, L. M. P. C. Escolas rurais consolidadas: a experiência paranaense. **Cad. Pesquisa**, São Paulo, n. 77, p. 19-23, maio 1991. Disponível em: https://publicacoes.fcc.org.br/cp/article/view/1038. Acesso em: 27 maio 2023.

RIBEIRO, Darcy. **O Povo Brasileiro**: a formação e o sentido do Brasil. São Paulo: Companhia das Letras, 1995.

ROCHA, M. I; HAGE, S. M. (org.). **Escola de Direito**: reinventando a escola multisseriada. Belo Horizonte: Autêntica, 2010. p. 49-60.

SAVIANI, D. **Pedagogia Histórico-Crítica**: primeiras aproximações. 11. ed. Campinas, SP: Autores Associados, 2011.

SOUZA, O. M.; DOMINGUES, A. Emancipação humana e política em Marx. **Revista Eletrônica Arma da Crítica**, p. 67-81, dez. 2012. Disponível em: https://repositorio.ufc.br/bitstream/riufc/23145/1/2012_art_omsouzaadomingues.pdf. Acesso: 21 fev. 2023.

VASCONCELLOS, E. A. Agrupamentos de escolas rurais: alternativa para o impasse da educação rural? **Cad. Pesquisa**, São Paulo, n. 86, p. 65-73, ago. 1993. Disponível em: https://publicacoes.fcc.org.br/cp/article/view/940. Acesso em: 27 maio 2023.

# PROPOSTA DE METODOLOGIAS EDUCACIONAIS PROMOVIDAS PELA SEMED DE JARU (RONDÔNIA) À EDUCAÇÃO ESPECIAL E INCLUSIVA: CASO CAEEM

*Luís Marcelo Batista da Silva*
*Aparecida Luzia Alzira Zuin*

## Introdução

Uma política educacional consiste em medidas, iniciativas e ações do Estado e, no campo da Educação, pode também ser representada pelas leis, planejamento, financiamento e pelos programas educacionais. Assim sendo, esta pesquisa explora a política de Educação Especial Inclusiva no âmbito nacional por meio da legislação infraconstitucional e constitucional (Brasil, 1988), e no âmbito regional foca-se nas Resoluções nº 552/2009-CEE/RO e nº 651/2009-CEE/RO, e nas Portarias nº 377/2010-GAB/SEDUC/RO, nº 1.281/2010-GAB/SEDUC/RO e nº 1.529/2017-GAB/SEDUC/RO (Rondônia, 2009a, 2009b, 2010a, 2010b, 2017). Já no âmbito internacional, aborda o direito à Educação e sua proteção em vários instrumentos internacionais, como no artigo 26 da Declaração Universal dos Direitos Humanos de 1948 da Organização das Nações Unidas (ONU), nos artigos 13 e 14 do Pacto Internacional sobre os Direitos Econômicos, Sociais e Culturais de 1976 da ONU (promulgado no Brasil no Decreto nº 591, de 6 de julho de 1992), no artigo 18 do Pacto Internacional sobre os Direitos Civis e Políticos de 1976 da ONU (promulgado no Brasil no Decreto nº 592, de 6 de julho de 1992), na Declaração de Salamanca da ONU e no artigo 24 da Convenção Internacional sobre os Direitos das Pessoas com Deficiência da ONU em 2006 (promulgada no Brasil no Decreto nº 6.949, de 25 de agosto de 2009) (Brasil, 1992a, 1992b, 2009a; ONU, 1948, 1994).

Nesse sentido, esta pesquisa de cunho exploratório e descritivo tem como objetivo identificar as metodologias educacionais adotadas pela Secretaria Municipal de Educação (Semed) no município de Jaru, no estado de Rondônia (RO), caso da proposta do Centro de Atendimento

Especializado Multiprofissional (CAEEM), a fim de conferir as orientações constitucionais e infraconstitucionais nas propostas de metodologias educacionais para a promoção da política de Educação Especial Inclusiva na Rede de Ensino Fundamental do município. O problema que orientou os estudos: quais são os planejamentos escolares, metodologias e estratégias educacionais elaborados pela Semed em Jaru (RO) objetivando a inclusão de estudantes com deficiência na Rede de Ensino Fundamental? E são adequados às necessidades dessas crianças?

O desenvolvimento da pesquisa é de abordagem qualitativa com procedimentos bibliográfico e documental de modo a compreender e interpretar as experiências locais, consistindo em uma análise de forma organizada a partir de coleta de dados referente ao número de escolas com atendimento escolar inclusivo no município de Jaru (RO), assim como oferta de atendimento assistencial e/ou educacional por meio da Semed com a propositura da contratação de uma equipe multidisciplinar que preste atendimento especializado aos estudantes com deficiência de acordo com suas necessidades particulares.

## 1 Educação especial inclusiva: as legislações infraconstitucionais

No âmbito nacional, a Educação Especial e Inclusiva é abordada, dentre outras, na Constituição Federal de 1988, na Lei de Diretrizes e Bases da Educação Nacional (LDB), tanto na LDB Lei nº 4.024/61, quanto na sua substituição pela LDB Lei nº 9394/1996, assim como na Resolução nº 4/09-CNE/CEB, nas Leis nº 12.764/2012 e nº 13.146/2015 (Brasil, 1988, 1961, 1996, 2009b, 2015). Já no âmbito regional, no estado de Rondônia, nas Resoluções nº 552/2009-CEE/RO e nº 651/2009-CEE/RO, assim como nas Portarias nº 377/2010-GAB/SEDUC/RO, nº 1.281/2010-GAB/SEDUC/RO e nº 1.529/2017-GAB/SEDUC/RO (Rondônia, 2009a, 2009b, 2010a, 2010b, 2017).

No âmbito internacional, o direito à Educação encontra proteção em vários instrumentos, como no artigo 26 da Declaração Universal dos Direitos Humanos de 1948 da ONU, nos artigos 13 e 14 do Pacto Internacional sobre os Direitos Econômicos, Sociais e Culturais de 1976 da ONU (promulgado no Brasil no Decreto nº 591/1992), no artigo 18 do Pacto Internacional sobre os Direitos Civis e Políticos de 1976 da ONU (promulgado no Brasil no Decreto nº 592/1992), na Declaração de Salamanca da ONU e no artigo 24 da Convenção Internacional sobre os Direitos das Pessoas com Deficiência da ONU em 2006 (promulgada no Brasil no Decreto nº 6.949/2009) (Brasil, 1992a, 1992b, 2009a; ONU, 1948, 1994).

A promulgação da Declaração de Salamanca em 1994, um marco mundial importantíssimo no processo de inclusão de pessoas com deficiência (PcD) e da qual o Brasil é um país signatário, determinou como dever do Estado a formulação das políticas públicas de Educação Inclusiva para o atendimento e a permanência de estudantes em instituições escolares, independentemente de suas condições físicas, intelectuais, sociais, emocionais, linguísticas ou outras. Segundo o documento:

> Princípio fundamental da escola inclusiva é o de que todas as crianças devem aprender juntas, sempre que possível, independentemente de quaisquer dificuldades ou diferenças que elas possam ter. Escolas inclusivas devem reconhecer e responder às necessidades diversas de seus alunos, acomodando ambos os estilos e ritmos de aprendizagem e assegurando uma Educação de qualidade a todos através de um currículo apropriado, arranjos organizacionais, estratégias de ensino, uso de recurso e parceria com as comunidades. [...] Dentro das escolas inclusivas, crianças com necessidades educacionais especiais deveriam receber qualquer suporte extra requerido para assegurar uma Educação efetiva (ONU, 1994, p. 5).

Nesse aspecto, o marco mais importante refere-se à Convenção Internacional Sobre os Direitos das Pessoas com Deficiência, aprovado pela Assembleia Geral das Nações Unidas em 13 de dezembro de 2006, promulgado pelo Brasil em 25 de agosto de 2009, por meio do Decreto nº 6 949; este documento, especialmente em seu artigo 24, reconhece o direito à Educação das PcD, que deve se dar com igualdade de oportunidades, em todos os níveis de ensino, com o aprendizado assegurado ao longo de toda a vida (Brasil, 2009a). Para tanto, o Estado deve empregar professores(as), inclusive pessoas com deficiência, com formação específica e capacitar novos profissionais para atuar em todos os níveis de ensino. Destaca-se que essa capacitação deve conscientizar os profissionais sobre os Direitos Humanos e as potencialidades das PcD, no combate aos preconceitos e estereótipos, assim como instrumentalizar o(a) professor(a) no atendimento às necessidades específicas do aluno(a) no processo de ensino e aprendizagem (Brasil, 2009a).

Em 2008, o então Ministério da Educação, Ciência e Cultura publicou um documento nacional visando orientar a Política Nacional de Educação Especial (PNEE), o "Política Nacional de Educação Especial na Perspectiva da Educação Inclusiva", que estabelece:

> A Política Nacional de Educação Especial na Perspectiva da Educação Inclusiva tem como objetivo assegurar a inclusão escolar de alunos com deficiência, transtornos globais do desenvolvimento e altas habilidades/superdotação, orientando os sistemas de ensino para garantir: acesso ao ensino regular, com participação, aprendizagem e continuidade nos níveis mais elevados do ensino; transversalidade da modalidade de Educação especial desde a Educação infantil até a Educação superior; oferta do atendimento educacional especializado; formação de professores para o atendimento educacional especializado e demais profissionais da Educação para a inclusão; participação da família e da comunidade; acessibilidade arquitetônica, nos transportes, nos mobiliários, nas comunicações e informação; e articulação intersetorial na implementação das políticas públicas (Brasil, 2008a, p. 14).

Na atualidade, compreende-se que não é mais o momento de discutir "se" cada instituição de ensino deve atender educandos com deficiência, transtornos globais do desenvolvimento e com altas habilidades ou superdotação em uma perspectiva inclusiva, isto é, em classes regulares inclusivas, classes especializadas, classes bilíngues de surdos, escolas regulares inclusivas, escolas bilíngues de surdos ou escolas especializadas, mas sim "como dever", pois, como sinaliza a LDB de 1996 em seu artigo 58, caput e parágrafo 2º:

> Entende-se por Educação especial, para os efeitos desta Lei, a modalidade de Educação escolar oferecida preferencialmente na rede regular de ensino, para educandos com deficiência, transtornos globais do desenvolvimento e altas habilidades ou superdotação. [...]
>
> §2º O atendimento educacional será feito em classes, escolas ou serviços especializados, sempre que, em função das condições específicas dos alunos, não for possível a sua integração nas classes regulares de ensino regular (Brasil, 1996, p. 30).

O Atendimento Educacional Especializado (AEE) identifica, elabora e organiza recursos pedagógicos e de acessibilidade que eliminem as barreiras para a plena participação de alunos(as), considerando suas necessidades específicas. As atividades desenvolvidas no AEE diferenciam-se, então, das realizadas na sala de aula comum, não sendo substitutivas à escolarização. Esse atendimento complementa e/ou suplementa a formação de alunos(as) para a autonomia e independência na escola e fora dela (Brasil, 1996).

No que concerne ao estado de Rondônia, o primeiro passo na adoção de uma política de Educação Inclusiva deu-se com a publicação da Resolução nº 552/2009-CEE/RO, de 27 de abril de 2009, que fixa diretrizes e normas complementares para atendimento à demanda escolar nas etapas e modalidades da Educação Básica aos alunos(as) que apresentem Necessidades Educacionais Especiais (NEE) no Sistema Estadual de Ensino do estado (Rondônia, 2009a). A ela, seguiram-se outras resoluções e portarias visando à efetivação da Educação Especial Inclusiva:

I. Resolução nº 651/2009-CEE/RO, de 13 de outubro de 2009, que estabelece normas para operacionalização do processo de reclassificação em alunos(as) que apresentam altas habilidades e superdotação (Rondônia, 2009b);

II. Portaria nº 377/2010-GAB/SEDUC/RO, de 11 de março de 2010, que fixa normas para operacionalização do processo de reclassificação de alunos(as) que apresentam altas habilidades e superdotação a ser realizado nas Escolas da Rede Pública Estadual de Ensino (RONDÔNIA, 2010a);

III. Portaria nº 1.281-GAB/SEDUC/RO/2010, de 16 de novembro de 2010, que estabelece normas para operacionalização do AEE em Salas de Recursos Multifuncionais implantadas nas Escolas da Rede Estadual de Ensino (Rondônia, 2010b);

IV. Portaria nº 1.529-GAB/SEDUC/RO/2017, de 29 de maio de 2017, que estabelece critérios para o AEE nas Salas de Recursos Multifuncionais nas Escolas Públicas da Rede Estadual de Ensino (Rondônia, 2017).

Ao analisar o que determinam tais documentos, observa-se que eles se limitam a seguir as políticas nacionais referentes à Educação Especial, como a Resolução nº 4, de 2 de outubro de 2009, que institui diretrizes operacionais para o AEE na Educação Básica, modalidade Educação Especial (Brasil, 2009b).

É importante ressaltar que a Educação Especial não é uma modalidade segregada ou paralela ao Ensino Regular, deve ser, porém, um conjunto de recursos que a escola deverá valer-se para atender à diversidade de estudantes com deficiência. E, apesar dos avanços na implantação das políticas de Educação Especial, é ainda necessário que sejam promovidas mudanças importantes em relação aos conceitos de Educação Especial e Inclusiva, assim como na sua implementação nos sistemas educacionais, para que sejam efetivamente alcançados os objetivos da Educação Especial Inclusiva em nível nacional e estadual, e que a escola seja, em efeito, para todos e todas (Corrêa; Barbosa; Oliveira, 2020).

As deficiências são extremamente diversificadas e, embora algumas condições associadas à deficiência resultem em saúde debilitada e necessitem de cuidados extensivos, isto não ocorre com todos os indivíduos (Chan; Zoellick, 2011). Segundo a Lei Brasileira de Inclusão (Lei nº 13.146/2015) e a Convenção Internacional sobre os Direitos das Pessoas com Deficiência da ONU, ratificada no Brasil em forma de Emenda Constitucional, por meio do Decreto Legislativo nº 186/2008 (Brasil, 2008b), e o Decreto nº 6.949/2009 (Brasil, 2009a), compreende-se como pessoa com deficiência:

> [...] aquela que tem impedimento de longo prazo de natureza física, mental, intelectual ou sensorial, o qual, em interação com uma ou mais barreiras, pode obstruir sua participação plena e efetiva na sociedade em igualdade de condições com as demais pessoas (Brasil, 2015, p. 1).

Apesar da magnitude dessa questão, ainda faltam informações científicas e conscientização sobre os temas relacionados às deficiências. Não há concordância entre as escassas informações e definições que sejam internacionalmente comparáveis sobre a incidência, distribuição e tendências das deficiências. Existem poucos documentos que forneçam uma coletânea de dados e análises dos meios que os países ao redor do mundo utilizam para desenvolver políticas públicas e ações de atendimento às necessidades das PcD (Chan; Zoellick, 2011). Entretanto é unânime que o acesso à Educação seja para todos, gratuito, de qualidade e que respeite as diferenças, afinal, o futuro é promissor se todos tiverem oportunidades, inclusive os já prejudicados pela diferença física e mental. Um país mais justo é aquele onde as diferenças são respeitadas e as necessidades supridas (Zimerman, 2013).

## 2 As deficiências e conceitos relacionados

O passado recente revelou uma história de exclusão escolar das PcD, calcada na alegação de incapacidade desses estudantes em acompanhar os demais. Essa parcela da população enfrentou, ao longo da história, perversos níveis de discriminação e injustiça e, até hoje, é sistematicamente excluída. Além disso, essas pessoas estão associadas a um estigma de "anormalidade" incompatível com os padrões homogeneizadores ainda adotados por grande parte das instituições de ensino (Mendes, 2020).

Os conceitos de "normalidade" e "incapacidade" sempre estiveram presentes na vida do ser humano, dado que pessoas buscam continuamente atender aos parâmetros ditos "normais" na implementação de comportamentos médios para a vida em sociedade. O termo "normal" é um conceito construído socialmente que caracteriza determinada sociedade em tempo histórico específico; surgiu em meados de 1840 a 1860 com a industrialização europeia, período em que a busca pelo "homem perfeito" e "normal" vigorava; o intuito era atender aos objetivos da classe dominante à época, a burguesia, estabelecendo padrões para os seres humanos e, os que não se enquadravam, "os corpos defeituosos", eram vistos como anormais e excluídos da convivência social (Francês; Bentes, 2017, p. 12). Nesse sentido, "o normal [...] é parte de uma noção de progresso, de industrialização e de consolidação ideológica do poder da burguesia" (Davis, 2006, p. 15).

No século 19, estudiosos estatísticos, como Adolfe Quételet, expandiram o conceito de "média" como política de controle de Estado, instituindo o corpo fora da norma como um corpo incapacitado, que não se adequava à sociedade. À época, fundamentados na eugenia — termo criado por Francis Galton em 1883 —, tais estudiosos propagaram que o normal era um requisito indispensável a ser alcançado. Evidentemente, "o objetivo era atender a demanda da classe burguesa, com a justificativa de melhorar a espécie humana, em razão do período histórico em que se buscava o aumento da produtividade e da geração de riqueza" (Francês; Bentes, 2017, p. 12). Há relatos de que muitas pessoas ditas "anormais" foram exterminadas e impedidas de participar da vida social e do trabalho (Davis, 2006).

Da execução sumária ao tratamento humanitário, assistiu-se ao desenrolar de séculos de história em uma trajetória irregular e heterogênea ao redor do mundo. Assim, o "tratamento" dado às pessoas com deficiência foi marcado por uma nítida exclusão. Entretanto relevantes avanços no campo dos Direitos Humanos e cidadania das PcD pelas organizações internacionais e nacionais têm ocorrido, vislumbrando novas perspectivas em relação à dignidade e aos direitos da população com deficiência, especialmente sobre denominações, conceitos e classificações, e em vistas aos direitos à Educação de qualidade que permita uma efetiva inclusão desses indivíduos na sociedade (Rodrigues; Lima, 2017).

Embora na contemporaneidade ainda seja possível constatar casos de discriminação social ou maus-tratos, é possível vislumbrar uma tendência expressiva de tratamento humanizado e adequado às PcD (Davis, 2006; Francês; Bentes, 2017). Atualmente, as PcD possuem seus direitos garantidos mediante uma política nacional, leis e outros documentos nacionais e internacionais editados com o objetivo ou abrangendo especialmente o direito à Educação de pessoas com deficiência. No âmbito escolar, esse "resgate" de direitos até então não vivenciados, passa a exercer fundamental importância para mudanças concretas significativas, favorecendo a efetivação de uma Educação Inclusiva (Rodrigues; Lima, 2017).

Ao longo de um período de mais de 170 anos, desde o reconhecimento da necessidade de atendimento escolar especializado para pessoas com necessidades especiais no Brasil, "que teve início com a criação do primeiro Instituto de Educação para surdos em 1856, o Brasil passou por muitos avanços e retrocessos em relação ao atendimento educacional a esse público-alvo" (Brasil, 2020a). Vale destacar que a "Política Nacional de Educação Especial: Equitativa, Inclusiva e com Aprendizado ao Longo da Vida" (Brasil, 2020b), diante da possibilidade de que estudantes com deficiência sejam matriculados fora da Rede de Ensino Regular, foi suspensa por decisão do Supremo Tribunal Federal na Ação Direta de Inconstitucionalidade nº 6590 (STF, 2020).

## 3 A educação especial na rede de ensino fundamental de Jaru (RO): proposta de metodologia inclusiva

Segundo Silva e Mendes (2021, p. 34), a escola deve ser um espaço acessível a todas as pessoas,

> [...] e existe certo consenso na ideia de que o professor sozinho pode não conseguir dar respostas educativas a todas

as demandas que surgem no espaço escolar heterogêneo, e por isso, serviços de apoio podem ser requeridos.

Assim, as pesquisas caminham na direção de produzir conhecimentos sobre os suportes mais adequados à inclusão escolar, e a atuação de uma equipe multiprofissional é uma dessas possibilidades de apoio.

Entretanto, no Brasil, como abordado por Silva (2016), a presença de profissionais considerados da "área de Saúde" na Educação e, principalmente, na escola, como psicólogos, fonoaudiólogos, fisioterapeutas, entre outros, ainda parece ser assunto controverso. Mas as experiências em outros países, de acordo com Garcia (1994), demonstram que todos os alunos(as) podem se beneficiar do serviço de apoio da equipe multidisciplinar, uma vez que:

> Os profissionais da Educação são obrigados a confrontar-se quotidianamente com problemas de grande complexidade técnica e científica e, nesse contexto, no entendimento da urgência da criação de uma nova escola, produtora de saberes, talvez encontremos a razão da importação para a cena educativa de modelos construídos (com sucesso) noutros domínios e que passam pela colaboração e articulação de diferentes profissionais, organizados em equipes multiprofissionais (Garcia, 1994, p. 11).

A princípio, cabe destacar que a concepção de aluno(a) da Educação Especial ainda é muito médica e organicista, e a maioria dos serviços de apoio é orientada para "corrigir o aluno" ao tentar enquadrá-lo(a) no conceito de "normalidade" padronizada. Diante da natureza desses serviços e apoios previstos, permanece a lógica de que ao aluno(a) recai a responsabilidade e o fardo de definir seus próprios rumos escolares, que na maioria das vezes, resulta em abandonar a escola (Silva; Mendes, 2021).

Verifica-se, também, que a discussão sobre o que é e como atender a diversidade existente nas escolas brasileiras é ainda fragmentada e isolada em núcleos, setores e secretarias. Como comenta Silva (2016, p. 47), "as diretrizes que daí surgem, parecem pouco articuladas às políticas implantadas, não originam ações concretas, tampouco modificam a vida dos estudantes garantindo-lhes, o que em tese, lhes é de direito".

Nesse sentido, a literatura de países com mais experiência na elaboração de sistemas educacionais inclusivos, e com estudos e pesquisas sobre como formar esses profissionais para atuar nas escolas, tem apresentado variadas propostas e modelos de prestação de serviços que podem ser aplicados e analisados em contexto brasileiro. Um desses modelos denomina-se Consultoria Colaborativa Escolar (CCE), que tem se mostrado eficaz ao ser aplicado para favorecer a escolarização de alunos(as) com diferentes necessidades educacionais, dentre elas alunos(as) com deficiências, com dificuldades de aprendizagem e problemas de comportamento, com diferenças culturais e linguísticas, dentre outras. Em definição, a CCE é:

> [...] um serviço de apoio ao professor ou a comunidade escolar e conta com a participação de profissionais especialistas em diferentes áreas, voltados ao contexto escolar e suas demandas. O princípio da CCE é a colaboração que implica na divisão e no compartilhamento de responsabilidades, na busca conjunta pela resolução dos problemas escolares e objetiva melhorar o ensino oferecido pela escola, as competências profissionais da comunidade escolar e as habilidades em responder às dificuldades que surgem nesse espaço (Silva, 2016, p. 48).

Assim, considerando-se que a literatura também aponta a equipe multidisciplinar como uma possibilidade de se prover apoio à inclusão escolar, e que muitos lugares já contam com esse tipo de serviço. O presente estudo foi delineado para compreender essa proposta e tentar responder a algumas questões, tais como: em que medida a presença de uma equipe multidisciplinar no contexto educacional da Rede Municipal de Ensino Fundamental de Jaru (RO) favorece a política e a prática de inclusão escolar de alunos(as) do público-alvo da Educação Especial? Desta indagação suscitou a proposta do produto final apresentado ao Programa de Pós-Graduação Mestrado Profissional Interdisciplinar em Direitos Humanos (DHJUS), projeto de pós-graduação desenvolvido pela Universidade Federal de Rondônia (Unir) em parceria com a Escola da Magistratura (Emeron), Tribunal de Justiça (TJRO), Defensoria Pública (DPERO) e Ministério Público do Estado de Rondônia (MPERO). O produto, caracterizado como uma tecnologia social, foi elaborado em conjunto com a Semed de Jaru e denominado "Centro de Atendimento Educacional Especializado Multiprofissional" (CAEEM). Vale destacar que o produto só foi possível a partir do diagnóstico suscitado no problema desta pesquisa, como apresentado anteriormente.

## 4 A equipe multidisciplinar na proposta da metodologia pedagógica do CAEEM Jaru (RO)

O presente estudo foi desenvolvido no município de Jaru, situado na região leste do estado de Rondônia, distante 290 quilômetros pela BR-364, como ilustra a Figura 1. O município possui uma população de 51.620 pessoas e sua área territorial é de 2.944,128 km$^2$ (IBGE, 2020); há 25 escolas de Educação Básica, entre elas três particulares e as demais públicas.

Segundo dados do ano de 2020, a taxa de escolarização na faixa etária de 6 a 14 anos em Jaru é de 97,8% e as matrículas no Ensino Fundamental foram de 7.444 alunos(as); o Índice de Desenvolvimento da Educação Básica (Ideb) foi de 6,1 nos Anos Iniciais do Ensino Fundamental (INEP, 2021).

Entretanto o que se observa na realidade de grande parte dos municípios brasileiros, como aborda Caiado, Jesus e Baptista (2018), é a carência tanto de Salas de Recursos Multifuncionais quanto de investimentos em recursos humanos (como equipe docente especializada, monitoria e equipes multiprofissionais) para o AEE às crianças com deficiência. Ainda nesse sentido, a internet é um importante recurso para o AEE, e, embora Rondônia ofereça internet banda larga a um número expressivo de municípios, sabe-se que nem todos são satisfatoriamente atendidos. No município de Jaru, por exemplo, a internet está presente na faixa de 75,1 a 85% das escolas. Ademais, ao analisar os dados do Censo Escolar de Rondônia em 2020, segundo Inep (2021), não há referências aos materiais e mobiliários que devem compor as Salas de Recursos Multifuncionais, que vão muito além de acesso à internet. O governo federal disponibiliza e envia o material necessário para essas salas desde que a escola manifeste interesse e faça a sua requisição junto aos órgãos competentes.

### 4.1 Metodologia Pedagógica do CAEEM no município de Jaru

O Centro de Atendimento Educacional Especializado Multiprofissional (CAEEM) será instituído por uma Resolução da Semed/Jaru/RO, como parte da PNEE, de acordo com o "Política Nacional de Educação Especial na Perspectiva da Educação Inclusiva" (Brasil, 2008a), por meio do Núcleo de Apoio Pedagógico Especializado da Semed municipal, assessorado por profissionais da área da Saúde (fonoaudiólogos, pedagogos, psicopedagogos, fisioterapeutas, terapeutas ocupacionais e psicólogos).

O CAEEM tem como principal objetivo contribuir e favorecer a inclusão escolar de alunos(as) público-alvo da Educação Especial Inclusiva equitativa e de qualidade, isto é, alunos(as) com deficiências físicas (ênfase às pessoas com Paralisia Cerebral), Transtornos Globais do Desenvolvimento, Transtornos do Espectro Autista (ênfase aos casos graves) e altas habilidades ou superdotação, matriculados nas escolas da Rede Municipal de Ensino Fundamental de Jaru.

O CAEEM estará fixado na Semed de Jaru (RO), tendo um espaço específico para suas atividades, consistindo em: 1 sala de espera/recepção, 4 salas de atendimentos e 1 sala de aula. Em sua estrutura contará com: 1 coordenador(a)-geral do Centro; 1 psicólogo(a) educacional; 1 fonoaudiólogo(a) educacional; 1 fisioterapeuta; 2 psicopedagogos(as), sendo 1 clínico e 1 institucional; 1 terapeuta educacional; 1 assistente social; 1 servidor administrativo; e 1 zelador(a).

A comunidade escolar poderá ter acesso ao CAEEM por encaminhamentos realizados pelas escolas municipais, por meios de instrumentais disponibilizados pelos profissionais especializados. Os atendimentos às famílias, bem como aos funcionários da Rede Municipal de Ensino, deverão ser agendados previamente com o servidor administrativo, que anotará o dia e a hora para o atendimento, o nome da pessoa interessada, o endereço, o telefone para contato e a escola de origem. Os atendimentos serão realizados no sentido de identificar, avaliar e intervir no processo de ensino e aprendizagem do(a) aluno(a). Em casos específicos, os profissionais farão os encaminhamentos para as redes de serviço existentes no município.

O projeto prevê a contratação de uma equipe multiprofissional bastante diversificada, composta por: assistente social, fonoaudiólogo(a), fisioterapeuta, médicos(as) psiquiatra e neurologista, pedagogos(as), psicólogos(as) e terapeuta ocupacional, além de professores(as) com formação contínua para atender às especificidades de alunos(as) com deficiência, particularmente os casos mais graves, como Paralisia Cerebral e Transtornos do Espectro Autista em níveis 3 e 4. Cada setor desenvolverá seu trabalho específico, bem como projetos em parceria com toda a equipe.

## 4.2 Ações, métodos e propostas para a equipe multiprofissional

As discussões a respeito da necessidade de inclusão vêm permeando diversas camadas da sociedade há um longo tempo, assunto recorrente nas últimas décadas. Porém, ao se pensar nesse tema, deve-se considerar a sociedade em sua totalidade — família, escola, trabalho, lazer etc. —, para que todas as pessoas tenham acesso aos bens coletivos (Pereira, 2019). Nesse sentido, no âmbito do CAEEM são previstas:

I) Participação nas discussões de projetos idealizados pelas escolas, mediante solicitação das instituições de ensino;

II) Realização de atividades de caráter educativo e informativo, abordando temas como: o Estatuto da Criança e do Adolescente, os direitos da família, sexualidade, preconceito, violência, valores éticos e morais;

III) Realização de atividades de caráter educativo e informativo, abordando temas como: direitos da família, sexualidade, preconceito, violência, valores éticos e morais, autoestima, relacionamento familiar, infância e adolescência, drogas lícitas e ilícitas, dificuldades de aprendizagem, entre outros;

IV) Realização de entrevistas, avaliações, orientação psicossocial e psicopedagógica;

V) Orientação para a melhoria das relações no ambiente institucional;

VI) Articulação com outras redes de serviço para estabelecer parcerias, como, por exemplo: área da Saúde, área de Assistência Social, práticas esportivas e outros;

VII) Realização de parcerias com a Polícia Militar e outras instituições, para o enriquecimento do projeto;

VIII) Visitas às escolas;

IX) Realização de estudos de casos, planejamento e avaliação das ações;

X) Realização de triagem psicopedagógica em todos os alunos (as) da Rede Municipal de Ensino que apresentem dificuldades de aprendizagem específicas;

XI) Definição e aplicação dos instrumentos de avaliação psicopedagógica que facilitem as investigações das dificuldades de aprendizagem;

XII) Correção e análise das avaliações realizadas pelos alunos (as);

XIII) Discussão dos dados das avaliações psicopedagógicas com a equipe multidisciplinar, para planejar as intervenções que se fizerem necessárias;

XIV) Repasse dos dados das avaliações psicopedagógicas realizadas para a equipe gestora da escola e toda a equipe multiprofissional;

XV) Realização de encaminhamentos, quando necessário, a outros profissionais da área da Saúde;

XVI) Participação em fóruns, cursos de formação, entre outros eventos municipais, estaduais e nacionais;

XVII) Elaboração do plano de ação e relatórios anuais.

Por isso, para fins de justificar a proposta do CAEEM, temos que o sistema educacional brasileiro, público ou privado, é moldado segundo critérios gerais de necessidades de crianças e jovens no aprendizado e nas dinâmicas em sala de aula. Porém cada ser humano é único e ajustes individuais ou coletivos podem ser necessários para um melhor aproveitamento escolar, especialmente na infância. No caso de PcD, tais adaptações são imprescindíveis para garantir a igualdade de oportunidades. Dependendo do tipo e do grau de uma deficiência, seja ela física, sensorial, intelectual ou múltipla, podem existir circunstâncias no meio escolar que dificultem ou impeçam a plena realização da vida estudantil. Segundo o artigo 227, parágrafo 1º, inciso II, e artigo 208, inciso III, da Constituição Federal, é determinado que o Estado promoverá a criação de programas de prevenção e atendimento especializado para as pessoas com deficiência física, sensorial ou mental, bem como integração social do adolescente e do jovem com deficiência (Brasil, 1988). Também na PNEE é dito que

[...] cabe aos sistemas de ensino, ao organizar a Educação Especial na perspectiva da Educação Inclusiva, disponibilizar as funções de monitor ou cuidador aos alunos com necessidade de apoio nas atividades de higiene, alimentação, locomoção, entre outras que exijam auxílio constante no cotidiano escolar (Brasil, 2008a, p. 17).

O CAEEM faz parte do Atendimento Educacional Especializado, e é garantido por lei, logo, o Projeto Educacional de Implantação e Organização Administrativa da proposta metodológica do CAEEM da Semed de Jaru (RO) é importante para a Educação Especial Inclusiva no âmbito municipal, além disso, é experiência de relevância social que, futuramente, poderá ser replicada em outros municípios do estado de Rondônia.

## Considerações finais

A política de inclusão se traduz em uma ampla gama de programas e legislações que resultaram na aprovação de diretrizes materializadas no documento "Política Nacional de Educação Especial na Perspectiva da Educação Inclusiva", de 2008. O documento passou a orientar as ações de gestores em diferentes instâncias da Administração Pública desde então, o que tem sido alvo de muitas investigações envolvendo os campos da política educacional nos planos da gestão e das práticas pedagógicas (Brasil, 2008a).

A inclusão efetiva de crianças com deficiência no ambiente escolar, portanto, implica em um movimento político e legislativo contínuo a fim de minimizar os efeitos das limitações em suas vidas adultas, visto que a deficiência que acomete as pessoas antes dos 18 anos de idade caracteriza-se por limitações significativas no funcionamento intelectual e nas habilidades adaptativas (Rodrigues; Lima, 2017).

Nesse sentido, na perspectiva da inclusão escolar de crianças com deficiências de qualquer natureza, deve-se valorizar, sobretudo, a formação docente que irá atendê-la, identificar os motivos de defasagens e minimizar ou erradicar as dificuldades encontradas nesse processo. Isso significa dizer que, com a não formação docente adequada para lidar com esses casos, acaba-se por promover ainda mais o preconceito e distintas formas de discriminação no ambiente escolar.

Desse modo, a essência da Educação Inclusiva está centrada no direito humano fundamental da geração mais jovem à Educação, a qual é vista como uma abordagem dinâmica de "[...] responder positivamente à diversidade dos estudantes — considerando as diferenças individuais não como problemas a serem resolvidos, mas como oportunidades para enriquecer a aprendizagem" (UNESCO, 2005, p. 9). Assim, a inclusão é vista como um processo de abordagem e resposta à diversidade de necessidades de todos(as) os(as) alunos(as), potencializando a aprendizagem nas culturas e comunidades e reduzindo a exclusão dentro e fora das instituições de ensino; envolve modificações dos conteúdos, abordagens, metodologias pedagógicas inovadoras, estruturas e estratégias tecnológicas que abranjam todas as crianças da faixa etária adequada e uma convicção de que é responsabilidade do sistema educacional de cada país educar todas as crianças.

Com a proposta do CAEEM, que está em fase de planejamento e futura execução no município de Jaru, no estado de Rondônia, é considerada a relevância social para a Educação Especial Inclusiva, pois a pesquisa científica orientou o projeto, demonstrou a importância da Universidade Federal de Rondônia, ao mesmo tempo conferiu como o Ensino Superior e projetos da pós-graduação podem basear o processo de conhecimento, elaboração e apoio à implantação das políticas públicas educacionais, e, por fim, promoveu saberes e em um perspectiva interdisciplinar contemplou uma inovação educacional elaborada coletivamente com o órgão público municipal de interesse na causa: a Prefeitura e a Secretaria de Educação de Jaru, em vistas à possibilidade de construir uma metodologia pedagógica que oportunize a inclusão de estudantes com deficiência.

## Referências

BRASIL. **Lei nº 4.024, de 20 de dezembro de 1961.** Fixa as Diretrizes e Bases da Educação Nacional. D.O.U. 27.12.1961, retificado em 28.12.1961. Brasília, DF: 1961.

BRASIL. [Constituição (1988)]. **Constituição da República Federativa do Brasil:** promulgada em 5 de outubro de 1988. São Paulo: Saraiva, 1988.

BRASIL. **Decreto nº 591, de 6 de julho de 1992.** Atos Internacionais. Pacto Internacional sobre Direitos Econômicos, Sociais e Culturais. Promulgação. D.O.U. 7.7.1992. Brasília, DF: 1992a.

BRASIL. **Decreto nº 592, de 6 de julho de 1992.** Atos Internacionais. Pacto Internacional sobre Direitos Civis e Políticos. Promulgação. D.O.U. 7.7.1992. Brasília, DF: 1992b.

BRASIL. **Lei nº 9.394, de 20 de dezembro de 1996.** Estabelece as Diretrizes e Bases da Educação Nacional. D.O.U. 23.12.1996. Brasília, DF: 1996.

BRASIL. Ministério da Educação e Cultura. Secretaria de Educação Especial. **Política Nacional de Educação Especial na Perspectiva da Educação Inclusiva.** Brasília, DF: MEC, 2008a.

BRASIL. **Decreto Legislativo nº 186, de 2008**. Aprova o texto da Convenção sobre os Direitos das Pessoas com Deficiência e de seu Protocolo Facultativo, assinados em Nova Iorque, em 30 de março de 2007. D.O.U. 10.7.2008. Brasília, DF: 2008b.

BRASIL. **Decreto nº 6.949, de 25 de agosto de 2009**. Promulga a Convenção Internacional sobre os Direitos das Pessoas com Deficiência e seu Protocolo Facultativo, assinados em Nova York, em 30 de março de 2007. D.O.U. 26.8.2009. Brasília, DF: 2009a.

BRASIL. Ministério da Educação. Conselho Nacional de Educação. Câmara de Educação Básica. **Resolução nº 4, de 2 de outubro de 2009**. Institui Diretrizes Operacionais para o Atendimento Educacional Especializado na Educação Básica, modalidade Educação Especial. Brasília, DF: 2009b.

BRASIL. **Lei nº 13.146, de 6 de julho de 2015**. Institui a Lei Brasileira de Inclusão da Pessoa com Deficiência (Estatuto da Pessoa com Deficiência). D.O.U. 7.7.2015. Brasília, DF: 2015.

BRASIL. Ministério da Educação. Secretaria de Modalidades Especializadas de Educação. **PNEE – Política Nacional de Educação Especial**: Equitativa, Inclusiva e com Aprendizado ao Longo da Vida. Brasília: MEC; Semesp, 2020a.

BRASIL. **Decreto nº 10.502, de 30 de setembro de 2020**. Institui a Política Nacional de Educação Especial: Equitativa, Inclusiva e com Aprendizado ao Longo da Vida. D.O.U. 01.10.2020, Edição 189, Seção 1, p. 6. Brasília, DF: 2020b.

CAIADO, K. R. M.; JESUS, D. M.; BAPTISTA, C. R. Educação especial na perspectiva da Educação Inclusiva em diferentes municípios. **Cadernos CEDES**, [s. l.], v. 38, n. 106, p. 261-265, 2018. Disponível em: https://doi.org/10.1590/CC0101-32622018199149. Acesso em: 1 jun. 2024.

CHAN, M.; ZOELLICK, R. B. Prefácio. *In*: OMS. **Relatório Mundial sobre a Deficiência**. São Paulo: Secretaria de Estado dos Direitos da Pessoa com Deficiência de São Paulo, 2011. p. 5.

CORRÊA, M. F. B.; BARBOSA, L. D. M.; OLIVEIRA, A. A. S. A Política Nacional e a Política do Estado de Rondônia para Educação Especial: alguns apontamentos. **InFor, Inov. Form., Rev. NEaD-Unesp**, São Paulo, v. 6, n. 1, p. 45-69, 2020.

DAVIS, L. J. A construção da normalidade: a curva do sino, o romance e a invenção do corpo incapacitado no século XIX. *In*: DAVIS, L. J. (ed.). **The disability Studies Reader**. New York: Routledge, 2006. p. 3-16.

FRANCÊS, L. A.; BENTES, J. A. O. A Educação Especial na perspectiva inclusiva: da (a)normalidade ao atendimento educacional especializado. **Revista Diálogos e perspectivas em Educação Especial**, Marília, v. 4, n. 2, p. 11-22, 2017. Disponível em: https://doi.org/10.36311/2358-8845.2018.v4n2.02.p11. Acesso em: 2 jun. 2024.

GARCIA, M. A. A. **Multiprofissionalismo e intervenção educativa**: as escolas, os projectos e as equipas. Lisboa: Asa, 1994.

IBGE – Instituto Brasileiro de Geografia e Estatística. Cidades, Jaru. **Portal Cidades –IBGE**, 2020. Disponível em: https://cidades.ibge.gov.br/brasil/ro/jaru/panorama. Acesso em: 6 abr. 2021.

INEP – Instituto Nacional de Estudos e Pesquisas Educacionais Anísio Teixeira. **Resumo Técnico do Estado de Rondônia**: Censo da Educação Básica 2020. Brasília, DF: Inep, 2021.

MENDES, R. H. (org.). **Educação Inclusiva na prática**. São Paulo: Fundação Santillana, 2020.

ONU – Organização das Nações Unidas. Declaração Universal dos Direitos Humanos. *In*: ASSEMBLEIA GERAL DAS NAÇÕES UNIDAS, 1948, Paris. **Anais** [...]. Paris, França, 1948. Disponível em: https://brasil.un.org/pt-br/91601-declaracao-universal-dos-direitos-humanos. Acesso em: 6 abr. 2022.

ONU – Organização das Nações Unidas. Declaração de Salamanca. *In*: CONFERÊNCIA MUNDIAL SOBRE EDUCAÇÃO ESPECIAL, 1994, Salamanca. **Anais** [...]. Salamanca, Espanha, 10 jun. 1994. Disponível em: http://portal.mec.gov.br/seesp/arquivos/pdf/salamanca.pdf. Acesso em: 6 abr. 2022.

PEREIRA, S. C. M. **Educação Inclusiva**: um olhar sobre a equipe multidisciplinar – Presidente Kennedy–ES. 2019. 104 f. Dissertação (Mestrado Profissional em Gestão Social, Educação e Desenvolvimento Regional) – Faculdade Vale do Cricaré, São Mateus, Espírito Santo, 2019. Disponível em: https://repositorio.ivc.br/handle/123456789/1048. Acesso em: 6 abr. 2022.

RODRIGUES, A. P. N.; LIMA, C. A. A história da pessoa com deficiência e da Educação Especial em tempos de inclusão. **Revista Interritórios**, [*s. l.*], v. 3, n. 5, 2017. Disponível em: https://doi.org/10.33052/inter.v3i5.234432. Acesso em: 2 jun. 2024.

RONDÔNIA (Estado). Secretaria de Estado da Educação. Conselho Estadual de Educação. **Resolução nº 552/09-CEE/RO, de 27 de abril de 2009.** Fixa diretrizes e normas complementares para atendimento à demanda escolar nas etapas e modalidades da Educação Básica, aos alunos que apresentem necessidades educacionais especiais, no Sistema Estadual de Ensino de Rondônia. D.O.E.RO 27.04.2009. Porto Velho, RO: 2009a.

RONDÔNIA (Estado). Secretaria de Estado da Educação. Conselho Estadual de Educação. **Resolução nº 651/2009-CEE/RO, de 13 de outubro de 2009.** Estabelece normas para operacionalização do processo de reclassificação em alunos que apresentam altas habilidades/superdotação, e dá outras providências. D.O.E.RO 13.10.2009. Porto Velho, RO: 2009b.

RONDÔNIA (Estado). Secretaria de Estado da Educação. **Portaria nº 377/2010-GAB/SEDUC/RO, de 11 de março de 2010.** Fixa normas para operacionalização do processo de reclassificação de alunos que apresentam altas habilidades e superdotação, a ser realizado nas escolas da rede pública estadual de ensino, e dá outras providências. D.O.E.RO 11.03.2010. Porto Velho, RO: 2010a.

RONDÔNIA (Estado). Secretaria de Estado da Educação. **Portaria nº 1.281/2010-GAB/SEDUC/RO, de 16 de novembro de 2010.** Estabelece normas para operacionalização do Atendimento Educacional Especializado em Salas de Recursos Multifuncionais implantadas nas escolas da rede estadual de ensino e dá outras providências. D.O.E.RO 16.11.2010. Porto Velho, RO: 2010b.

RONDÔNIA (Estado). Secretaria de Estado da Educação. **Portaria nº 1.529/2017-GAB/SEDUC-RO, de 29 de maio de 2017.** Estabelece critérios para o Atendimento Educacional Especializado-AEE nas Salas de Recursos Multifuncionais nas Escolas Públicas da Rede Estadual de Ensino, e dá outras providências. D.O.E.RO n. 100 31.05.2017. Porto Velho, RO: 2017.

SAIBA tudo sobre os 52 municípios de Rondônia. **Rondoniagora**, 1 jan. 2008. Disponível em: https://www.rondoniagora.com/cidades/saiba-tudo-sobre-os-52-municipios-de-rondonia. Acesso em: 18 ago. 2022.

SILVA, M. A. B. **A atuação de uma equipe multiprofissional no apoio à inclusão escolar.** 2016. 184 f. Dissertação (Mestrado em Educação Especial) – Universidade Federal de São Carlos, São Carlos, 2016. Disponível em: https://repositorio.ufscar.br/bitstream/handle/ufscar/7545/DissMABS.pdf. Acesso em: 6 abr. 2022.

SILVA, M. A. B.; MENDES, E. G. A atuação de uma equipe multiprofissional no apoio à inclusão escolar. **Revincluso**, [*s. l.*], v. 1, n. 1, p. 33-56, 2021. Disponível em: https://periodicos.ufabc.edu.br/index.php/revincluso/article/view/609. Acesso em: 3 fev. 2022.

STF – Supremo Tribunal Federal. **Ação Direta de Inconstitucionalidade nº 6590**. Relator: Ministro Dias Toffoli. Requerente: Partido Socialista Brasileiro (PSB). Brasília, DF: 21 dez. 2020. Disponível em: https://redir.stf.jus.br/paginadorpub/paginador.jsp?docTP=TP&docID=755053491. Acesso em: 7 abr. 2022.

UNESCO – A Organização das Nações Unidas para a Educação, a Ciência e a Cultura. **Principes directeurs pour l'inclusion**: Assurer l'accès à «l'Education Pour Tous». Paris: UNESCO, 2005.

ZIMERMAN, A. (org.). **Ações afirmativas e a Educação para pessoas com deficiência**. Santo André: UFABC, 2013.

# EDUCAÇÃO PARA TODOS NA PERSPECTIVA DE INCLUSÃO DE PESSOAS COM DEFICIÊNCIAS

*Geane Rocha Gomes Lima*
*Aparecida Luzia Alzira Zuin*

## Introdução

O objetivo geral deste trabalho é conferir se as práticas pedagógicas para a inclusão de alunos com deficiência e o Projeto Político Pedagógico da Escola 3 de Dezembro, localizada no Distrito de União Bandeirantes, município de Porto Velho, no estado de Rondônia, Amazônia Ocidental, convergem com a Política Nacional de Educação Especial e Inclusiva.

No âmbito dos estudos procura, ainda, conferir como se dá o envolvimento dos pais, professores e comunidade com a escola, no sentido de fazer com que a escola seja o espaço social para o diálogo e a cooperação entre os diferentes atores envolvidos no processo educacional. Para isso, tem-se que a escola, como um espaço social, não se limita apenas ao ensino. É um lugar onde os alunos aprendem a interagir com os outros, a compreender normas sociais e a desenvolver habilidades de vida que vão além das disciplinas do currículo escolar. A escola pode funcionar como um espaço social oferecendo aos alunos a oportunidade de interagir com uma diversidade de pessoas: colegas, professores, funcionários da escola, e respeitando a diversidade; daí que aprendem a comunicar, cooperar e resolver conflitos de maneira eficaz. Mas a escola passa a ser vista como o lugar onde os alunos aprendem habilidades importantes como empatia, tolerância, trabalho em equipe e liderança. Essas habilidades são vitais para entenderem o significado de inclusão, na vida adulta. Por isso, a escola é muitas vezes o primeiro lugar onde os alunos encontram uma variedade de culturas, tradições, religiões e visões de mundo. Isso os ajudam a desenvolver a apreciação pela diversidade e a compreender a importância do respeito e da inclusão. Nesse sentido, a Escola 3 de Dezembro passa a ser o espaço social vital para o desenvolvimento integral do aluno, principalmente, com ênfase na inclusão social dos alunos com deficiência.

Tem como problema de investigação: quais as práticas educativas, desta escola, à inclusão de alunos com deficiência, são convergentes com o Projeto Político Pedagógico; e essas práticas estão condizentes com a Política Nacional de Educação Especial e Inclusiva?

A justificativa para a inclusão de alunos com deficiência na escola pública reside em uma série de princípios fundamentais, os quais citamos: Direitos Humanos: o acesso à educação é um direito humano básico, consagrado em diversos documentos legais, como a Declaração Universal dos Direitos Humanos e a Convenção sobre os Direitos das Pessoas com Deficiência. A educação inclusiva garante que todos os alunos, independentemente de suas habilidades, tenham a oportunidade de exercer esse direito. A igualdade de oportunidades, porque a inclusão garante a igualdade de oportunidades, permitindo que todos os alunos tenham acesso à educação e a chance de atingir seu potencial máximo. Isso implica na criação de ambientes de aprendizado acessíveis e no fornecimento de suportes necessários. Há ainda a questão da diversidade e do respeito, haja vista que incluir alunos com deficiência em escolas públicas promove a diversidade e ensina respeito pelas diferenças. Isso ajuda a criar uma sociedade mais inclusiva e tolerante, na qual cada pessoa é valorizada por suas habilidades únicas, e não por suas limitações. Pesquisas indicam que a inclusão não beneficia apenas os alunos com deficiência, mas todos os alunos da escola. A diversidade na sala de aula pode enriquecer a experiência de aprendizado, promover empatia e compreensão, e preparar todos os alunos para viver e trabalhar em uma sociedade diversificada. Cada pessoa tem suas particularidades e sabe-se que um aprende com o outro, logo, a educação deve promover a socialização e para isso é preciso que seja direcionada às práticas inclusivas partindo da premissa de que todos somos únicos e as pessoas com deficiência entendam e sejam entendidas que fazem parte deste mundo de todos.

O projeto "Educação para Todos" é uma iniciativa global que tem como objetivo assegurar que todas as crianças, jovens e adultos tenham acesso a uma educação de qualidade, independentemente de seu gênero, idade, situação econômica, habilidades ou localização geográfica. Sobre a inclusão de Pessoas com Deficiência, o projeto defende que as pessoas com deficiência devem ter acesso igual à educação. Isso pode ser alcançado por meio de adaptações razoáveis, como materiais de aprendizagem acessíveis, apoio especializado e um ambiente físico acessível.

## 1 Educação especial e inclusiva – para quem?

Sobre a educação especial e inclusiva existe uma crise de paradigmas que repercutem de maneira complexa, principalmente, quando se trata sobre a educação para todos, haja vista que pode ocorrer fora do discurso documental, ou transcendendo para a realidade. Mantoan (2003, p. 11-12) afirma que:

> Uma crise de paradigma é uma crise de concepção, de visão de mundo e quando as mudanças são mais radicais, temos as chamadas revoluções científicas. [...] Sendo ou não uma mudança radical, toda crise de paradigma é cercada de muita incerteza, de insegurança, mas também de muita liberdade e de ousadia para buscar outras alternativas, outras formas de interpretação e de conhecimento que nos sustente e nos norteie para realizar a mudança.

Assim o princípio da mudança se faz quando se começa a pensar em como a escola vai se reorganizar para aplicar as leis que regem os direitos à educação para todos, incluindo as pessoas com deficiências de acordo com os princípios da educação.

Nesta continuação, entende-se ser necessário conhecer os conceitos de educação Especial na perspectiva de Educação inclusiva. De acordo com Mantoan (2005, p. 39), "A Constituição, contudo, garante a educação para todos. Para atingir o pleno desenvolvimento humano e o preparo para a cidadania, entende-se que essa educação não pode se realizar em ambientes segregados".

Educação especial é uma modalidade de ensino que tem como objetivo atender às necessidades específicas de alunos que apresentam algum tipo de deficiência (física, intelectual, sensorial ou múltipla), transtornos globais do desenvolvimento (como o autismo), ou altas habilidades/superdotação. A educação especial pode ocorrer em classes regulares, em classes especiais ou mesmo em escolas especiais, dependendo das necessidades individuais de cada aluno. É focada na criação e implementação de estratégias pedagógicas que atendam às necessidades desses alunos, permitindo que eles alcancem seu potencial máximo.

Para entender sobre essa política de educação para todos com ênfase na educação especial, é preciso refletir sobre a dinâmica da política e a prática educativa de inclusão de alunos com deficiência. Aqui declara-se que a educação é direito de todos e na escola esses direitos devem ser efetivados, a escola regular deve acolher e promover a receptividade de todos.

Como dito anteriormente, a deficiência refere-se a uma condição física, mental, intelectual ou sensorial de longo prazo que, em interação com diversas barreiras, pode impedir a participação plena e efetiva de uma pessoa na sociedade em igualdade de condições com as demais. A deficiência pode ser inata ou adquirida e pode afetar a mobilidade, a capacidade de aprender ou de se comunicar, entre outras habilidades. Por outro lado, o capacitismo é um termo que descreve a discriminação e o preconceito social contra as pessoas com deficiência. O capacitismo baseia-se na suposição de que pessoas com deficiência são inferiores àquelas sem deficiência. Isto pode se manifestar em várias formas, desde a recusa a fazer modificações razoáveis para acomodar pessoas com deficiência, até atitudes e suposições negativas sobre o que pessoas com deficiência podem ou não podem fazer. O capacitismo é estrutural e incorporado em muitos aspectos da sociedade, e é algo que precisa ser continuamente desafiado e desconstruído para uma sociedade verdadeiramente inclusiva.

Estudos de Mantoan (2003, 2015) e Mazotta (2000, 2011) sobre a dinâmica da política e prática educativa de inclusão de alunos com deficiência, servem como boas referências neste tratado. Para fins de apresentação, temos Mantoan.

Para Mantoan, a inclusão é um processo que visa transformar o sistema educacional de forma a responder à diversidade de todos os alunos. Isso implica na reestruturação da cultura, das práticas e das políticas para que todas as pessoas tenham igualdade de oportunidades de aprendizado. Ela sustenta que o objetivo da educação inclusiva é muito além de simplesmente integrar alunos com deficiência em salas de aula regulares. Trata-se de uma mudança profunda nas políticas, práticas e culturas educacionais para garantir a participação e a aprendizagem de todos os alunos, independentemente de suas habilidades ou necessidades. Mantoan (2015) critica fortemente o que ela chama de "pedagogia da normalização", que tenta fazer com que todos os alunos se encaixem em um padrão de normalidade pré-definido. Em vez disso, ela defende uma "pedagogia da diversidade", que valoriza as diferenças e as utiliza como recursos para o ensino e a aprendizagem. Portanto, na concepção de Mantoan, a inclusão é um direito humano básico e um princípio fundamental para uma educação de qualidade. Ela vê a inclusão como um meio de promover a igualdade, o respeito à diversidade e a justiça social na educação e na sociedade como um todo.

Daí que para os estudos tomamos como base as práticas educativas, no sentido de conferir se estão condizentes com o Projeto Político Pedagógico da escola 3 de Dezembro em referência, ou se não estão contribuindo ou são inexistentes. Afinal, a prática pedagógica que se defende aqui é aquela que promove a inclusão social de alunos com deficiência e envolve vários outros elementos-chave, tais como: adaptações curriculares; formação docente; acessibilidade; respeito à diversidade; participação e engajamento; apoio individualizado; parceria com as famílias: a escola deve trabalhar em parceria com as famílias para entender melhor as necessidades individuais de cada aluno e para garantir que a educação em casa seja consistente com a educação na escola. Ao adotar essas práticas pedagógicas, a escola pode garantir que todos os alunos, independentemente de suas habilidades, tenham a oportunidade de aprender e de participar plenamente da vida escolar. Essas ações também reforçam a mensagem de que todos são valorizados e têm o direito à educação.

## 2 Conceitos de educação especial e educação inclusiva

Para entender melhor a respeito do tema, pretende-se apresentar, nesta seção, como o projeto Educação para todos, na perspectiva da Educação Especial e Inclusiva, traz os conceitos de educação especial e educação inclusiva. Com isso, pretende, de modo sucinto, elaborar um quadro conceitual para orientação dos estudos.

Conforme a Lei Brasileira de Inclusão da Pessoa com Deficiência — Lei nº 13146, de 6 de julho de 2015 —, mais conhecida como o Estatuto da Pessoa com Deficiência, em seu artigo 2º traz:

> Considera-se pessoa com deficiência aquela que tem impedimento de longo prazo de natureza física, mental, intelectual ou sensorial, o qual, em interação com uma ou mais barreiras, pode obstruir sua participação plena e efetiva na sociedade em igualdade de condições com as demais pessoas.

Santos (2008, p. 503) aponta mais definições, no seguinte sentido:

> Há duas maneiras diferentes de compreender a deficiência. A primeira afirma que a deficiência é uma manifestação da diversidade humana que demanda adequação social para

ampliar a sensibilidade dos ambientes às diversidades corporais. A segunda perspectiva sustenta que a deficiência é uma restrição corporal que necessita de avanços na área da Medicina, da reabilitação e da Genética para oferecer tratamento adequado para a melhoria do bem-estar das pessoas.

Essas maneiras utilizadas para entender a deficiência podem ser vistas no bojo do Projeto Educação para Todos, também conhecido como "Movimento Educação para Todos" (EFA), como modos de reconhecimento, porque algumas pessoas podem necessitar de atenção especial para superar as barreiras que impedem sua participação e aprendizagem. Embora consideramos ser um projeto voltado ao modelo ou reprodução do capital e controverso na seara educacional, o foco aqui não é a sua defesa, mas correlacionar o documento com os demais investimentos bibliográficos. Por isso, trazemos o que mais nos serve para a discussão.

Direito à educação: O projeto reafirma o direito à educação para todas as crianças, jovens e adultos, incluindo aqueles com deficiência.

Adaptação do sistema educacional: O movimento defende que as escolas devem se adaptar para atender a todos os estudantes, em vez de esperar que os estudantes se adaptem às escolas.

Acesso e qualidade: A educação para todos implica tanto no acesso quanto na qualidade. Todos devem ter acesso à educação e a educação deve ser relevante e eficaz.

Necessidades individuais: O projeto enfatiza a necessidade de atender às necessidades individuais de cada estudante. Para os alunos com deficiência, isso pode significar o fornecimento de recursos adicionais, como materiais didáticos adaptados, assistência personalizada e tecnologia assistiva.

Igualdade de oportunidades: O "Educação para Todos" defende a igualdade de oportunidades para todos, independentemente de suas habilidades, necessidades, origem, gênero ou qualquer outra característica pessoal. Isso significa que cada aluno deve ter a mesma oportunidade de se beneficiar da educação.

Respeito à diversidade: Finalmente, o projeto promove o respeito à diversidade e a valorização das diferenças. A educação deve ajudar a promover a compreensão, a tolerância e a amizade entre todos, independentemente de suas diferenças (ONU, 2004, n.p.).

Sobre a questão da acessibilidade, em outra oportunidade Santos (2008, p. 504) diz que:

> As diferenças corporais-sejam elas qualificadas como deficiência ou não-são expressões da diversidade humana [...] É como se a narrativa sobre os corpos com diferenças, que resulta na classificação dos corpos em normais e excepcionais, surgisse quando as pessoas com corpos sem as diferenças buscarem uma identificação do seu corpo normal a partir do reconhecimento do corpo com patologias.

Nesse sentido, o autor ressalta que as diferenças só são identificadas como uma deficiência quando são colocadas em comparação das classificações humanas ditas normais. Mantoan (2015, p. 35), contribui na mesma direção:

> O direito à diferença nas escolas desconstrói, portanto, o sistema atual de significação escolar excludente e normativo, elitista, com suas medidas e seus mecanismos de produção da identidade e da diferença". E "Contrariar a perspectiva de uma escola que se pauta pela igualdade, é fazer diferente, reconhecê-la e valoriza-la.

Compreende que a escola deve se respaldar na diferença e não na igualdade, pois os alunos apesar de aprenderem na coletividade são seres individuais, cada um tem sua identidade, suas particularidades. Eis, portanto, o que propomos ao discorrer sobre a escola como espaço social. Pois com isso considera importante analisar o significado da educação Especial na perspectiva de inclusão na educação dos alunos com deficiências.

Na interpretação de Mantoan (2005, p. 39-40):

> [...] "preferencialmente" refere-se a "atendimento educacional especializado", ou seja: o que é diferente no ensino para melhor atender às especificidades dos alunos com deficiência, abrangendo, sobretudo instrumentos necessários à eliminação das barreiras existentes nos diversos ambientes, como ensino da Língua Brasileira de Sinais (Libras), do código braile, uso de recursos de informática, e outras ferramentas e linguagens que precisam estar disponíveis nas escolas ditas regulares.

Portanto, a educação de alunos com deficiências deve se fazer em escolas regulares, com o apoio da Educação Especializada; aqui a autora Mantoan (2003, p. 17) enfatiza que a:

> [...] a inclusão é produto de uma educação plural, democrática e transgressora. Ela provoca uma crise escolar, ou melhor, uma crise de identidade institucional, que, por sua vez, abala a identidade dos professores e faz com que seja ressignificada a identidade do aluno. O aluno da escola inclusiva é outro sujeito, que não tem uma identidade fixada em modelos ideais, permanentes, essenciais.

A educação inclusiva favorece a todos como seres mais humanizados considerando que se aprende nas e com as diferenças. E para enfatizar, Manton (2005, p. 96) contribui:

> [...] inclusão é a nossa capacidade de entender e receber o outro e, assim, ter o privilégio de conviver e compartilhar com pessoas diferentes de nós. A educação inclusiva acolhe todas as pessoas, sem exceção. É para o estudante com deficiência física, para os que têm comprometimento mental, para os superdotados, para todas as minorias e para a criança que é discriminada por qualquer outro motivo. Costumo dizer que estar junto é se aglomerar no cinema, no ônibus e até na sala de aula com pessoas que não conhecemos. Já inclusão é estar com, é interagir com outro.

A autora destaca que conviver na diferença é uma capacidade indispensável e uma oportunidade de privilégios. Entretanto incluir significa ampliar as possibilidades de as pessoas conviverem sem preconceitos e sem discriminações, um aprendendo com o outro e a escola deve assumir um papel imprescindível nessa empreitada de instituir o indivíduo para uma sociedade mais inclusiva. E não podemos ignorar o fato de a exclusão ainda se manifestar nas escolas públicas de acordo com Mantoan (2015, p. 22), "A exclusão escolar manifesta-se das mais diversas maneiras, e quase sempre o que está em jogo é a ignorância do aluno diante do saber escolar". A autora enfatiza que as barreiras excludentes são evidenciadas por meio da desvalorização dos conhecimentos trazidos pelo aluno em suas dimensões, valorizando apenas o que a escola acredita, no "pensamento subdividido em áreas específicas" de formação, na forma de organização "do currículo em disciplinas isoladas" e nos obstáculos físicos dentro e fora da instituição escolar.

Além disso, a escola enquanto espaço social tem a função de garantir o acesso à educação de qualidade para todos os alunos, independentemente de suas habilidades ou necessidades. Quando a escola adota uma abordagem inclusiva, ela adapta-se para atender às necessidades de cada aluno, em vez de esperar que o aluno se adapte ao sistema. Isto implica na implementação de práticas pedagógicas diferenciadas, no uso de materiais didáticos adaptados e no oferecimento de suporte adicional quando necessário. Assim proporciona a participação plena e efetiva de alunos com deficiência em todas as atividades escolares; incluindo não apenas as atividades de aprendizagem, mas também as atividades extracurriculares, como jogos, esportes, eventos. A participação nessas atividades pode ajudar a desenvolver habilidades sociais, melhorar a autoestima e fortalecer o sentido de pertencimento.

Por fim, a escola pode servir como um elo entre os gestores, professores, servidores com a família e a comunidade, fornecendo informações, compartilhando responsabilidades e buscando apoio para superar as barreiras à inclusão, por exemplo.

## 3 A política e a prática educativa de inclusão de alunos com deficiência: as orientações constitucionais e infraconstitucionais

A Constituição Federal do Brasil de 1988 é a primeira a reconhecer explicitamente o direito à educação para todos os cidadãos, independentemente de suas capacidades físicas, mentais ou sensoriais. Embora não utilize especificamente o termo "educação inclusiva", ela estabelece os fundamentos legais para uma educação inclusiva no país. No artigo 205, a Constituição (1988, n.p.) declara que a

> [...] educação, direito de todos e dever do Estado e da família, será promovida e incentivada com a colaboração da sociedade, visando ao pleno desenvolvimento da pessoa, seu preparo para o exercício da cidadania e sua qualificação para o trabalho.

A Constituição Federal Brasileira (BRASIL, 1988, Art. 1º e Art. 206º) garante os direitos de todos à cidadania, ao acesso e à permanência escolar e à educação de qualidade sem qualquer tipo de discriminação. Especificamente relacionado à educação especial, o artigo 208, inciso III, estabelece que o dever do Estado com a educação será efetivado mediante a "garantia de atendimento educacional especializado aos portadores de deficiência, preferencialmente na rede regular de ensino" (1988, n.p.).

Em 2008, o Decreto nº 6.949 promulgou a Convenção sobre os Direitos das Pessoas com Deficiência da ONU, com status de emenda constitucional. O artigo 24 da Convenção estabelece que os Estados Partes devem assegurar um sistema de educação inclusiva em todos os níveis de ensino, em ambientes que maximizem o desenvolvimento acadêmico e social compatível com a meta de inclusão plena. Com base nesses princípios, várias leis e políticas foram desenvolvidas no Brasil para promover a educação inclusiva, como a Lei de Diretrizes e Bases da Educação Nacional (LDB), a Política Nacional de Educação Especial na Perspectiva da Educação Inclusiva (2008) e o Plano Nacional de Educação (2014), entre outras. Portanto, a legislação brasileira não só reconhece o direito à educação para todas as pessoas com deficiência, como também estabelece a inclusão como princípio fundamental da educação especial, priorizando a inclusão de estudantes com deficiência no ensino regular, e garantindo o atendimento educacional especializado necessário para maximizar seu desenvolvimento acadêmico e social.

Mais, de acordo com as Diretrizes Nacionais para a Educação Especial, "a ruptura da ideologia de exclusão, proporcionou a política de inclusão, que vem sendo debatida e exercitada em vários países, entre eles o Brasil" (Brasil, 2001, p. 21).

Nesse caso, já existe uma política de inclusão dos alunos com deficiência nas escolas regulares bem estabelecida e é fundamentada em diversos documentos legais, como a Convenção sobre os Direitos das Pessoas com Deficiência (ONU, 2006), a Política de Educação Especial na Perspectiva da Educação Inclusiva (Brasil, 2008) e a Lei Brasileira de Inclusão (2015), além das já citadas CF e LDB, entre outras.

A partir da proposta desta pesquisa em desenvolvimento, tratamos sobre o aspecto de dinamizar a acessibilidade para alunos com deficiência em escolas públicas envolvendo uma combinação de iniciativas físicas, pedagógicas e culturais. A seguir, apresentamos algumas estratégias.

Adaptação das Infraestruturas Físicas: é crucial garantir que as escolas sejam adaptadas para estudantes com diferentes tipos de deficiência. Isso pode envolver a instalação de rampas e elevadores, a adaptação de banheiros, a garantia de corredores amplos e a instalação de sinalização tátil e em Braille.

Recursos de Tecnologia Assistiva: o uso de tecnologia assistiva pode ser fundamental para permitir que os alunos com deficiência acessem o currículo. Isso pode incluir softwares de leitura de tela para estudantes com deficiência visual, teclados especiais para estudantes com deficiência física ou programas de comunicação assistiva para estudantes com deficiências de comunicação.

Adaptação do Currículo e do Material Didático: é importante que os materiais didáticos e o currículo sejam adaptados para serem acessíveis a todos os alunos. Isso pode envolver a produção de livros em Braille, o uso de imagens e símbolos para apoiar a compreensão, ou a adaptação de atividades e avaliações para atender às necessidades individuais dos alunos.

Outra forma de relevância é a formação de professores: os professores precisam ser formados para trabalhar em ambientes inclusivos e saber como adaptar seu ensino para atender às necessidades de todos os alunos. Isso pode envolver formação em estratégias de ensino diferenciado, no uso de tecnologia assistiva ou em técnicas específicas para ensinar alunos com diferentes tipos de deficiência.

Não pode faltar a promoção de uma Cultura de Inclusão: finalmente, é importante promover uma cultura de inclusão na escola, onde todas as diferenças são respeitadas e valorizadas. Isso envolve educar todos os membros da comunidade escolar — incluindo alunos, professores, funcionários e pais — sobre a deficiência e a importância da inclusão.

Não é possível tratar da escola como espaço social sem o envolvimento dos Pais e da Comunidade: os pais e a comunidade desempenham um papel fundamental na promoção da inclusão. A escola pode envolvê-los, fornecendo informações, buscando seu apoio e encorajando-os a participar ativamente da vida escolar.

Mais, implementando essas estratégias, as escolas públicas podem se tornar mais acessíveis e inclusivas para alunos com deficiência; como é o caso que analisamos da Escola 3 de Dezembro, no Distrito de União Bandeirantes, no município de Porto Velho, porque o local onde está a escola também é relevante.

E quanto a educação de qualidade, primeiro é preciso que a instituição defina o tipo de qualidade que a lei quer garantir, segundo Cury (2010, p. 17):

> E a inteligibilidade da qualidade também tem a ver com as condições de possibilidade relativas ao nosso conhecimento dela. Daí o recurso aos estudos, às pesquisas, aos censos e aos levantamentos que possibilitam, em princípio, a feitura de planos governamentais específicos para melhorias no campo educacional. A qualidade é, assim, um modo de ser que afeta

a educação como um todo envolvendo sua estrutura, seu desenvolvimento, seu contexto e o nosso modo de conhecê-la.

Portanto, a partir de uma reflexão com base no que institui a falta de qualidade nos ajuda entender sobre o princípio de qualidade, Cury (2010, p. 21) diz que:

> A não-qualidade é a falta de escolas, é a falta de vagas nas escolas, são as barreiras excludentes da desigualdade social inclusive legais como era o caso dos exames de admissão, a discriminação que desigualava o ensino profissional, os limites do ensino não – gratuito e a descontinuidade administrativa. A não qualidade se expressou e ainda está presente nas repetências sucessivas redundando nas reprovações seguidas do desencanto, da evasão e abandono.

Entende, portanto, à permanência do aluno depende da qualidade e para que se chegue a uma educação de qualidade é preciso inúmeras mudanças e essas mudanças devem partir das práticas inclusivas infra e extraescolar, pois a escola regular recebe o indivíduo em suas múltiplas dimensões, na escola o conhecimento é partilhado, construído, desconstruído e complementado.

A lei que garante o direito de todos à educação precisa ser lida, conhecida e praticada por todos, segundo Mantoan (2015, p. 39), "Quando garante a todos o direito à educação e o acesso à escola, a constituição Federal não usa adjetivos; assim, toda escola deve atender aos princípios constitucionais" e "contudo, garante a educação para todos".

Sobre a tramitação da política e da prática educativa, Saviani (1983, p. 93) afirma que "A dimensão política se cumpre na medida em que ela se realiza enquanto prática especificamente pedagógica". Parte, portanto, dessa dinâmica o entendimento de que enquanto os profissionais da educação não participarem dessa política de inclusão e continuarem resistentes aos princípios da educação para todos, as políticas de educação especial na perspectiva de inclusiva não sairão dos discursos políticos e nem dos documentais.

A prática educativa precisa ser repensada por toda a comunidade educacional e ela deve ser iniciada através das ações que atenda todos os alunos, cabendo a cada um que faz parte desse processo, definir seu papel a ser desempenhado. Freire (1993, p. 234) define ao afirmar que:

> A prática pedagógica é algo muito sério. Lidamos com gente, com crianças, adolescentes ou adultos. Ajudamo-los ou prejudicamos nesta busca. Estamos intrinsecamente a eles ligados no seu processo de conhecimentos podemos concorrer com a nossa incompetência, má preparação, irresponsabilidade, para o seu fracasso. Mas podemos, também, com nossa seriedade e testemunho de luta contra as injustiças, contribuir para que os educandos vão se tornando presença marcante no mundo.

A prática pedagógica se faz por meio do comprometimento do profissional com esse processo, é seu dever de fato pensar no aluno como um indivíduo que precisa se reconhecer na sociedade como cidadão e, portanto, é preciso considerar que todos são capazes de aprender dentro de suas potencialidades e que a aprendizagem é um processo contínuo e individual, então, pode se afirmar que a prática educativa escolar deve ser inclusiva.

## Considerações finais

Com o presente trabalho, desenvolveu-se reflexões sobre a importância das práticas pedagógicas para a inclusão de alunos com deficiência e o Projeto Político Pedagógico da Escola 3 de Dezembro, localizada no Distrito de União Bandeirantes, município de Porto Velho, estado de Rondônia, Amazônia Ocidental. Também propôs compreender como essas práticas convergem com a Política Nacional de Educação Especial e Inclusiva.

Partiu do princípio, segundo o qual, a Educação especial é uma modalidade de ensino que deve atender às necessidades específicas de alunos que apresentam algum tipo de deficiência (física, intelectual, sensorial ou múltipla), transtornos globais do desenvolvimento (como o autismo), ou altas habilidades/superdotação e pode ocorrer em classes regulares, em classes especiais ou mesmo em escolas especiais, dependendo das necessidades individuais de cada aluno. Além da educação Especial, é preciso que se criem e ampliem estratégias pedagógicas que atendam às especificidades e para isso é necessário que invistam na estrutura física da instituição, que melhorem a acessibilidade dos educandos e promovam o respeito e a valorização da diversidade, uma educação sem preconceitos e discriminações. Não é uma empreitada fácil, mas considera-se possível, e para isso depende de que toda a comunidade escolar — alunos, professores, funcionários e pais — esteja envolvida nesse processo de inclusão.

Mais, a formação dos professores e funcionários também é crucial para que qualifiquem suas ações voltadas à inclusão e que eles estejam comprometidos para uma educação de qualidade, em que os alunos não só sejam matriculados, mas que permaneçam no desenvolvimento de escolarização.

A permanência do aluno depende da qualidade da educação para todos e essa se faz por meio das práticas e da política, considera assim, que o Projeto Político Pedagógico da escola deve ser construído pela comunidade escolar, com veracidade e fazer parte do cotidiano e norteando as ações pedagógicas e que essas sejam convergentes com a política de inclusão. No Brasil, conta-se com a Lei de Diretrizes e Bases da Educação Nacional (LDB), a Política Nacional de Educação Especial na Perspectiva da Educação Inclusiva (2008) e o Plano Nacional de Educação (2014), entre outras, para promover a educação inclusiva de pessoas com deficiências nas escolas, portanto não basta que elas existam, mas precisam ser implantadas e implementadas nas escolas públicas de ensino regular, como é o caso que analisamos da Escola 3 de Dezembro, no Distrito de União Bandeirantes, no município de Porto Velho.

Conhecer as leis que garantem o direito de todos à educação é um dever de toda e de qualquer pessoa, e por isso, precisa ser compreendida como um direito de não precisar se adequar ao ensino, mas que o ensino se adeque as suas necessidades no sentido de que cada um aprende de acordo com suas potencialidades e constitui nesses direitos o de ser diferente e poder participar da sociedade. Portanto, um dos papéis da escola é se envolver e envolver todas as pessoas que fazem parte desse processo, só assim a inclusão tomará um rumo a seus objetivos e um deles é combater os preconceitos que rodeiam as pessoas com deficiências, por exemplo, as suposições de que pessoas com deficiência são inferiores àquelas sem deficiência.

## Referências

BRASIL. Lei nº 13.146, de 6 de julho de 2015. Institui a Lei Brasileira de Inclusão da Pessoa com Deficiência (Estatuto da Pessoa com Deficiência). **Diário Oficial [da] República Federativa do Brasil**, Brasília, DF, 7 jul. 2015. Disponível em: http://www.planalto.gov.br/ccivil_03/_ato2015-2018/2015/lei/l13146.htm. Acesso em: 1 jun. 2024.

BRASIL. Ministério da Educação. Conselho Nacional de Educação, Câmara de Educação Básica. **Resolução nº 4, de 13 de julho de 2010.** Define Diretrizes Curriculares Nacionais Gerais para a Educação Básica. Brasília, 2010.

BRASIL. Ministério da Educação. **Política de Educação Especial na Perspectiva da Educação Inclusiva.** Brasília: MEC, 2008. Disponível em: http://portal.mec. gov.br/index.php?option=com_docman&view=download&alias=16690-politica-nacional-de-educacao-especial-na-perspectiva-da-educacao-inclusiva--05122014&category_slug=dezembro-2014-pdf&Itemid=30192. Acesso em: 1 jun. 2024.

BRASIL. Ministério da Educação. Secretaria de Educação Especial. **Diretrizes Nacionais para a Educação Especial na Educação Básica.** Brasília: MEC/SEESP, 2001.

BRASIL. Ministério da Educação. Secretaria de Educação Especial. **Política Nacional de Educação Especial na Perspectiva da Educação Inclusiva.** Brasília: MEC/SEESP, 2007a.

BRASIL. **Programa Ética e cidadania**: construindo valores na escola e na sociedade. Brasília: Secretaria Especial dos Direitos Humanos: Ministério da Educação, SEI F, Semtec, SEED, 2007b. 4 v.

CURY, R. J. C. A Educação no Brasil. São Paulo: Editora Educação, 2010.

CURY, R. J. C. Direito à educação: Direito à igualdade, direito à diferença. **Cadernos de Pesquisa**, n. 116, p. 245-262, jul. 2002.

FREIRE, Paulo; SHOR, Ira. Medo e Ousadia: O Cotidiano do Professor. Rio de Janeiro: Paz e Terra, 1986.

MANTOAN, M. T. E. **Inclusão é o privilégio de conviver com as diferenças.** Nova Escola, São Paulo, 2005.

MANTOAN, M. T. E. **Inclusão Escolar**: O que é? Por quê? Como fazer? São Paulo: Summus, 2015.

MANTOAN, Maria Teresa Eglér. A inclusão de alunos que apresentam necessidades especiais: múltiplos olhares. São Paulo: Moderna, 2015.

MANTOAN, Maria Teresa Eglér. Inclusão escolar: o que é? por quê? como fazer? São Paulo: Moderna, 2003.

MANTOAN, Maria Teresa Eglér. Inclusão escolar: pontos e contrapontos. São Paulo: Summus, 2005.

MAZOTTA, Marcos José Silveira. Educação Especial no Brasil: história e políticas públicas. São Paulo: Cortez, 2000.

MAZOTTA, Marcos José Silveira. Educação Especial: o caminho para uma escola inclusiva. São Paulo: Cortez, 2011.

ORGANIZAÇÃO DAS NAÇÕES UNIDAS (ONU). **Convenção sobre os Direitos das Pessoas com Deficiência**. Nova Iorque, 2006. Disponível em: https://www.un.org/esa/socdev/enable/documents/tccconvs.pdf. Acesso em: 1 jun. 2024.

SAVIANI, D. **Escola e democracia**: teorias da educação, curvatura da vara, onze teses sobre educação e política. São Paulo: Cortez Autores Associados, 1983.

SAVIANI, D. Para além da curvatura da vara. **Revista Ande**, São Paulo, n. 3, 1982.

SAVIANI, D. **Pedagogia Histórico-Crítica**: Primeiras Aproximações. São Paulo: Autores Associados, 2005.

STAINBACK, W.; STAINBACK, S. **Inclusão**: um guia para educadores. Porto alegre: Artmed, 1999.

UNESCO – A Organização das Nações Unidas para a Educação, a Ciência e a Cultura. **Declaração de Salamanca e Linha de ação sobre necessidades educativas especiais**. Adotada pela Conferência Mundial sobre Educação para Necessidades Especiais. Acesso e Qualidade, realizada em Salamanca, Espanha, entre 7 e 10 de junho de 1994. Genebra, UNESCO, 1994.

# CIBERCULTURA E CONSTRUÇÕES DE IDENTIDADES DE GÊNERO E SEXUALIDADE NA EDUCAÇÃO FÍSICA ESCOLAR

*Márcia Gonçalves Vieira*
*Samilo Takara*

## Introdução

Analisar relações de gênero na sociedade contemporânea intermediada pelos Estudos Culturais, exige observar o indivíduo e sua posição como cidadão no contexto cultural, econômico, político, ético e estético por ter sua construção de identidade atravessada por experiências variadas, que a todo instante pode ser modificada, ou seja, o que se é hoje poderá não ser mais amanhã, porque existem atravessamentos que nos fazem mudar o modo de ser, agir e pensar enquanto existência.

Hall (2006, p. 12) explica que a identidade não é "fixa, essencial ou permanente", mas está em constante transformação. O que nos leva a pensar sobre os espaços que adentramos ou como somos atravessados nesse processo de mudanças. E, nesse contexto, nos remetemos ao desenvolvimento das tecnologias que resultaram na internet, gerando impactos no modo como as pessoas passaram a se comunicar umas com as outras e até mesmo saindo da posição de apenas receptoras para também serem produtoras de conhecimentos e produtos culturais disseminados na sociedade por recursos tecnológicos englobados ao seu uso.

Diferentes artefatos midiáticos são acessados e utilizados por diferentes pessoas. Um exemplo são os smartphones, que com o desenvolvimento de câmeras e capacidade de produção de vídeo, fotos e sons, têm mudado a dinâmica de produção de diferentes publicações nas redes sociais, como é o caso do Instagram e do TikTok. Pensando nas mudanças causadas pelo uso das tecnologias, este texto analisa as possíveis influências da cibercultura nas construções de identidade de gênero e sexualidade nas aulas de Educação Física. Esta análise embasa-se na compreensão de que essas dinâmicas de produção, divulgação, acesso e interação desses conteúdos têm mudado as relações entre os corpos, as mídias e as pedagogias que se constituem nessas relações.

Lévy (1999) explica que cibercultura é a interação e troca de conhecimentos e saberes entre pessoas com o uso das tecnologias artificiais virtuais, engendrando práticas e hábitos que são incorporados nas chamadas redes sociais universais, como únicas detentoras de verdades. Mas Hall (2006) afirma que esse sujeito pós-moderno tem identidades outras, que se fundem ao tempo contemporâneo e que pode ter anseios diferentes dos que seus pais demonstram ou demonstraram em algum momento.

Esses modos de ver o espaço interativo social passaram por mudanças no decorrer do tempo, pois, se antes a educação dos(as) filhos(as) era de responsabilidade da família, da escola e do Estado, de acordo com Camozzato (2007, p. 26), adquirindo outros conceitos, agregando outros espaços educativos que podem ser desde um teatro, uma praça pública, um museu, um estádio de futebol, dentre estes estão também as escolas e os espaços virtuais, com separações do que é de homem ou de mulher, veiculados pela cibercultura.

Nesse contexto, a questão problematizadora do estudo é: como a cibercultura pode influenciar nas construções de identidade de gênero e sexualidade nas aulas de Educação Física?

O objetivo geral consiste em analisar as influências da cibercultura nas construções de identidade de gênero e sexualidade nas aulas de Educação Física. Como objetivos específicos da investigação temos: analisar as possíveis influências nas construções de gênero e sexualidade veiculadas nas mídias; destacar as possíveis influências da cibercultura nas construções de gênero e sexualidade nas aulas de Educação Física.

A metodologia é de abordagem qualitativa, com procedimento documental e bibliográfico.

## 1 Relações de gênero e educação do corpo mediados pelas mídias

Cada vez mais pessoas estão sendo levadas a relações virtuais, substituindo o contato físico pelo digital, fascinadas pelos conteúdos das mídias. Takara e Teruya (2015) destacam como a idealização de um corpo esteticamente perfeito, promovida pelas mídias, induz os receptores a desejarem esse padrão estigmatizado. Isso leva muitos a se submeterem a dietas rigorosas e até cirurgias plásticas, como implantes de silicone, na tentativa de se enquadrar nos padrões de beleza impostos (Quevedo, 2003).

Entretanto, no ciberespaço, também existem interações interceptadas, que fazem com que a pessoa haja de forma crítica, não como se fosse um boneco de manipulação pelos sistemas de consumo de produtos e conhecimentos, dependendo de como compreende as informações, podendo construir outros sentidos e significados (Hall, 1994). Portanto, observa-se interesses e reações múltiplas por trás das janelas virtuais que objetivam vender algo e em frente a essa tela existem pessoas reais, que podem ser manipuladas ou não pelo fascismo mental, conquistando-as ou não a mudarem suas atitudes, metas e valores.

> A fissura entre a promessa da democratização da cultura e a consequente universalização da formação é fator indicativo da cumplicidade entre o discurso oficial emancipatório e as relações materiais que se aferram na dominação e na exploração das naturezas interna e externa. A sociedade tecnificada, a qual se afasta cada vez mais da sua função original de contribuir para o fim das necessidades, exige a manutenção do sofrimento humano para a consagração de sua existência (Zuin, 2001, p. 15).

A internet é um mundo cibernético paralelo ao físico, criado pelo ser humano, mas que ao longo da história transpõe fronteiras e dessa forma interfere no agir, pensar e existir, pois essas atitudes estão no domínio das ações humanas interpeladas por relações de poder, disseminadas por discursos de verdade, que, segundo Foucault (2009), podem reverberar ou rarefazer dependendo das intenções e as reações diante dos atravessamentos sujeitados, como:

> Use isto diz a revista Vogue, faça aquilo ecoa a revista Contigo. Desde os cardápios de receitas para a semana, o que usar em festas ou no trabalho, as dicas de comportamento com o chefe, o amigo, no bar e no restaurante, há sempre a orientação de como agir em nossa representação. Basta abrir as páginas dos jornais, ligar a televisão ou se conectar a Internet que diariamente sentimos o discurso de como deve ser a apresentação no cotidiano (Foucault, 2011, p. 159).

A importância de nos apropriarmos das informações tecnológicas e utilizá-las como ferramentas para a construção de conhecimento está em gerar reflexões e ações. O uso consciente de mídias e aparelhos eletrônicos, como celulares e computadores, deve ser observado especialmente durante a infância e a adolescência, fases em que estamos mais suscetíveis a influências externas enquanto construímos nossas identidades.

Nesse processo de construção de identidade, estão envolvidas experiências e vivências que atravessam a existência pessoal e social, pois no ciberespaço podemos adotar outras identidades que não as nossas próprias, mas será que esses atravessamentos nos causam danos? Pesquisas mostram que sim, podem causar danos irreparáveis, porque somos fascinados pela perfeição das coisas, objetos, pessoas, lugares e modos de ser, pensar e agir.

> Com isso estou afirmando que o corpo é educado por meio de um processo contínuo e minucioso, cuja ação vem conformando formas de ser, de parecer e de se comportar. Educa-se o corpo na escola e fora dela: na religião, na mídia, na medicina, nas normas jurídicas, enfim, em todos os espaços de socialização com os quais nos deparamos, cotidianamente, com recomendações, como, por exemplo, sobre o vestuário, a alimentação, o comportamento, a aparência, os gestos, a movimentação, as práticas sexuais, a saúde, a beleza, a qualidade de vida. Educa-se o corpo também no esporte, no lazer e nos projetos sociais (Goellner, 2010, p. 74).

Esses processos educativos interferem no imaginário, levando a reproduzirmos representações que podem não ser com as quais nos identificamos, mas que para agradar ou de forma forçada nos sujeitamos para atender o que a norma nos determina, como submeter-se a dietas mirabolantes e cirurgias plásticas para ter um corpo estético nos moldes naturalizados pelos conteúdos midiáticos. Determinando assim, esse modo de representar o eu e o(a) outro(a), faz com que sejamos aceitos/as ou não nas redes sociais físicas e virtuais, transitando entre os espaços e transformando sua existência (Quevedo, 2003).

Esse existir veiculado pelos meios de comunicação também tem se refletido em todas as esferas desde a familiar até a social, destacando-se nas influências de transformação como na família, que ao longo da história, possuem características unificadas de produções de sujeitos e identidades predeterminadas pela heteronormatividade (Butler, 2003), em que tem-se a visão de pai e mãe como constituintes de uma família, em que os homens são educados para serem os detentores do poder de decisões e as mulheres recebem a educação voltada para ser do lar, esposa, mãe e o cuidado com os afazeres domésticos.

Mas essa cultura educativa passada de geração em geração, entra em crise com o advento da pós-modernidade, que, segundo Hall (2006), traz mudanças nas constituições de identidades de acordo com os atravessamentos que cada indivíduo passa ao longo de sua vida e o desenvolvimento dos meios de comunicações com o uso de plataformas tecnológicas que veiculam informações tornou-se mais acessível a todos(as), ultrapassando fronteiras e espaços de existências, chegando também no espaço escolar, onde ocorrem as primeiras experiências de vivências com outras pessoas, que não sejam mais as do ambiente familiar, podendo ser reproduzidas por meio de práticas pedagógicas fascinantes que mascaram os objetivos que estão por trás de cada ação planejada pelas normas estabelecidas como verdades (Takara; Teruya, 2015).

Essa revolução tecnológica, iniciada no século 20, trouxe mudanças para a sociedade, desde o convívio físico social, até mesmo outras formas de se comunicar, mudando a dinâmica cultural, observação também destacada por Hall (1997, p. 4): "a cultura é agora um dos elementos mais dinâmicos – e mais imprevisíveis – da mudança histórica no novo milênio". Por meio da revolução tecnológica, expandiram-se também a circulação e a troca cultural.

A importância das mídias como campo em que ocorrem as interações e segregação dos sujeitos, que mudam e constroem suas identidades constantemente, é percebida nos modos de pensar e agir diante das experiências e vivências de cada um, sendo atravessados por "discursos de poder" (Foucault, 1971), com interesses outros, entre eles o de manter o domínio, como afirma Hall (1997, p. 5):

> A cultura está presente nas vozes e imagens incorpóreas que nos interpelam das telas, nos postos de gasolina. Ela é um elemento chave no modo como o meio ambiente doméstico é atrelado, pelo consumo, às tendências e modas mundiais. É trazida para dentro de nossos lares através dos esportes e das revistas esportivas [...]. Elas mostram uma curiosa nostalgia em relação a uma comunidade imaginada, na verdade, uma nostalgia das culturas vividas de importantes locais que foram profundamente transformadas, senão totalmente destruídas pela mudança econômica e pelo declínio industrial.

Ainda mais percebida com o desenvolvimento das tecnologias de informação, comunicação e posteriormente a criação dos mundos virtuais, que abriram espaço para novas experiências, histórias, sentimentos, modos outros de ver o mundo e fazer parte dele. Portanto, deve-se relacioná-los também na Educação Física, que trabalha educação de corpos por meio de movimentos diversos, sejam eles físicos ou mentais, tem-se incorporado vivências midiáticas com possibilidades de abordagens pedagógicas que problematizem discursos de verdade (Foucault, 2009) que envolvam raça, gênero e sexualidade, que possam respeitar as individualidades de identidade, sejam eles(as) "Lésbicas, Gays, Bissexuais, Travestis, Transexuais, Queer, Intersexos, Assexuais e outras dissidências de gênero e sexualidade" (Takara, 2020), que dialoga com Louro (2007), preocupada com o silenciamento do sujeito, que não é visto como normal pela sociedade.

> Numa investigação que se ocupe da sexualidade, em vez de examinarmos sexualidades "desviantes" em contraposição à heterossexualidade (tomada como padrão), estaríamos interessadas em saber como a heterossexualidade se tornou "isso", ou seja, o padrão de normalidade. Dito de um modo mais contundente: através de que processos a heterossexualidade se tornou "natural"? Que discursos permitiram que essa verdade fosse admitida como única, singular e universal? Que discursos foram silenciados neste processo? Que outras formas de sexualidade foram empurradas para o lugar ilegítimo, não-natural, inaceitável? Como tudo isso aconteceu? Que outras modificações culturais, sociais, econômicas também estavam acontecendo, neste mesmo tempo? Como essas outras modificações contribuíam para sustentar a verdade da heterossexualidade? (Louro, 2007, p. 241).

A revolução no campo da comunicação tecnológica, trouxe outros modos de informar e comunicar, desde evolução dos meios de comunicação, bem como o planejamento dos conteúdos veiculados por eles nas escolas, possibilitam problematizações sobre o que está sendo naturalizado e reverberado (Foucault, 2009) na sociedade, haja vista, que a existência de identidades, passa por transformações múltiplas, que, de acordo com Heinsfeld e Pschetola (2017, p. 1353):

> A cultura unificada e hegemônica toma a forma de novas identificações heterogêneas e adaptações localizadas, de hibridismos que sintetizam elementos de culturas múltiplas, não se limitando ou se reduzindo a nenhuma delas. Posto isto, torna-se mandatório compreender que revoluções culturais globais causam impacto sobre os modos de viver, seus sentidos e ressignificações, aspirações e mesmo sobre culturas locais, e que geram, como frutos, mudanças sociais e deslocamentos culturais.

Hall (1994) argumenta que as formas de representações e interpretações das informações veiculadas são processos de codificação e decodificação. Cada leitor ou telespectador pode interpretar criticamente ou não os conteúdos veiculados, dependendo de como compreende as mensagens no processo de comunicação. Assim, essas mensagens não geram interpretações únicas, pois variam conforme a compreensão individual do receptor.

> Então, a primeira tomada de posição de "Codificação/Decodificação" e, em parte, a de interromper esse tipo de noção transparente de comunicação para dizer: "Produzir a mensagem não é uma atividade tão transparente como parece." A mensagem é uma estrutura complexa de significados-que não é tão simples como se pensa. A recepção não é algo aberto e perfeitamente transparente, que acontece na outra ponta da cadeia de comunicação. E a cadeia comunicativa não opera de forma unilinear (Hall, 1994, p. 354).

Segundo Hall (1994), as informações podem parecer óbvias, mas estão codificadas com característica preferenciais ou não, e, o sujeito ao ser interpelado, possui interpretações individuais. Portanto, um mesmo conteúdo informado, surtirá efeitos interpretativos diferentes de acordo com o entendimento de cada indivíduo.

Esse processo comunicativo interpelado pelas mídias geram outros modos de comunicar-se, não ficando mais no campo estritamente físico para transitar também pelo virtual. Camozzato (2017, p. 30) afirma que o advento da tecnologia "aproximou ou juntou" novamente pessoas, pois são inúmeros os aplicativos, que dependendo de qual seja a escolha e afinidade, ambos de alguma forma levarão à comunicação.

Desde os utilizados em meados da década passada, até as plataformas atuais, como o Facebook, o Instagram, o aplicativo de comunicação por mensagens e ou ligações instantâneas como o WhatsApp e o TikTok, que fazem movimentos nas vidas dos sujeitos, em que acontecem os atravessamentos. Este último aplicativo tem conquistado adeptos desde as crianças aos adultos, pela dinâmica de aplicação em diferentes assuntos e diálogos, desde o retrato de algo que aconteceu na realidade, até alusões ao que fica na ficção dos desejos imaginários, que na maioria das vezes é reproduzido por meio de áudios ou vídeos, posteriormente postados nas redes sociais virtuais.

Esses locais de encontros virtuais chamados de ciberespaços, em que acontece de tudo, desde situações de acolhimento ou o constrangimento, podem gerar desconfortos outros, colocando o sujeito numa espécie de vitrine, como se este fosse um alienígena, que não pertencesse ao espaço que habita, seja físico ou virtual. Por não ser visto como o padronizado pela sociedade, um corpo gordo ou homossexual, por exemplo. Mas apesar das incertezas nas reações causadas pelas interações, Camozzato (2007, p. 36-37) afirma que:

> Podemos visualizar na contemporaneidade, por conseguinte, todo um movimento incessante de procura do apagamento das marcas das diferenças em prol da construção de um mundo supostamente harmônico e que, por isso, busca minar e desativar o que difere, marcando com uma Identidade o que escorrega, burla, rompe, desenquadra, suja, destoa... das monstruosas jaulas dos contemporâneos parâmetros de normalidade que engessam os sujeitos, seus corpos, seu pensamento... Paradoxalmente mostram-se movimentos de constante abertura à imprevisibilidade e, nesse escopo, creio que a internet configura-se, de modo geral, como uma multiplicadora invejável de visões de mundo, propiciando a construção de redes de pertencimento, expressão de posicionamentos, crenças, valores..., ou seja, se constitui como uma grande vitrine das misérias e grandezas que nós, humanos, passamos.

Para Zuin (2001, p. 11), essas mobilidades de comunicação são observadas com mais atenção na contemporaneidade, porque são dinâmicas, mutáveis e a cada instante conquistam mais adeptos conquistados pelas "consequências da fetichização" independentemente da idade. Mas essas gerações do presente têm o privilégio de escolher quais artefatos utilizar, de acordo com sua finalidade. Dentre eles, estão o Facebook, o WhatsApp, o Instagram e o recente TikTok. Todos são meios que de algum modo atravessam o sujeito e o colocam como espectador, leitor ou personagem principal, que produzirá também conteúdos midiáticos. Lembrando que interligam uns aos outros, formando uma rede.

No entanto, essa interação sem paredes e limites, é canal de transmissão de histórias, culturas e até mesmo normas, que ditam como se deve ser para se enquadrar nos padrões determinados pela sociedade. Corpos que são atravessados e moldados ou não, porque também existem as inquietações causadas por essas imposições do que se é certo ou perfeito a seguir: corpo magro, alto, branco, "o ideal de homem e mulher" (Camozzato, 2007, p. 33), existências outras, táticas de visibilidade e construções de possíveis, incômodos gerados por histórias de resistências atravessadas pelo que a norma diz ser o certo ou o errado, que se não se enquadra o torna invisível na sua forma, cor, gênero e sexualidade, ou seja, o espaço virtual engendra movimentos vindos de seres que de alguma forma são abordados pelo que está em evidência.

Portanto, o ciberespaço é um local de sujeitos transeuntes de características diversas, com histórias únicas, mesmo que em meio a um universo de informações outras, pode-se encontrar corpos de vivências extremas, com sujeições aos modelos de culturas de massa, seja no campo do consumo, que instiga o expectador ao consumo exagerado de produtos materiais ou imateriais ou no modo como deve se comportar e existir na sociedade.

Sujeitos que, de algum modo, são discriminados, Camozzato (2007) mostra-nos discussões de como essas concepções têm gerado incômodos outros que surtem em mudanças outras, pois esses seres existentes no ciberespaço precisam ser vistos, ouvidos, diante das histórias que constroem e são construídas, por serem partes importantes e em constante formação. Haja vista, que ao mesmo tempo são moldadas e construídas identidades que além de habitarem o ambiente virtual, transitam pelo chamado espaço físico e suas existências precisam ser notadas, pois carregam histórias de vidas atravessadas por experiências que de certo modo transformam ou moldam as identidades de cada sujeito.

## 2 Influências da cibercultura nas construções de gênero e sexualidade na Educação Física Escolar

A educação física escolar, assim como outros componentes curriculares, possui possibilidades de experiências e vivências que levam à aprendizagem de conteúdos atitudinais, procedimentais e conceituais, que farão parte da educação e também da construção de identidade de gênero e sexualidade dos(as) alunos(as) pela dinâmica das aulas, que pode ser executada tanto num espaço fechado como uma sala de aula, quanto aberto, como numa quadra, por exemplo.

Independentemente do ambiente e das circunstâncias onde e em que as aulas são realizadas, haverá protagonistas, os(as) alunos(as) e professor(a) que vivenciarão trocas de conhecimentos por meio de conteúdos mediados. Mas esse processo necessita de planejamentos prévios, com objetivos e conteúdos previamente escolhidos de acordo com o currículo escolar, que atendam aos princípios educativos previstos no artigo 53, o qual expressa o dever de ofertar a educação "[...] visando ao pleno desenvolvimento de sua pessoa, preparo para o exercício da cidadania e qualificação para o trabalho", complementado no artigo 58, que "[n]o processo educacional respeitar-se-ão os valores culturais, artísticos e históricos próprios do contexto social da criança e do adolescente, garantindo-se a estes a liberdade da criação e o acesso às fontes de cultura" (Brasil, 1988, n.p.).

Pensar as aulas de educação física, implica incluir a reflexão sobre a prática do(a) professor(a), que é o(a) intermediador(a) entre alunos(as) e as trocas de saberes e conteúdos predeterminados por currículos norteadores, como no momento estão expressos na Base Nacional Comum Curricular (BNCC, 2018, p. 14), que de certa forma são impostos para inclusão nos projetos pedagógicos de cada escola, devendo ser adequados aos contextos regionais e locais, observando os entendimentos da "não discriminação, não preconceito e respeito às diferenças e diversidades".

Sendo assim, é necessário observar o modo como se planeja e executa as aulas, pois estamos lidando com indivíduos que possuem sentimentos, emoções, individualidades, posicionamentos, atitudes e modos de existir e agir particulares, mas que fazem parte do meio social, cultural, político e religioso, que transitam pelo espaço escolar com direitos iguais de permanência, e possuem direito ao acesso à educação no âmbito escolar.

> Entender o pleno desenvolvimento da pessoa deve incluir vidas que não estão caracterizadas como próximas do sistema estereotipado da vida social, incluindo, especificamente, as diferenças expressas por crianças e adolescentes que tem outros fluxos de desejo e prazer e que são parte da comunidade de Lésbicas, Gays, Bissexuais, Travestis, Transexuais, Queer, Intersexos, Assexuais e outras dissidências de gênero e sexualidade (LGBTQIA+) (Takara, 2020, p. 236-237).

A educação física escolar é dinâmica nas amplitudes de aplicação e desenvolvimento das aulas, portanto, as abordagens não ficam num campo fechado como somente o espaço físico, este de certo modo está interconectado ao virtual, que em tempos contemporâneos tem gerado possibilidades de problematizações mediadas pelas mídias impressas, áudio-televisivas, constituídas por diversas culturas, saberes e conhecimentos que compõem a cibercultura.

Martín-Barbero (1987) defende que cada sujeito ao receber uma informação, também pode se tornar participativo, porque ao tomar conhecimento do processo comunicativo, geram-se debates que partem dos meios para as mediações.

E, em tempos contemporâneos, tem-se debatido discursos de verdades (Foucault, 2009) que refletem na Educação Física, relacionados à produção de corpos heteronormatizados (Butler, 2003), reproduzidos nas danças (Marani, 2021), como: homem não pratica balé, por ser especificamente uma prática feminina e ou as modalidades esportivas, como o futebol, as lutas, sendo práticas predominantemente masculinas entre outras práticas sociais, bem como por discriminação religiosa, de modo que não exponha os corpos femininos, vistos como frágeis e por isso poupados das práticas corporais consideradas de grande esforço físico.

> Nesse sentido, o papel do educador é formar alunos capacitados a saber filtrar o conhecimento necessário e confiável; formar pensadores e idealizadores de mundo; formar pessoas pensadoras e formadoras de opinião, ou seja, pessoas autocríticas para atuação e transformação da sociedade no qual está inserida (Pereira, 2014, p. 5).

Dessa forma, a educação física na instituição escolar transita por conhecimentos e vivências culturais e existenciais particulares num meio plural, contribuindo para a construção de identidade de gênero e sexualidade e o ciberespaço tem contribuído para o engendramento de problematizações vindas de atravessamentos que perpassam o campo virtual e o físico, haja vista que os(as) alunos(as) em tempos contemporâneos têm acesso ao uso das tecnologias de informações mais cedo, ou até mesmo desde a fase de bebê, quando é exposto aos meios por intermédio de seus pais.

De acordo com Camozzato (2007), a sociedade reproduz conceitos binários de comportamentos que moldam os sujeitos dentro dos padrões normatizados. Esses discursos se repetem pelos meios de comunicação disseminados pelas mídias, como observados nos conteúdos relacionados ao esporte, por exemplo.

> A educação do corpo, no que se refere à sua dimensão esportiva, inicia-se na infância, ocorrendo de inúmeras e distintas maneiras para meninos e meninas. Uma educação espor-

tiva também se faz por meio de imagens, disseminadas na vida cotidiana em estampas de roupas, pela televisão, pela internet, pelos outdoors, pela mídia impressa, pelas redes sociais etc. As imagens não apenas retratam um corpo, mas também o constituem. Elas colocam em ação uma pedagogia bastante sutil e, por vezes, imperceptível do corpo e do gênero (Altmann, 2013, p. 31).

Os professores de educação física têm a possibilidade de usar esses conteúdos veiculados pela cibercultura, como dispositivos que suscitem aos(às) alunos(as) movimentos de transformação nos modos de ser, pensar e agir na sociedade, partindo do contexto escolar, onde essas culturas transitórias façam parte da formação de sujeitos pensantes, éticos e críticos que não reproduzam práticas de discursos de verdades (Foucault, 2009), como "[a]mbos, menina e menino, estão em movimento; no entanto, enquanto ela brinca de pular corda e de amarelinha, ele parece conquistar o mundo" (Altmann, 2013, p. 32). Esses discursos causam incômodos e atravessamentos, por se mostrar de certa forma impositivo que existam diferenciações e separações por gênero nos tipos de brinquedos, brincadeiras, jogos e vivências sociais que precisem estar de acordo a norma.

Ao observar os comportamentos veiculados nas redes sociais virtuais, surge o questionamento sobre como essas reproduções ocorrem nas aulas de educação física. Notamos que ainda existem separações entre alunos e professores nos espaços escolares, e é necessário considerar se a cibercultura pode influenciar a construção das identidades de gênero e sexualidade nas aulas de educação física.

## Considerações finais

Após estudos de análise sobre como a cibercultura influencia nas construções de identidade de gênero e sexualidade nas aulas de Educação Física veiculadas nas mídias, constatamos que a Educação Física possui inúmeras formas de abordagens pedagógicas. Nessas aulas, os sujeitos são atravessados por diversas influências que os tornam, ou não, meros receptores de informação. Esses indivíduos podem simplesmente reproduzir o que lhes é transmitido ou expressar estranhamentos e resistências ao que lhes causa incômodo.

Em conclusão, a cibercultura desempenha um papel significativo na formação das identidades de gênero e sexualidade no contexto das aulas de Educação Física. Reconhecer essas influências é crucial para desenvolver práticas pedagógicas que promovam uma compreensão crítica e inclusiva, permitindo que os alunos se posicionem de maneira reflexiva e ativa diante das informações recebidas.

O ciberespaço pode ser uma ponte entre o que se veicula na cibercultura, interconectando-se com o físico, sendo que, de uma forma ou de outra, somos acessados pelas informações reproduzidas pelas mídias virtuais. Que de certo modo causam impactos mais rapidamente, por serem de fácil acesso.

Na educação física escolar, esses incômodos são vivenciados nas aulas, observando que os(as) alunos(as) trazem consigo experiências pessoais, portanto, além dos conteúdos ministrados, também existem possibilidades de incluir aqueles que são disseminados pelas mídias, ou seja, é necessário problematizar discursos de separações nas relações de gênero e sexualidade que muitas vezes são mostrados privilegiando discursos heteronormativos.

Esses discursos devem ser problematizados, por fazerem parte do dia a dia nas vidas dos(as) alunos(as), seja no ambiente familiar ou social, e na escola os(as) professores(as) podem despertar nos(as) mesmos(as) comportamentos de resistências, diante do que se é imposto como verdade na cibercultura, de modo que possa contribuir para a educação de sujeitos conscientes dos seus direitos, compreendendo que ao participar das reproduções pedagógicas heteronormativas, que não contraponham os moldes da norma, continuaremos reproduzindo sujeitos binários e excludentes.

O professor de educação física, ao observar os movimentos dos(as) alunos(as) no modo de ser, pensar e agir nas aulas, pode despertar no(a) aluno(a) a capacidade de filtrar as informações disseminadas nos meios virtuais, de forma que não seja levado(a) pela fascinação do que apenas seja considerado como correto e perfeito. Problematizar esses discursos parte do princípio de respeito ao próximo, colocar-se no lugar do outro, seja ele(a) um(a) deficiente físico(a), negro(a), gordo(a) ou magro(a), de estatura alta ou baixa, rico ou pobre, lésbicas, gays, bissexuais, travestis, transexuais, queers, intersexos, assexuais e outras dissidências de gênero e sexualidade. Todos(as) devem ter sua existência, voz e espaços respeitados sem distinções e ou separações.

Pensando nessas mudanças causadas pelo uso das tecnologias, este texto analisou as possíveis influências da cibercultura nas construções de identidade de gênero e sexualidade nas aulas de Educação Física. Embasando-se na compreensão de que essas dinâmicas de produção, divulgação, acesso e interação desses conteúdos têm mudado as relações entre os corpos, as mídias e as pedagogias que se constituem nessas relações.

E a capacidade de processar esses conteúdos informativos de modo que se tornem comunicativos, deve ser observada nas relações de gênero e sexualidade, tendo em vista que, ao se deslocarem no contexto escolar, possibilitam debates que possibilitam a cada pessoa compreender que há outras vivências culturais e que, portanto, não devem ser consideradas universais e fixas.

Após as análises, considera-se que a cibercultura pode influenciar nas construções de identidade de gênero e sexualidade nas aulas de Educação Física, por conter conteúdos ramificados de discursos que tendem a moldar identidades, como veicular imagens e ou práticas que induzam os sujeitos a normatizações de que meninas brincam de amarelinha ou pulam corda e meninos jogam futebol, o que também se observa nas escolas, quando são ofertadas aulas de balé para meninas e lutas para os meninos.

Problematizar a prática pedagógica de modo que respeite cada indivíduo que possuem sentimentos, emoções, individualidades, posicionamentos, atitudes e modos de existir e agir particulares, bem como identidades únicas que passam por transformações ao longo de atravessamentos, incluindo os conteúdos midiáticos nas aulas de educação física, permite criar possibilidades de aprendizagens coletivas de inclusão e respeito ao outro, porque os(as) alunos(as) poderão expor suas opiniões e compreender que existem outros posicionamentos diante do conteúdo abordado.

## Referências

ALTMANN, H. **Educação Física escolar**: relações de gênero em jogo. São Paulo: Cortez. 2013.

AMORIM, L. H. C. Corpo Cyborg e o dispositivo das novas tecnologias. **EnCena**, 4 out. 2016. Disponível em: https://encenasaudemental.com/comportamento/tecnologia/corpo-cyborg-e-o-dispositivo-das-novas-tecnologias/. Acesso em: 8 abr. 2022.

BUTLER, Judith. **Problemas de gênero** – feminismo e subversão da identidade. Tradução de Renato Aguiar. Rio de Janeiro: Civilização Brasileira, 2003.

CAMOZZATO, V. C. Pedagogia do presente. **Educação & Realidade**, Porto Alegre, v. 39, n. 2, p. 573-593. Disponível em: https://seer.ufrgs.br/educacaoerealidade/article/view/34268. Acesso em: 17 fev. 2022.

FOUCAULT, M. **A Ordem do discurso**. Paris: Éditions Gallimard, 1971. Disponível em: https://moodle.ufsc.br/pluginfile.php/1867820/mod_resource/content/1/FOUCAULT%2C%20Michel%20-%20A%20ordem%20do%20discurso.pdf. Acesso em: 2 jan. 2022.

FOUCAULT, M. **Vigiar e punir**: nascimento da prisão. Tradução de Raquel Ramalhete. Petrópolis: Vozes, 1987. 288 p. Disponível em: https://www.ufsj.edu.br/portal2-repositorio/File/centrocultural/foucault_vigiar_punir.pdf. Acesso em: 8 abr. 2022.

FOUCAULT, M. **Sexualidade, corpo e direito**. Organizado por Luiz Antônio Francisco de Souza, Thiago Teixeira Sabatine e Boris Ribeiro de Magalhães. Marília: Oficina Universitária; São Paulo: Cultura Acadêmica, 2011. Disponível em: https://www.marilia.unesp.br/Home/Publicacoes/foucault_book.pdf. Acesso em: 8 abr. 2022.

GOELLNER, S. V. A educação dos corpos, dos gêneros e das sexualidades e o reconhecimento da diversidade. **Cadernos de Formação RBCE**, p. 71-83, mar. 2010. Disponível em: http://revista.cbce.org.br/index.php/cadernos/article/view/984/556. Acesso em: 8 abr. 2022.

HALL, S. A centralidade da cultura: notas sobre as revoluções culturais do nosso tempo. **Educação & Realidade**, Porto Alegre, v. 22, n. 2, p. 15-46, jul./dez. 1997.

HALL, S. **Da diáspora**: Identidades e mediações culturais. Tradução de Adelaine La Guardia Resende *et al*. Belo Horizonte: Editora UFMG; Brasília: Representação da UNESCO no Brasil, 2003. Disponível em: https://hugoribeiro.com.br/biblioteca-digital/Da_Diaspora_-_Stuart_Hall.pdf. Acesso em: 20 maio 2022.

HALL, S. **A identidade cultural na pós-modernidade**. Tradução de Tomaz Tadeu da Silva, Guaracira Lopes Louro. 11. ed. Rio de Janeiro: DP&A, 2006. Disponível em: https://leiaarqueologia.files.wordpress.com/2018/02/kupdf-com_identidade-cultural-na-pos-modernidade-stuart-hallpdf.pdf. Acesso em: 2 abr. 2022.

HEINSFELD, B. D.; PISCHETOLA, M. Cultura digital e educação, uma leitura dos estudos culturais sobre os desafios da contemporaneidade. **Revista Ibero-Americana de Estudos em Educação**, Araraquara, v. 12, n. esp. 2, p. 1349-1371, 2017.

DOI: 10.21723/riaee.v12.n.esp.2.10301. Disponível em: https://periodicos.fclar.unesp.br/iberoamericana/article/view/10301. Acesso em: 4 jun. 2024.

LÉVY, P. **Cibercultura**. Tradução de Carlos Irineu da Costa. São Paulo: Ed. 34, 1999. Disponível em: https://www.giulianobici.com/site/fundamentos_da_musica_files/cibercultura.pdf. Acesso em: 8 abr. 2022.

LOURO, G. L. Conhecer, pesquisar, escrever... **Educação, Sociedade & Culturas**, v. 25, p. 235-245, 2007. Disponível em: https://www.fpce.up.pt/ciie/revistaesc/ESC25/Arquivo.pdf. Acesso em: 20 maio 2022.

MARANI, Vitor Hugo. **Corpo, dança e educação física**: experiências subversivas de gênero e sexualidade? 2021. 225 f. Tese (Doutorado em Educação Física) – Centro de Ciências da Saúde, Universidade Estadual de Maringá, Maringá, 2021.

MARTÍN-BARBERO, Jesús. **Dos meios às mediações**: comunicação, cultura e hegemonia. 5. ed. Rio de Janeiro: Editora UFRJ, 2008.

PEREIRA, V. R. **Os desafios da escola pública paranaense na perspectiva do professor**. Produções Didático-Pedagógicas. Cibercultura, ciberespaço e a reconfiguração da educação física escolar. Universidade Estadual de Maringá, 2014. Disponível em: http://www.diaadiaeducacao.pr.gov.br/portals/cadernospde/pdebusca/producoes_pde/2014/2014_uem_edfis_pdp_elildisceia_fiaux_pereira.pdf. Acesso em: 12 abr. 2022.

QUEVEDO, S. R. P. **Narrativas hipermidiáticas para ambiente virtual de aprendizagem inclusivo**. Tese (Doutorado em Engenharia e Gestão do Conhecimento) – Universidade Federal de Santa Catarina, Florianópolis, 2013.

QUEVEDO, Marina. **A banalização da TV. O corpo da mídia. O corpo do Homem**. Estadão, 2003. Disponível em: http://www.estadão.com.br/artigodoleito/htm/2003/fev/13/289.htm. Acesso em: 17 jul. 2024.

TAKARA, S.; TERUYA, T. K. Por uma Didática Não-Fascista: problematizando a formação docente à educação básica. **Educação & Realidade**, v. 40, n. 4, 2015. Disponível em: https://seer.ufrgs.br/index.php/educacaoerealidade/article/view/46035. Acesso em: 8 abr. 2022.

ZUIN, A. A. S. Sobre a atualidade do conceito de indústria cultural. **Cadernos Cede**, ano XXI, n. 54, ago. 2001. Disponível em: https://www.scielo.br/j/ccedes/a/bcJTkBs5Y6kqjTYdKn6jSyg/abstract/?lang=pt. Acesso em: 29 abr. 2022.

# EDUCOMUNICAÇÃO, INCLUSÃO, USO DE MÍDIAS E TECNOLOGIAS DIGITAIS NA CONJUNTURA DA EDUCAÇÃO E DESENVOLVIMENTO DE CRIANÇAS COM TRANSTORNO DO ESPECTRO DO AUTISMO

*Mislane Santiago Coelho*
*Jaqueline Custodio Chagas Soares*

## Introdução

O presente trabalho busca abordar concepções a respeito da educomunicação, inclusão, uso de mídias e tecnologias digitais na conjuntura da educação e desenvolvimento de crianças com Autismo. O Transtorno do Espectro do Autismo (TEA) é uma perturbação neurobiológica que apresenta características de alterações graves na socialização e na comunicação, o que leva esses sujeitos a serem considerados pessoas com deficiência para todos os efeitos legais.

Assim propõe-se verificar a história e processos de inclusão do Autismo no Brasil, bem como a participação e influência da educomunicação nesses fatos, e ainda, o uso de mídias e tecnologias em benefício das crianças com Transtorno do Espectro do Autismo. A abordagem metodológica da pesquisa foi um ensaio teórico qualitativo do tipo bibliográfico.

Para tanto, recorreu-se aos sites: Plataforma Sucupira, Periódicos Capes e Google Acadêmico. Concepções teóricas propostas por Lopes (2019), Mello (2013), Pinhal (2017), Soares (2014), Brites e Brites (2019), Barros (2007), Morán (2015), Orrú (2019), Macedo e Orsati (2011), entre outros. Pretende-se com esta pesquisa evidenciar a importância da Educação inclusiva e digital frente à educação e ao desempenho de crianças com Transtorno do Espectro do Autismo, de modo que a partir da contribuição deste estudo, vislumbre-se oportunidades e usos de recursos tecnológicos em benefício de crianças com Autismo partido assim para uma perspectiva de educação atual e inclusiva.

A criança com Autismo apresenta várias singularidades em seu desenvolvimento, tratando-se de um distúrbio de causas neurobiológicas, caracterizado por *déficit* na comunicação e na interação social. Dessa maneira, faz-se necessário trabalhar as habilidades e potencialidades dessas crianças, assim analisar as formas em que esse sujeito pode aprender, são iniciativas fundamentais para contribuir para o seu processo de desenvolvimento.

Tendo em vista o mundo tecnológico e globalizado do qual fazemos parte, auxiliar no desenvolvimento de uma criança com necessidades educacionais especiais, requer atenção especial, buscar metodologias e recursos que possam contribuir na comunicação e na interação social desses sujeitos, vislumbram possibilidades de sucesso em seu desempenho acadêmico e social.

Atualmente muito tem se discutido sobre a importância do uso das tecnologias da informação e da comunicação frente às questões educacionais e à inclusão de crianças com Autismo, diante das mudanças vivenciadas no mundo todo, o uso dessas ferramentas ultimamente se tornou inevitável diante do cenário educacional, o uso de tecnologias digitais passou a fazer parte da vida de crianças típicas e atípicas. Dessa maneira, passa-se a exigir que professores assumam práticas pedagógicas diferentes, práticas que envolvam conteúdos relacionados à informação, à comunicação e à tecnologia, partindo de temáticas criativas, atuais e democráticas, surgindo assim a figura do professor Educomunicador, que contemplará sua experiência a partir de um campo téorico-prático chamado Educomunicação. Assim, tenciona-se analisar conceitos sobre Educomunicação, história e inclusão do Autismo no Brasil, bem como posteriormente como a utilização de mídias e tecnologias podem beneficiar crianças com Transtorno do Espectro do Autismo.

## 1 Educomunicação, história e processos de inclusão do transtorno do espectro do autismo no Brasil

De acordo com pesquisas bibliográficas realizadas, a história do Autismo no Brasil fora construída a partir de diferentes campos, no qual todos eles, ligados intrinsicamente. De acordo com Lopes (2019), práticas médicas psiquiátricas, mídia impressa, ações de mães de crianças com Autismo, criação de associações e movimentos sociais proporcionarão visibilidade à construção da história do Autismo no Brasil.

Lopes (2019), em sua tese de doutorado, fez um levantamento acerca de publicações sobre o Autismo no Brasil, destaca que a partir da década de 50 surgem publicações em periódicos do Rio de Janeiro e Porto Alegre a respeito da temática, entretanto, é ao longo da década de 1970, que a mídia impressa inicia publicações importantes acerca do Autismo.

Nessas publicações, fomentava-se a importância da família, dando destaque ao papel da mãe, para observação de comportamentos de seus filhos, tendo em vista que pouco se sabia sobre o Autismo no Brasil naquela época. Mello (2013) afirma que foram a partir de publicações em jornais que tanto ela como pais de crianças com Autismo foram estabelecendo um processo de identificação quanto aos sintomas descritos nas publicações e as características apresentadas por seus filhos. Segundo a autora, em uma entrevista em 18 de outubro de 1961, no Reino Unido, Helen Allison falou ao programa *Women's Hour* da BBC de Londres sobre Joe, seu filho com Autismo, tal entrevista provocou um tremendo impacto: ao término do programa, seguiu-se um mar de cartas de pais que identificaram, em seus filhos, os mesmos sintomas descritos por Helen. Assim a autora assegura:

> A conscientização gerada pela entrevista fez com que pais se reunissem na casa de um deles e, no início de 1962, fundassem a primeira associação no mundo de pais de crianças com autismo, a *National Autistic Society*. A NAS começou estabelecendo três objetivos principais: abrir uma escola para crianças com autismo, uma residência para os adultos e criar um serviço de informação e apoio para outros pais (Mello, 2013, p. 16).

No mesmo viés, surge no Brasil no ano de 1983 a primeira Associação de amigos de Autistas (AMA), em São Paulo, formada por pais de crianças com Autismo interessados em se unir, para buscar, elaborar e divulgar conhecimentos a respeito do Autismo, organizaram eventos em prol da causa, conforme descrito por Mello (2013, p. 22):

> O Encontro de 1984 foi importante por nos mostrar que havia muitas pessoas interessadas em autismo e que havia mais pessoas solidárias do que tínhamos imaginado. Nosso primeiro encontro também chamou a atenção da mídia, tanto que, em 19 de fevereiro de 1984, a jornalista Marina Teixeira de Mello fez uma reportagem para o jornal "Folha de São Paulo" com chamada na primeira página. [...] Continuamos trabalhando pela divulgação do autismo e por opções para os nossos filhos e, em 22 de outubro de 1985, o jornal "O Estado de São Paulo" publicou, na coluna dos leitores uma carta nossa pedindo socorro que teve uma

grande repercussão. Mas a grande virada da AMA se deu em 1987, com a campanha "Você sabe o que é autismo?", que passou em rede nacional em horário nobre em todos os canais de TV, inclusive na TV Globo.

A pesar de o termo Educomunicação ter no Brasil seu marco inicial em 1996, com a criação do Núcleo de Comunicação e Educação (NCE) na cidade de São Paulo, com o objetivo de ampliar estudos sobre a relação entre Educação e Comunicação (Pinhal, 2017), podemos perceber que a partir das informações anteriormente mencionadas é possível verificar que os conceitos de Educomunicação estão presente na história do Autismo há tempos, pois foi a partir da divulgação, e da comunicação de informações a respeito dos sintomas do Autismo, que pais e demais profissionais passaram ter conhecimentos, buscar, planejar, elaborar e lutar por causas sociais em benefício de crianças com Autismo. De acordo com Soares (2014), Educomunicação pressupõe a autonomia epistemológica de sua ação, e assevera:

> A Educomunicação dialoga com a Educação, tanto quanto com a Comunicação, ressaltando, por meio de projetos colaborativamente planejados, a importância de se rever os padrões teóricos e práticos pelos quais a comunicação se dá. Busca, desta forma, transformações sociais que priorizem, desde o processo de alfabetização, o exercício da expressão, tornando tal prática solidária fator de aprendizagem que amplie o número dos sujeitos sociais e políticos preocupados com o reconhecimento prático, no cotidiano da vida social, do direito universal à expressão e à comunicação (Soares, 2014, p. 10).

Assim, percebemos que a Educomunicação é essencial até os dias de hoje frente à questão do Autismo, no momento em que, a partir da ciência de conhecimentos sobre as características do quadro, as formas de lidar e ainda as possibilidades e maneiras da aprendizagem desses sujeitos são divulgadas em redes sociais, entrevistas, livros, filmes, pesquisas científicas, temos a possibilidade de nos apropriar dessas informações e transformá-las em práticas educativas que venham contribuir para a autonomia e melhor qualidade de vida desses sujeitos.

A resiliência das famílias, amigos, profissionais da educação, profissionais da saúde que estão em contato com crianças com Transtorno do Espectro do Autismo (TEA), encontra-se exatamente no processo de transformação da sociedade diante das atitudes de preconceitos sofridos por essa comunidade.

O dia 2 de abril ficou instituído, pela Organizações das Nações Unidas (ONU), como dia Mundial da Conscientização do Autismo, que busca a cada dia garantir os direitos da pessoa no TEA, bem como superar os desafios instituídos nas políticas públicas, na escola e na sociedade (Brites; Brites, 2019)

No ordenamento jurídico brasileiro, por diversas vezes, as palavras Diversidade Cultural e Inclusão aparecem no sentido de construir uma sociedade culturalmente diversificada e inclusiva. Barros (2007) propõe uma tríplice dimensão dessa relação: em Dimensão Política a cultura é que cria as condições para a vida coletiva, portanto, funda a experiência pública. Dimensão Social, a cultura é condição para a cidadania pensada como inclusão e pertencimento. Dimensão Econômica, a cultura é geradora de renda: empregos, salários e tributos.

Ao pensarmos nos caminhos delimitados na contemporaneidade de escolas que trabalham com a fundamentação de educação inclusiva, futuramente, teremos mais facilidade em lidar com esse público, pois a experiência da aprendizagem cultural nas instituições escolares, possibilitando assim influências culturais positivas a respeito da educação para crianças no TEA.

> A escola é um aparelho de reprodução inevitável, e necessário a sociedade e da cultura dominante, mas também pode ser-e tem sido- um instrumento de reconstrução de ambas, se tem um projeto adequado e desenvolve-o de forma coerente. Por isso, possui suas regras em relação aos conteúdos que seleciona, utiliza canais específicos na transmissão de experiência e provoca aprendizagens peculiares. A escolarização é um aparelho de enculturação específico que não é nem passivo diante dos fatos e valores culturais, nem necessariamente respeitoso para com as culturas em sentido étnico: seu verdadeiro sentido reside em ser transformadora (Sacristan, 2001, p. 221).

A cultura de inclusão é o vértice no quesito da educação para pessoas com TEA, assim esta se faz por um conjunto de valores e ações, que a partir das mudanças de práticas pedagógicas venham acolher e tratar de maneira justa e igualitária a educação para portadores de necessidades especiais, as quais incluem as pessoas com TEA. Brites e Brites (2019) asseguram que didaticamente as ações da instituição que recebe o aluno com TEA envolve aspectos físicos, capacitação e atualização de gestores e professores, o uso de materiais, estruturas organizacionais, tecnologias assistivas e cuidadores, e ponderam:

> A escola deve buscar materiais variados para embasar as práticas pedagógicas, uma vez que pode receber em seu grupo de alunos os mais diversos tipos de pessoas com Autismo. Deve inclusive, estar preparada para eventual uso de tecnologia digital para determinadas aprendizagens nos autistas que precisam de recursos para alavancar a memorização e a motivação (Brites; Brites, 2019, p. 142).

Assim percebemos que essa cultura de inclusão estipulada e necessária diante do público de crianças com TEA, exige uma mudança de modos e práticas de ensino, pois estas não surtem efeitos com os meios tradicionais de ensino, exige-se um professor educomunicador, que se aproprie de teorias do comportamento, teorias de desenvolvimento, da linguagem e ainda, a inserção e utilização de mídias e recursos metodológicos e tecnológicos, na intencionalidade educativa da criança com TEA.

## 2 O uso de mídias e tecnologias em benefício das crianças com transtorno do espectro do autismo

Na atualidade, o avanço das tecnologias tem modificado as formas de ser, agir e pensar do homem, assim ressignificar as formas de ensino, introduzir uso de recursos tecnológicos e midiáticos tem se tornado uma das exigências da atualidade frente às demandas educacionais.

> O que a tecnologia traz hoje é integração de todos os espaços e tempos. O ensinar e aprender acontece numa interligação simbiótica, profunda, constante entre o que chamamos mundo físico e mundo digital. Não são dois mundos ou espaços, mas um espaço estendido, uma sala de aula ampliada, que se mescla, hibridiza constantemente. Por isso a educação formal é cada vez mais blended, misturada, híbrida, porque não acontece só no espaço físico da sala de aula, mas nos múltiplos espaços do cotidiano, que incluem os digitais. O professor precisa seguir comunicando-se face a face com os alunos, mas também digitalmente, com as tecnologias móveis, equilibrando a interação com todos e com cada um (Morán, 2015, p. 16).

Proporcionar um ensino a partir de pontos de interesse e de metodologias inovadoras e atuais, contempla aproximação de conteúdos educativos à realidade do educando, proporcionando assim, possibilidades de desempenho acadêmico, social, cognitivo, linguístico e emocional.

> As metodologias precisam acompanhar os objetivos pretendidos. Se queremos que os alunos sejam proativos, precisamos adotar metodologias em que os alunos se envolvam em atividades cada vez mais complexas, em que tenham que tomar decisões e avaliar os resultados, com apoio de materiais relevantes. Se queremos que sejam criativos, eles precisam experimentar inúmeras novas possibilidades de mostrar sua iniciativa. Desafios e atividades podem ser dosados, planejados e acompanhados e avaliados com apoio de tecnologias. Os desafios bem planejados contribuem para mobilizar as competências desejadas, intelectuais, emocionais, pessoais e comunicacionais (Morán, 2015, p. 16).

Para crianças com TEA, essa perspectiva também se aplica, sabendo que crianças com autismo apresentam como principais sintomas, segundo o DSM-V: inadequada interação social, dificuldade de comunicação social e comportamentos repetitivos e interesses restritos (Brites; Brites, 2019), trabalhar o ensino a partir de metodologias inovadoras e atuais, tem possibilitado despertar seus interesses, possibilitando desenvolver capacidades cognitivas, sensoriais e interacionais a partir de seus pontos ótimos. Orrú (2019, p. 173) estabelece que:

> O eixo de interesse, quando explorado, permitirá o conhecimento do potencial e das habilidades do aprendiz com autismo, referendará seu "ponto ótimo" e trará possibilidades de também se identificar e planejar estratégias de desenvolvimento em outras habilidades ainda não desenvolvidas sem, contudo, sempre frisar, o que ele não saber fazer, ou que não consegue fazer, ou daquilo que nunca será capaz de fazer segundo influência cultural dos critérios diagnósticos.

Segundo a autora, trabalhar os pontos ótimos dos aprendizes com Autismo é aproveitar ao máximo aquilo que ele se mostra capaz de fazer, é respeitar suas limitações, é promover etapas integrando novos saberes relacionados ao seu eixo de interesse. A partir dessas descobertas, o uso do computador tem sido utilizado e tem contribuído essencialmente para o despertar de potencialidades de crianças com Autismo.

> Instrumento promissor para indivíduos com distúrbios do desenvolvimento é a utilização de computadores. Tais

tecnologias podem ser usadas tanto para comunicação quanto para o aprendizado. São importantes também por promoverem consistência, motivação e oportunidades de interação e independência, redução de demandas externas e instruções individualizadas (Macedo; Orsati, 2011, p. 247).

De acordo com Brites e Brites (2019), o uso de tecnologia digital tem sido considerado uma das estratégias mais eficazes para o ensino da matemática para crianças com Autismo, afirmam que o computador oferece processos visuais, espaciais, e mostra fatos matemáticos "concretizados" por imagens diretas e objetivas, entretanto ponderam que na tecnologia digital, a aplicabilidade do uso desse recurso deve-se orientar pelas características do quadro do transtorno, pois as dificuldades e as potencialidades são muito variadas, sendo necessária uma customização em cada caso, propõem a criação de um aplicativo acessível aos usuários com Autismo, no qual sejam levados em consideração temas de fascínio e de interesse de cada aprendiz e também que sejam mídias programadas de acordo com nível de escolaridade e as maiores necessidades do estudante com TEA.

Para Orrú (2019), a utilização de tablets no trabalho junto ao aprendiz com Autismo, trata-se do uso de um dos recursos tecnológicos mais avançados, aponta sendo extremamente útil na intenção da interatividade, pois, segundo a autora, por meio de jogos acessíveis e aplicativos, as formas de expressão e comunicação são imensas, contando com o modo atrativo e fácil manipulação de uso. Corrobora também sobre a utilização do tablet frente à utilização do PCS (*Picture Communication Symbols* – Símbolos de Comunicação Pictórica)[6], pois diversas atividades podem ser elaboradas a partir dessa ferramenta, apresenta-se como possibilidade de comunicação entre crianças não verbais e crianças com Autismo que possuem dificuldades para se expressar com os demais, nesse sentido, por meio da comunicação por imagem, conseguem elaborar seu pensamento e indicar o que desejam, o que lhe é perguntado, suas preferências, podendo ainda ser utilizada como ferramenta significativa no processo de inclusão na aprendizagem de criança com Autismo.

No livro *Re-inventar da Inclusão*, Orrú (2017) explora o uso de tecnologias no processo de inclusão de pessoas com deficiência. Ele propõe que a inclusão é de natureza híbrida e precisa ser constantemente reinventada,

---

[6] PCS – *Picture Communication Symbols* (Simbolos de Comunicação Pictórica) é um sistema de comunicação que foi desenvolvido em 1980 e que utiliza desenhos e símbolos para comunicação (MACEDO; ORSATI, 2011, p. 250).

defendendo que todos devem ser tratados igualmente, considerando suas diferenças. Orrú assegura que, na inclusão, a mesclagem de diversas abordagens e perspectivas é uma prática comum e necessária para atender à multiplicidade das diferenças.

> Demanda a mistura de reinvenção de metodologias, pois pressupõe que ninguém aprende da mesma maneira e pelos mesmos caminhos. A inclusão traz para os espaços de aprendizagem as tecnologias assistivas que também têm caráter híbrido, servem para promover a aprendizagem da turma toda e também para que todos usufruam de seus recursos tecnológicos, das ferramentas mais simples até os softwares mais complexos. Ela impõe a necessidade de re-pensar a re-inventar um currículo que seja flexível e que possibilite atender as singularidades de todos aprendizes ao mesmo tempo (Orrú, 2017, p. 66).

Não é possível pensar em processos de inclusão, de comunicação, de interação e de educação sem relacionar as tecnologias, pois no mundo contemporâneo em que vivemos essas questões estão interligadas. No Brasil, no ano de 2015, foi instituída a Lei Brasileira de Inclusão (LBI) (Lei nº 13.146, de 6 de julho de 2015), que se destina a assegurar e promover, em condições de igualdade, o exercício dos direitos e das liberdades fundamentais da pessoa com deficiência, visando à sua inclusão social e à sua cidadania, trata dos direitos à saúde, à educação, à moradia entre outros. Em seu capítulo segundo, dá destaque às questões de acessibilidade à informação e à comunicação da pessoa com deficiência, garantindo-lhes as tecnologias assistivas, softwares adequados ao sistema de tecnologias, a fim de desenvolver habilidades funcionais, promover sua autonomia e participação social (Brasil, 2015).

A inclusão digital e social de crianças com Autismo, torna-se essencial para o desenvolvimento de suas capacidades de comunicação e interação, intelectual e cognitiva, bem como serve como experiência de inclusão que pode ser capaz de transformar espaços educativos e sociais, para uma sociedade mais justa e solidária.

## Considerações finais

Pensar nos processos de inclusão no ambiente escolar relacionados à criança com Transtorno do Espectro do Autismo, remete-nos a pensar em nós mesmos, o que sabemos sobre os processos de inclusão, quais conhecimentos temos para exigir dos professores que saibam como trabalhar com essas crianças com Autismo, no mundo atual. Que visão temos do futuro, se inicialmente não olharmos para o presente, e neste intervir respeitando seu passado e se atentando para as mudanças ocorridas, tanto globalmente quanto localmente?

O conceito de Educomunicação nos faz refletir a respeito das influências que recebemos atualmente, como essas informações tem nos atravessado e se tornado conhecimento, a fim de uma comunicação para a educação. Almeja-se professores que sejam capazes de ressignificar processos de aprendizagem e inclusão, e partir disso transformar a maneira das pessoas enxergarem o próximo, portanto a escola como espaço acolhedor e dinamizador de experiências locais e globais, deve tomar para si essa, missão, assim tornar-se um espaço inovador, que proporcione a construção de culturas e saberes que valorizem a diferença.

A criança com Autismo, assim como as demais crianças, merecem apropriar-se deste mundo que lhe é posto, repleto de tecnologias, que fazem parte de seu dia a dia, excluir do ensino esses recursos, é deturpar-lhe o despertar de suas possibilidades e potencialidades de aprendizagem, pois a partir do uso direcionado e programas de recursos tecnológicos e midiáticos, é possível trabalhar estímulos de desenvolvimento sensorial, tátil, auditivo, de linguagem, de atenção e concentração, físico e motor, emocional e cognitivo. A escola precisa ser lugar de conhecimentos a partir de experiências prazerosas e atuais, que facilite o acesso à informação e a comunicação, que se aproprie dessas ferramentas como recursos favoráveis para a criança que apresenta dificuldades. Recursos tecnológicos como citados pelos autores podem ser trabalhados para proporcionar experiências de inclusão, tendo em vista que não se pode trilhar um caminho único com métodos a serem seguidos para o sucesso da inclusão, porém é possível construir novas culturas, saberes e práticas plurais em espaços educacionais que tragam benefícios para a vida do aprendiz com Autismo.

## Referências

BARROS, J. M. **Cultura, mudança e transformação**: a diversidade cultural e os desafios de desenvolvimento e inclusão. *In*: ENECULT – ENCONTRO DE ESTUDOS MULTIDISCIPLINARES EM CULTURA, 3. 2007, Faculdade de Comunicação/UFBa, Salvador. Disponível em: http://www.cult.ufba.br/enecult2007/ JoseMarcioBarros.pdf. Acesso em: 16 maio 2022.

BRASIL. **Lei nº 13.146, de 6 de julho de 2015.** Institui a Lei Brasileira de Inclusão da Pessoa com Deficiência (Estatuto da Pessoa com Deficiência). Brasília, DF: Presidência da República, 2015. Disponível em: http://www.planalto.gov.br/ ccivil_03/_ato2015-2018/2015/lei/l13146.htm. Acesso em: 18 maio 2022.

BRITES, L.; BRITES, C. **Mentes Únicas.** São Paulo: Editora Gente, 2019.

LOPES, A. B. **NÃO EXISTE MÃE-GELADEIRA:** Uma análise feminista da construção do ativismo de mães de autistas no Brasil (1940-2019). Tese (Doutorado em Ciências Sociais Aplicadas) – Universidade Estadual de Ponta Grossa, Ponta Grossa, PR, 2019. Disponível em: https://tede2.uepg.br/jspui/bitstream/prefix/2922/1/BRUNA%20ALVES%20LOPES.pdf. Acesso em: 17 maio 2022.

MACEDO, C. E.; ORSATI, F. Comunicação Alternativa. *In:* SCHWARTZMAN, J. S.; ARAUJO, C. A. **Transtornos do Espectro do Autismo.** 1. ed. São Paulo: Menon, 2011.

MELLO, A. M. S. R. **Retratos do Autismo no Brasil.** São Paulo: AMA, 2013.

MORÁN, J. **Mudando a educação com metodologias ativas.** 2015. Disponível em: http://www2.eca.usp.br/moran/wp-content/uploads/2013/12/mudando_moran. pdf. Acesso em: 16 maio 2022.

ORRÚ, S. E. **O re-inventar da inclusão**: os desafios da diferença no processo de ensinar e aprender. Petrópolis, RJ: Vozes, 2017.

ORRÚ, S. E. **Aprendizes com autismo**: aprendizagem por eixos de interesses em espaços não excludentes. Petrópolis, RJ: Vozes, 2019.

PINHAL, A. L. C. F. Reflexões sobre Educomunicação e Cidades Educadoras. *In:* ZUIM, A. L. A. *et al.* (org.). **Processos Comunicativos, Educação e Linguagens.** Porto Velho, RO: Edufro, 2017.

SACRISTAN, J. G. **Educar e Conviver na Cultura Global.** São Paulo: Editora Artmed, 2001.

SOARES, I. de O. **Educomunicação e Educação Midiática**: vertentes históricas de aproximação entre Comunicação e Educação, 2014 Disponível em: https://www. revistas.usp.br/comueduc/article/view/72037/87468. Acesso em: 13 maio 2022.

# EDUCOMUNICAÇÃO: UMA ANÁLISE DE SUA IMPLEMENTAÇÃO COMO POLÍTICA PÚBLICA EDUCACIONAL

*Juliene Rezende Oliveira Vieira*

## Introdução

As políticas públicas são desenvolvidas pelo Estado, por meio de ações que visam ao cumprimento dos direitos previstos nas legislações, garantindo o bem-estar da sociedade. O Estado tem papel fundamental para a eficiência e a efetividade das políticas públicas, visto ser necessário que se cumpram as fases de planejamento, implementação e avaliação.

É extremamente importante desenvolver políticas públicas educacionais para o avanço da qualidade educacional no país. Desse modo, enquanto política pública, a educomunicação é muito relevante, pois a escola deixou de ser o único ou principal meio de prover conhecimento aos estudantes, uma vez que o desenvolvimento de novas tecnologias, cada vez mais acessíveis, favorece a presença da mídia no cotidiano das pessoas. Nesse contexto, apresenta-se a seguinte questão: como a educomunicação pode ser um meio facilitador do entrosamento social e das práticas pedagógicas no ambiente escolar?

Para responder a esse questionamento, este trabalho se reveste de pesquisa bibliográfica, fundamentada em artigos, dissertações e teses sobre a temática, além de estudos de diversos teóricos, como Soares (2002), Tavares Junior (2007), Freire e Carvalho (2012), Citelli (2014) e Rodrigues (2010).

O presente artigo tem como objetivo analisar a implementação da educomunicação como política pública educacional, uma vez que, quando aplicada no ambiente escolar, a educomunicação contribui de forma significativa para melhorar o diálogo, a participação e a criatividade em espaços formais e informais de aprendizagem, "[...] um campo de reflexão e intervenção decorrente dos novos modos de organizar, distribuir e receber o conhecimento e a informação" (Citelli, 2014, p. 70).

Este artigo está organizado em duas seções: a primeira contextualiza a educomunicação para além de um conceito; a segunda traz uma abordagem das possíveis contribuições da educomunicação para as políticas públicas educacionais. Em seguida, apresentam-se as considerações acerca da pesquisa desenvolvida.

Espera-se, com este trabalho, oportunizar uma reflexão para que se tenha mais incentivos para o uso da educomunicação a favor de um mundo melhor, a partir de políticas públicas educacionais que contribuam para a construção de ecossistemas comunicacionais no contexto escolar.

## 1 Educomunicação para além de um conceito

A educação e a comunicação são áreas que possuem inúmeros pontos convergentes e ambas são importantes para promover transformações e mudanças sociais. Juntas, a educação e a comunicação oportunizam a democratização da informação, da cultura e do conhecimento em prol de uma construção social baseada na cidadania. Freire e Carvalho (2012, p. 1) afirmam que "a convergência das duas áreas, educação e comunicação, criando um novo campo do saber, a Educomunicação, busca um objetivo comum que é a construção da cidadania".

Importante enfatizar que o uso da comunicação como ferramenta pedagógica não é uma prática recente no processo de ensino e aprendizagem. Em meados de 1960, Paulo Freire já reforçava que a educação a cada dia estaria mais interligada à comunicação. Conforme Citelli (2004), a inter-relação educação/comunicação foi a impulsionadora da expansão do mundo midiático no século 20, por meio da imprensa escrita, da televisão e do rádio, meios pelos quais se reorganizaram os conceitos de ensino-aprendizagem, conhecimento e educação. Nesse sentido, Schaum (2004) afirma que:

> [...] a inter-relação comunicação e educação cadeias semióticas que se apresentam transversalmente como imagens e formas de atuar com e para comunicação no contexto da educação e da cultura, que podemos denominar fluxos informacionais que vão ecoar diante das singularidades dos grupos, comunidades e indivíduos propiciando o surgimento das articulações comunicativas peculiares (Schaum, 2004, p. 22).

Dessa forma, determina-se a interação comunicativa entre indivíduos e grupos no compartilhamento mútuo de saberes em torno de suas práticas sociais. Portanto, compreende-se o surgimento da edu-comunicação como uma prática a favor da cidadania e não apenas das reflexões de filósofos e teóricos. Nessa perspectiva, Soares (2011) afirma que a educomunicação não nasceu nas universidades e sim da prática e, principalmente, da militância de processos políticos e ideológicos. Segundo o autor,

> [...] a história nos ensina, na verdade, que tanto a educação como a comunicação, ao serem instituídas pela racionalidade moderna, tiveram seus campos de atuação demarcados, no contexto do imaginário social, como espaços independentes, aparentemente neutros, cumprindo funções específicas: a educação administrando a transmissão do saber necessário ao desenvolvimento social e a comunicação responsabilizando-se pela difusão das informações, pelo lazer popular e pela manutenção do sistema produtivo através da publicidade (Soares, 2011, p. 14).

Assim, a educomunicação evidencia a existência de um processo sistêmico, teórico e prático, que demonstra interdiscursividade e inter-disciplinaridade, surgindo um novo perfil de profissional para atuar na educação mediada por novas tecnologias da comunicação e informação: o educomunicador. Esse novo profissional precisa ser capaz de desenvolver diagnósticos e gerenciar projetos no campo da inter-relação educação/comunicação. O educomunicador vem se tornando cada vez mais popu-lar, em virtude da necessidade de agentes capazes de implementar ações comunicativas, com objetivos educativos. A esse respeito, Soares (2014) comenta que:

> Parte da luta do Movimento Social pela universalização do direito à comunicação, trabalhando para garantir a todos os sujeitos sociais, pela educação, o "acesso à palavra", tradicionalmente negado aos mais pobres e excluídos. O foco desta vertente não é a mídia, em si, mas o processo comunicativo em sua abrangência. O designativo "midiá-tico" aponta para o reconhecimento alcançado pela Teoria das Mediações Culturais que assegura que todos estamos inseridos nos diferentes ecossistemas comunicativos que nos envolve, transitando entre as funções de emissores e de receptores de comunicação [...] O que distingue este protocolo é sua intencionalidade: valoriza a mídia e inclui sua análise e uso como procedimento metodológico, mas vai além dela em seus propósitos e metas. Opera por projetos,

valorizando todas as formas de expressão, especialmente a artística, tendo como objetivo a ampliação do potencial comunicativo da comunidade educativa e de cada um de seus membros (Soares, 2014, p. 18).

São várias as práticas que representam ações educomunicativas, possibilitando que seus praticantes se considerem educomunicadores, dialogando acerca dos parâmetros e procedimentos comuns; porém nenhuma delas esgota o conceito de educomunicação. Miranda (1992) enfatiza que:

> [...] os meios de comunicação não são criadores de ideologia, mas veículos e difusores privilegiados da ideologia dominante que forma todo o tecido social. Em outras palavras: eles não são a "fonte", mas o "canal"; e como tal, sem torna-los absolutos ou mitos, eles funcionam como uma força coesiva e consolidadora de gravitação inegável e, acima de tudo, como um reforço efetivo na moldagem da consciência coletiva (ou não-consciência). Lá eles se encontraram na dimensão não-racional, não-consciente do imaginário, entendida como o lugar da reprodução simbólica dos desejos e aspirações dos sujeitos. Quanto ao papel do receptor no processo, a Leitura Crítica não lhe atribui a função mecânica de passividade. Para que a mídia cumpra seu papel de reforço da hegemonia ideológica, deve haver-e de fato existe-uma certa cooperação, uma certa conformidade do receptor (Miranda, 1992, p. 198).

Então, com a evolução tecnológica na educação e as informações acerca do papel do professor, verifica-se que o modelo adotado de comunicação precisa ser modificado, oportunizando condições de igualdade para a construção do conhecimento, com a participação dos alunos, professores e outros atores da educação.

## 2 Possíveis contribuições da educomunicação para as políticas públicas educacionais

É inegável o papel do Estado para a garantia de direitos e relações que possibilitem à sociedade exercer seu papel, atendendo às demandas das classes trabalhadoras e, consequentemente, efetivando políticas públicas, a partir de um conjunto de ações consideradas diretrizes governamentais, expressando as formas de relacionamento do Estado com a sociedade civil. Nesse contexto, Rodrigues (2010) comenta que:

> Política Pública é o processo pelo qual diversos grupos que compõem a sociedade – cujos interesses, valores e objetivos são divergentes – tomam decisões coletivas, que condicionam o conjunto dessa sociedade. Quando decisões coletivas são tomadas, elas se convertem em algo a ser compartilhado, isto é, em uma política comum (Rodrigues, 2010, p. 13).

Observa-se que, quando efetivadas, as políticas públicas demonstram a concretização dos direitos da sociedade, contribuindo para a formulação dos objetivos e finalidades da atividade estatal. Assim, é importante que, cada vez mais, se tenha a participação da sociedade na formulação, implementação, monitoramento e avaliação das políticas públicas, para que sejam fortalecidas e reconhecidas no país, tornando a sociedade mais justa e com menos desigualdades, aprimorando a democracia e qualificando as políticas públicas.

A tarefa do Estado Democrático é desenvolver ações com objetivo de superar as desigualdades sociais e regionais e oportunizar um regime político que colabore na construção da justiça social, com a participação popular. Os indivíduos inseridos no sistema democrático são constantemente convidados à participação: são chamados a interagir com os meios de comunicação, a participar de partidos políticos, associações, agremiações, entidades nacionais e internacionais etc. Oliveira (2003) destaca 10 princípios da participação, dentre os quais se destacam:

> 1. A participação é uma necessidade humana e, por conseguinte, constitui um direito das pessoas. Como são necessidades básicas a alimentação, saúde, educação, o ser humano tem a necessidade de refletir sobre algo, autovalorizar-se, expressar-se e por fim participar. Privá-lo disso, mutila sua personalidade.
>
> 2. A participação justifica-se por si mesma, não por seus resultados. Uma vez que a participação é uma necessidade e um direito, ela deve ser levada a efeito independente de atingir seus objetivos ou não.
>
> 3. A participação é um processo de desenvolvimento da consciência crítica e de aquisição de poder. Pessoas antes passivas e conformistas transformar-se-ão em pessoas ativas e críticas, ocorrendo descentralização e distribuição do poder (Oliveira, 2003, p. 11-13).

Mediante o contexto apresentado, observa-se o quão valoroso pode ser agregar à gestão mecanismos que possibilitem a participação e o envolvimento de diversos atores em um processo de implantação de políticas públicas. Entretanto um desafio para os gestores consiste em estabelecer o equilíbrio nesse ato, de forma a possibilitar, de fato, a implantação de ações efetivas e exequíveis, que agreguem às decisões do gestor partes positivas obtidas pela participação de envolvidos, os quais são peças fundamentais no processo de implantação de políticas públicas, por serem usuários dos serviços públicos oferecidos.

Como política pública educacional, a educomunicação oportuniza aos estudantes e professores a interação por meio de comunicação, possibilitando que esses agentes não sejam apenas receptores, mas produtores de mensagens no contexto social, que é a comunidade escolar, alcançando também a comunidade externa. Soares (2006) define quatro áreas constituintes da educomunicação:

> 1. Área da educação para a comunicação: consiste nas reflexões em torno da relação entre a comunicação e seus processos (produção, recepção, entre outros) e o campo pedagógico. Tem por objetivo possibilitar a leitura da relação entre os indivíduos e os meios, levando à intervenção nas políticas e processos de comunicação massiva.

> 2. Área da mediação tecnológica na educação: preocupa-se com a utilização das TIC (Tecnologias de Informação e Comunicação) nos processos educativos, em uma perspectiva interdisciplinar e voltada para capacitação ao uso pedagógico e discussão sobre o uso social e político.

> 3. Área da gestão da comunicação no espaço educativo: trata do planejamento, execução e realização de procedimentos e processos que criam ecossistemas comunicativos.

> 4. Área da reflexão epistemológica: compreende a reflexão acadêmica que atribui unidade teórica ao campo e, assim, aprofunda, sistematiza e legitima o campo (Soares, 2006, p. 3).

Cabe ressaltar que todas essas áreas estão intrinsecamente interligadas e voltadas para a ampliação do processo de ensino-aprendizagem, propiciando um ambiente com maior interação. Nessa perspectiva, Soares (2002) comenta que:

> O campo da Educomunicação é compreendido, portanto, como um novo gerenciamento, aberto e rico, dos processos comunicativos dentro do espaço educacional e de seu rela-

cionamento com a sociedade. O campo da Educomunicação incluiria, assim, não apenas o relacionamento de grupos (a área da comunicação interpessoal), mas também atividades ligadas ao uso de recursos de informações no ensino-aprendizagem (a área das tecnologias educacionais), bem como o contato com os meios de comunicação de massa (área de educação para os meios de comunicação) e seu uso e manejo (área de produção comunicativa) (Soares, 2002, p. 264).

São inúmeras as vantagens da educomunicação para a educação, pois gera maior envolvimento com os projetos desenvolvidos, fortalecendo a prática, oferecendo uma perspectiva democrática do uso das tecnologias de informação em favor do desenvolvimento. Marques e Martino (2015) asseguram que:

A comunicação expressa um incontido desejo de estar com o outro, de aceitar o desafio que o outro nos lança por meio de sua singularidade, de sua diferença. O encontro com o outro, em sua dimensão comunicacional, estética e política, se expressa sempre de forma agonística, na qual um indivíduo incita e interpela o outro por meio da dúvida, do estranhamento, do convite à interlocução. É no cotidiano que a comunicação com o outro se fortalece, se redimensiona e redimensiona os sujeitos e o meio no qual se inserem. Comunicar exige o estabelecimento de um sistema normativo e valorativo comum, um conjunto de afetos e ações compartilhadas dentro da relação que se estabelece entre os indivíduos. Nesse processo, o reconhecimento do mundo do outro deve envolver, além de dimensões estéticas, éticas e políticas, uma comunicação ligada às práticas compartilhadas dos indivíduos (Marques; Martino, 2015, p. 35).

A partir da implementação de ações de educomunicação, a escola torna-se um espaço mais propício para o diálogo e troca de experiências entre os membros da comunidade escolar; assim, nesse ecossistema comunicativo, constrói-se um espaço com a participação das várias vozes (alunos, pais, gestores e demais atores da educação) e a escola passa a democratizar não apenas o acesso à informação, como também as possibilidades de produção de informação.

Nesse contexto educomunicativo, vale ressaltar o posicionamento de Tavares Junior (2007, p. 20): "Os objetivos da educomunicação não se relacionam somente ao produto (produções midiáticas), mas principalmente ao processo (visando à construção de ecossistemas comunicativos abertos e democráticos)".

Portanto, a educomunicação permite a ampliação do diálogo, a participação e a criatividade em espaços estratégicos da aprendizagem, introduzindo uma nova forma de organização do trabalho pedagógico, com uma visão diferenciada, em prol do sujeito que aprende.

## Considerações finais

As políticas públicas para a implantação da educomunicação no contexto educacional continuam a ser pensadas como uma possibilidade de construção e reconstrução do conhecimento, de maneira coletiva, com uma reflexão constante e compartilhada do fazer pedagógico.

Dessa maneira, é necessário criar e fortalecer a educomunicação, pensando em espaços educativos que potencializam uma constante troca de informações, oportunizando educação com comunicação e não para a comunicação, ou seja, uma prática que amplie as possibilidades comunicativas estabelecidas entre os sujeitos que participam do processo educativo, favorecendo uma relação mais ativa e criativa desses sujeitos diante das referências midiáticas.

A escola pública deve ser para todos e oferecer educação de qualidade. Nesse sentido, é necessário que, efetivamente, a escola cumpra seus objetivos, visando ao pleno desenvolvimento dos estudantes e ao preparo do exercício de sua cidadania. Políticas públicas educacionais precisam ser lançadas para que se atinja esse objetivo e a educomunicação é uma das políticas que trazem contribuições importantes para a escola.

Salienta-se que as políticas públicas educacionais envolvem decisões políticas que requerem várias ações estratégicas destinadas a implementar objetivos a serem alcançados, com ações articuladas de forma democrática, buscando alterar a realidade em respostas às demandas e interesses coletivos, conquistando a equidade no âmbito educacional, com eficiência e qualidade na aprendizagem dos estudantes.

Conclui-se que a educomunicação apresenta um novo pensar, um novo caminho, colaborando para que as escolas utilizem metodologias mais participativas. Dessa maneira, a sala de aula torna-se um ambiente aberto a discussões, de modo que, ao realizar as atividades, o estudante envolva-se, reflita sobre o que faz, tenha oportunidade de pensar por si mesmo, para além da sua própria aprendizagem, para a aprendizagem de todos.

# Referências

CITELLI, A. **Comunicação e educação**. 1. ed. São Paulo: Senac, 2004.

CITELLI, A. O; BERGER, C.; BACCEGA, M. A.; LOPES, M. I. V.; FRANÇA, V. V. **Dicionário de comunicação**: escolas, teorias e autores. São Paulo: Contexto, 2014.

FREIRE, M. T. M.; CARVALHO, D. W. Educomunicação: construção social e desenvolvimento humano – um relato de pesquisa. *In*: SEMINÁRIO DE EDUCAÇÃO NA REGIÃO SUL, 2012, Porto Alegre. **Anais** [...]. Porto Alegre: UFRGS, 2012. Disponível em: http://www.ufrgs.br/anpedsul2012/anais. Acesso em: 1 jun. 2024.

MARQUES, A. S.; MARTINO, L. S. A comunicação, o comum e a alteridade: para uma epistemologia da experiência estética. **Logos**, Rio de Janeiro, v. 22, n. 2, p. 31-44, 2015.

MARTÍN-BARBERO, J. Heredando el futuro. Pensar la educación desde la comunicación. **Nómadas**, Bogotá, n. 5, p. 10-22, 1997.

MIRANDA, M. **Educación para la comunicación**. Manual latinoamericano. Santiago de Chile: CENECA; UNESCO; UNICEF, 1992.

OLIVEIRA, É. A. de. Participação democrática. Belo Horizonte: PUC Minas, 2003.

RODRIGUES, M. M. A. **Políticas públicas**. São Paulo: Publifolha, 2010.

SCHAUN, Â. **Educomunicação**: reflexões e princípios. 1. ed. Rio de Janeiro: Mauad, 2002.

SCHAUM, Daniel. Reflexões e práticas da inter-relação comunicação/educação na atualidade. [*S.l.: s. n.*], 2004. Disponível em: https://www.redalyc.org. Acesso em: 1 jun. 2024.

SOARES, Ismar de Oliveira. A educomunicação e suas áreas de intervenção. *In*: CUCIO, Alice Mitika K.; SOARES, Ismar de Oliveira (org.). Textos sobre Educomunicação. São Paulo: ABPEducom, 2006.

SOARES, Ismar de Oliveira. Educomunicação: o conceito, o profissional, a aplicação. São Paulo: Paulinas, 2006.

SOARES, I. O. La Comunicación/Educación como nuevo campo de conocimiento. *In*: VALDERRAMA, C. E. **Comunicación-Educación**: coordinadas, abordajes y travesías. Bogotá: Universidad Central, 2000. p. 27-47.

SOARES, I. O. Educomunicação e educação midiática: vertentes históricas de aproximação entre comunicação e educação. **Comunicação & Educação**, São Paulo, v. 19, n. 2, p. 15-26, 2014.

TAVARES JUNIOR, R. **Educomunicação e expressão comunicativa**: a produção radiofônica de crianças e jovens no projeto educom.rádio. 2007. Dissertação (Mestrado em Ciências da Comunicação) – Escola de Comunicações e Artes da Universidade de São Paulo (ECA/USP), São Paulo, 2007.

# AS CONTRIBUIÇÕES DOS RECURSOS MIDIÁTICOS E TECNOLÓGICOS NA EDUCAÇÃO DE SURDOS

*Jaqueline Custodio Chagas Soares*
*Mislane Santiago Coelho*

## Introdução

De acordo com a Lei nº 10.436/2002, a Libras (Língua Brasileira de Sinais) é a forma de comunicação e expressão das comunidades surdas no Brasil no qual o seu sistema linguístico é de natureza visual-motora, fator este que implica diretamente nas práticas pedagógicas desenvolvidas nas escolas, que devem ser planejadas de acordo as suas necessidades educativas. Assim, o presente artigo tem por objetivo elencar as contribuições dos recursos midiáticos e tecnológicos no ensino, aprendizagem e inclusão de surdos, considerando as suas especificidades culturais. Em decorrência desse objetivo, este trabalho abordará sobre os princípios da educomunicação na busca pela formação de cidadãos críticos, participativos, comunicativos e geradores de mídias na sociedade.

A história da educação de surdos foi marcada por várias mudanças. Até o século 15, os surdos eram vistos como pessoas incapazes de aprender e, assim, sofriam com a exclusão social, sem direitos à participação em qualquer atividade social ou possuir algum direito, sendo muitas vezes, sacrificados (Strobel, 2009, p. 18).

Um marco importante no século 16, foi quando o filósofo e médico Girolano Cardano afirmava que a surdez não era impedimento para sua formação, e quando o francês Charles Michel de l'Épée (1712-1789) afirmou que era possível o desenvolvimento da aprendizagem pelas pessoas surdas.

Ao longo da história da educação de surdos, os teóricos apresentaram diferentes concepções e propostas de ensino com o intuito de facilitar a comunicação e a interação social. E foi por meio dos movimentos sociais organizados pela comunidade surda que obtiveram conquistas, principalmente no âmbito educacional, asseguradas em algumas legislações como a Lei nº 10.436/2002, que dispõe sobre a Língua Brasileira de Sinais, no Decreto nº 5.626/2005, que regulamenta a referida Lei, a Lei 13.146/2015, Lei Brasileira de Inclusão e a Lei nº 14.191/2021, que altera a Lei nº 9.394/1996 e dispõe sobre a modalidade de educação bilíngue para surdos.

A luta por melhorias na educação de surdos continua ainda sendo um processo desafiador para essa comunidade, uma vez que é preciso fazer valer os direitos que estão estabelecidos nos documentos citados para que estes possam acompanhar as mudanças da contemporaneidade em sua formação educacional, por meio de práticas que estimulem e desenvolvam o senso crítico, a criatividade e o conhecimento de novas habilidades, considerando as especificidades da Língua Brasileira de Sinais, principalmente pelo seu sistema linguístico ser de natureza visual-motora, como estabelecido na Lei 10.436/2022. Considerando essa característica da Libras, faz-se necessária a utilização de recursos e estratégias que possibilitem uma melhor compreensão das temáticas exploradas em sala de aula.

Dessa forma, este estudo tem por objetivo elencar as contribuições dos recursos midiáticos e tecnológicos no ensino, aprendizagem e inclusão de surdos, considerando os aspectos culturais da comunidade surda, articulando com os princípios da educomunicação, baseado nos estudos de Soares (2000, 2014).

O estudo consiste em uma revisão bibliográfica, que para sua elaboração utilizou-se as plataformas Catálogo de Teses e Dissertações, Scielo, Google Acadêmico, bem como literaturas que abordam sobre a temática com embasamento teórico nos autores: Stumpf (2010), Campello (2008), Soares (2014), Perlin e Strobel (2009), entre outros. Citou-se ainda as principais legislações que fundamentam a educação de surdos no Brasil e que garantem os direitos de inclusão e aprendizagem desses alunos. O resultado da pesquisa demonstrou que o uso dos recursos midiáticos e tecnológicos possibilita uma compreensão mais eficaz e significativa na educação de surdos, uma vez que esses recursos permitem o acesso a novas descobertas, interação, inclusão, educação e comunicação de uma forma atrativa e dinâmica.

O artigo apresenta um breve contexto da história da educação e inclusão de surdos no Brasil, em seguida abordará a utilização de recursos midiáticos e tecnológicos como facilitadores de aprendizagem e geradores de conhecimento, finalizando com as considerações finais.

## 1 Breve contexto histórico da educação e inclusão de surdos no Brasil

Pode-se considerar que a educação de surdos no Brasil, iniciou no ano de 1856, com a fundação do Imperial Instituto de Surdos-Mudos, no Rio de Janeiro, com a chegada de Ernest Huet. Esse processo educacional passou por três métodos de ensino, sendo a oralização, a comunicação total e o bilinguismo.

A metodologia de ensino oralista se estabeleceu após o Congresso de Milão[7], em 1880. Antes desse período, predominava o método do francês de lEpée, baseado num sistema envolvendo sinais, e a outra metodologia baseava-se na oralização, a qual proibia a comunicação com o uso de sinais (Capovilla, 2000). Na metodologia oralista, os surdos eram treinados e obrigados a desenvolver a fala, desconsiderando de fato os seus aspectos culturais, negando a sua língua, identidade e suas experiências visuais.

Como essa metodologia não atingiu o objetivo educacional dos surdos por meio do desenvolvimento da linguagem, os pesquisadores adotaram uma nova proposta de ensino, por volta de 1960, que era a Comunicação Total, uma metodologia que "[...] inclui uma gama de instrumentos linguísticos, ou seja: língua de sinais, língua oral, gestos, fala, leitura labial, alfabeto manual, leitura da escrita, ritmo, dança" (Perlin; Strobel, 2009, p. 20). Segundo as autoras, essa metodologia, por envolver vários instrumentos, prejudicava o aprendizado da língua de sinais, pois a mistura desta com a língua portuguesa resultaria em uma terceira língua, tendo em vista que ambas possuem estrutura e regras gramaticais próprias.

Em 1970, esse método foi substituído pelo Bilinguismo, atual metodologia de ensino utilizada no Brasil, que propõe o aprendizado de duas línguas, sendo a Libras como sua primeira língua e da Língua Portuguesa na modalidade escrita como segunda língua, utilizadas em momentos diferentes.

Para Lacerda, o Bilinguismo,

> [...] contrapõe-se ao modelo oralista porque considera o canal viso gestual de fundamental importância para a aquisição de linguagem da pessoa surda. E contrapõe-se à comunicação total porque defende um espaço efetivo para

---

[7] O Congresso de Milão aconteceu no período de 6 a 11 de setembro de 1880 na cidade de Milão na Itália, com o objetivo de definir o método de ensino para os surdos, por meio de uma votação, em sua maioria por pessoas ouvintes, em que se estabeleceu a metodologia oralista, sendo proibida oficialmente a língua de sinais na educação de surdos. Disponível em: https://www.libras.com.br/congresso-de-milao. Acesso em: 1 jun. 2022.

> a língua de sinais no trabalho educacional; por isso advoga que cada uma das línguas apresentadas ao surdo mantenha suas características próprias e que não se "misture" uma com a outra (Lacerda, 1998, p. 10).

Essa proposta de ensino considera os aspectos culturais do surdo sendo garantidos os seus direitos linguísticos que por muito tempo foi proibido de exercer.

Com o advento da Lei nº 10.436, de 24 de abril de 2002, a Libras passa a ser a língua de instrução das pessoas surdas e das comunidades surdas brasileiras que está regulamentada pelo Decreto nº 5.626, de 22 de dezembro de 2005, em que no capítulo IV aborda sobre a educação para as pessoas surdas,

> Art. 14. As instituições federais de ensino devem garantir, obrigatoriamente, às pessoas surdas acesso à comunicação, à informação e à educação nos processos seletivos, nas atividades e nos conteúdos curriculares desenvolvidos em todos os níveis, etapas e modalidades de educação, desde a educação infantil até a superior (Brasil, 2005, n.p.).

Uma outra conquista está legitimada na Lei nº 14.191/2021, dispondo sobre a modalidade de educação bilíngue para surdos, garantindo o respeito à diversidade humana, linguística, cultural e identitária das pessoas surdas, a formação de professores, o currículo de Libras e o incentivo à produção de material didático bilíngue de surdos. Isso implica diretamente na formação e prática dos professores que atuarão com o estudante surdo, uma vez que é preciso garantir os direitos e o respeito às diferenças linguísticas e culturais, fator que contribui positivamente na aprendizagem e no seu desenvolvimento.

Lacerda (2006) afirma que somente a presença do profissional intérprete de Libras não assegura a inclusão do surdo no ambiente escolar, mas que são necessárias outras providências como a adequação curricular, aspectos didáticos, metodológicos e conhecimento sobre a surdez, haja vista que a Libras é um sistema linguístico de natureza visual-motora, o que torna imprescindível a utilização de recursos visuais e concretos para que facilite a sua compreensão.

De acordo com Freire (2008, p. 5):

> A inclusão é um movimento educacional, mas também social e político que vem defender o direito de todos os indivíduos

participarem, de uma forma consciente e responsável, na sociedade de que fazem parte, e de serem aceitos e respeitados naquilo que os diferencia dos outros.

Para que a inclusão aconteça de fato no ambiente escolar é importante transformar as práticas educativas, rompendo com ideia da homogeneidade de indivíduos nesse espaço, tendo em vista as especificidades de cada ser, e, dessa forma, assegurar os direitos de aprendizagem por meio de propostas que atendam às necessidades educativas dentro de suas especificidades. Para isso, o professor necessita ter sensibilidade, criatividade e formação para desenvolver boas práticas com esse estudante.

Vale ressaltar que a falta tanto de profissionais capacitados e de práticas inclusivas, acarretam em dificuldades no processo de escolarização do surdo, fator relevante para o desinteresse em permanecer no ambiente escolar.

Nesse sentido, faz-se necessário desenvolver metodologias e estratégias no intuito de garantir o acesso aos conteúdos curriculares considerando as suas singularidades culturais, proporcionando uma formação integral conforme preconiza a BNCC (Base Nacional Comum Curricular) (2017), por meio de conhecimento, interação por meio da troca de experiências, possibilitando novas descobertas.

A seguir, serão apresentadas as contribuições da utilização dos recursos midiáticos e tecnológicos como geradores de conhecimentos na educação de surdos.

## 2 Recursos midiáticos e tecnológicos na educação de surdos

É fundamental que no ensino para surdos, os profissionais tenham a compreensão de como esse indivíduo aprende, para que, dessa forma, os professores possam elaborar o seu planejamento, com propostas que atendam às necessidades educativas, utilizando recursos visuais que possibilitem a compreensão, o desenvolvimento cognitivo, por meio de uma comunicação acessível a estes.

Ressalta-se que a comunicação é um direito de todos, e assim como na Constituição Federal de 1988, está garantida também aos surdos desde a Lei nº 10.098, de 19 de dezembro de 2000, em seu capítulo VII, no qual dispõe:

Art. 17. O Poder Público promoverá a eliminação de barreiras na comunicação e estabelecerá mecanismos e alternativas

> técnicas que tornem acessíveis os sistemas de comunicação
> e sinalização às pessoas portadoras de deficiência sensorial e
> com dificuldade de comunicação, para garantir-lhes o direito de
> acesso à informação, à comunicação, ao trabalho, à educação,
> ao transporte, à cultura, ao esporte e ao lazer (Brasil, 2000, n.p.).

A utilização dos recursos midiáticos e tecnológicos pode favorecer a comunicação do estudante surdo, quando utilizados como recurso pedagógico, tendo em vista que estes em sua maioria são explorados de forma visual. Lacerda, Santos e Caetano (2013) enfatizam sobre a importância no ensino para surdos, da utilização de elementos visuais/imagéticos para a compreensão dos conteúdos curriculares, bem como a construção de sentidos e conceitos. Para as pesquisadoras Costa e Santos (2018), as escolas cedem muitas vezes atividades impressas, e, dessa forma, a tecnologia mediaria e facilitaria a construção de conhecimentos.

Campello (2008) corrobora afirmando que o ensino para surdos requer propostas com a visualidade. Esses recursos surgem como facilitadores de comunicação e informação para pessoas ouvintes e surdas, sendo alguns deles, o jornal, revistas, livros, televisão, celular, tablets, computador, notebooks, lousas e mesas interativas etc., com o uso da internet, entre outros, os quais possibilitam o acesso à informação no contexto local e mundial, bem como a facilidade de comunicação entre as pessoas estando próximas ou distantes. Oferecem também inúmeras possibilidades de recursos acessíveis e estimulantes à sua aprendizagem, capaz de promover a compreensão e por meio desta permite expressar suas ideias e compartilhar suas experiências com o outro, desenvolvendo assim, a sua autonomia e construindo sentidos.

Esse processo articula-se com os princípios da Educomunicação que visa experiências relacionadas à comunicação educacional, como possibilidade de conhecimento e expressão. O conceito de Educomunicação é definido por Soares, como:

> [...] um conjunto das ações inerentes ao planejamento,
> implementação e avaliação de processos, programas e produtos destinados a criar e a fortalecer ecossistemas comunicativos em espaços educativos presenciais ou virtuais,
> assim como a melhorar o coeficiente comunicativo das ações
> educativas, incluindo as relacionadas ao uso dos recursos
> da informação no processo de aprendizagem. Em outras
> palavras, a educomunicação trabalha a partir do conceito
> de gestão comunicativa (Soares, 2000, p. 24).

A educomunicação propicia a criação de espaços com intencionalidade educativa, democráticas, midiática, com criatividade e interação dos sujeitos envolvidos. Segundo Soares (2014), a educomunicação dialoga com a educação e a comunicação por meio de projetos planejados em grupo, enfatizando a importância de acompanhar e analisar o processo de como a comunicação é estabelecida.

Para o autor, a educomunicação

> Busca, desta forma, transformações sociais que priorizem, desde o processo de alfabetização, o exercício da expressão, tornando tal prática solidária fator de aprendizagem que amplie o número dos sujeitos sociais e políticos preocupados com o reconhecimento prático, no codidiano da vida social, do direito universal à expressão e à comunicação (Soares, 2014, p. 24).

No processo de alfabetização de surdos, é essencial que a cultura esteja presente nas propostas pedagógicas planejadas pelo professor. Stumpf (2010) enfatiza a importância desse profissional buscar estratégias por meio das novas tecnologias com o intuito de facilitar a aprendizagem do surdo.

É evidente que as Tecnologias da Informação e da Comunicação (TICs) propiciam novas formas de aprender, interagir e socializar. Sobre a utilização dos recursos tecnológicos no planejamento escolar, a Base Nacional Comum Curricular (BNCC) elenca em uma de suas competências gerais: "compreender, utilizar e criar tecnologias digitais de informação e comunicação de forma crítica, significativa, reflexiva e ética nas diversas práticas sociais (incluindo as escolares)" (Brasil, 2017, p. 9). Objetiva-se por meio dessa competência o desenvolvimento da comunicação, acesso às informações, construção de conhecimentos, para que esses indivíduos tornem-se protagonistas de suas ações.

Na educação de surdos, os recursos tecnológicos com a utilização da internet, possibilitam aos estudantes surdos a visualização de imagens, vídeos, o que propicia a compreensão dos conteúdos trabalhados em sala de aula, uma vez que a Libras é uma língua visual, obtendo um resultado mais significativo quando os conteúdos são apresentados dessa forma. E também é um meio que amplia a comunicação dessas pessoas, sendo que podem contar com os e-mails, redes sociais etc., comunicando-se com pessoas até mesmo de outros municípios, estados ou países, compartilhando e conhecendo novas culturas e políticas. Contam ainda com os serviços de vários aplicativos, entre jogos pedagógicos, quiz, software acessíveis em Libras, tradutores Libras/Português e Português/Libras.

> Alguns softwares utilizados para a conversão de voz ou texto para Libras, como o Hand Talk 3 e o VLibras 4, foram produzidos por equipes brasileiras e desenvolvidos em projetos de universidades públicas, estando disponíveis para dispositivos móveis e desktop (Silva; Mendes; Santos, 2020, s/p).

Segundo Wohlmuth e colaboradores (2014, p. 37), ainda há poucos materiais acessíveis em Libras para que os professores possam utilizar com os estudantes surdos em sala de aula, dessa forma é relevante que a criança surda aprPrie-se da cultura surda, da cultura ouvinte "e dos meios tecnológicos que estão criando inúmeras alternativas de aplicativos voltados à educação". Destaca-se a importância de orientar esses educandos, tanto ao manuseio como também a sua função social, de uma forma que envolva a educação e a comunicação.

Dessa forma, constata-se que a comunicação é geradora de conhecimentos, uma vez que, a partir da participação e das interações dos envolvidos nesse processo, novas descobertas são experimentadas, transformando assim as questões sociais. Isso nos leva a associar tais fenômenos com os princípios da educomunicação estipulados por Soares (2014).

Vale destacar que a educomunicação é um processo em que ao mesmo tempo que o estudante produz mídia, ele faz a leitura crítica desta, a partir de um olhar questionador sobre os conteúdos envolvendo as questões sociais, necessitando de coerência em seu desenvolvimento. Não significa apenas utilizar a tecnologia, mas democratizar esse processo.

Sobre a tecnologia na sala de aula, Silva, Mendes e Santos (2020) elencam que:

> [...] a presença de uma tecnologia em sala de aula não é garantia para a comunicação, visto que depende de outros fatores, como a formação dos professores para lidar com a pessoa Surda, o esforço dos ouvintes em aprender a se comunicar na língua de sinais e o interesse da gestão em investir na manutenção e na formação continuada dos tradutores e intérpretes, que precisam estar constantemente aprendendo sobre as técnicas de tradução e sobre novos vocábulos em Libras (Silva; Mendes; Santos, 2020, n.p.).

Assim, caberá às instituições de ensino e demais órgãos competentes, providenciar o atendimento ao estudante surdo provendo de todos os recursos para que este seja incluso e não integrado no ambiente escolar, uma vez que as práticas e metodologias requerem adaptações para este, devido a sua capacidade de contextualização e de abstração necessitar de recursos visuais e concretos, para que as barreiras comunicativas sejam rompidas.

## Considerações finais

De acordo com os documentos norteadores que garantem a inclusão de estudantes surdos no processo educacional, é um direito deste a acessibilidade, a comunicação e o desenvolvimento das habilidades curriculares no ambiente escolar. No entanto, para efetivar a sua inclusão, é necessário contar com o compromisso, não somente dos professores, mas de toda a equipe escolar, com a utilização de metodologias que considerem as especificidades das suas necessidades educativas, levando esse estudante ao desenvolvimento de visão crítica, criativa, participativa e interdisciplinar.

Neste estudo, elencou-se as contribuições dos recursos midiáticos e tecnológicos no ensino, aprendizagem e inclusão de surdos, considerando as suas especificidades culturais, uma vez que práticas pedagógicas com a utilização desses recursos, facilitam a compreensão das temáticas abordadas em sala de aula, desenvolvendo ainda a liberdade de expressão e o direito de acesso à informação, o qual se relaciona com os princípios da educomunicação.

As TICs estão cada vez mais presentes na vida cotidiana da sociedade pela facilidade de acesso às informações. Na educação dos surdos, permite uma maior interação a partir dos meios de comunicações, disponibilizando de imagens, textos, vídeos, animações, uma variedade de aplicativos, o que torna o processo educacional mais dinâmico e atrativo. Possibilita ainda a comunicação e interação do estudante surdo com os demais colegas.

Outro fator que precisa ser considerado é a formação dos professores para o manuseio desses recursos bem como para ensinar os estudantes surdos a desenvolverem habilidades acadêmicas e a sua comunicação. É importante que em sua prática educacional, os professores utilizem essas ferramentas com um objetivo educacional, possibilitando uma maior interação, troca de experiências, conhecimento de diferentes culturas e políticas. Nesse sentido, cabe às instituições e aos órgãos competentes qualificar esses profissionais e prover as escolas com esses recursos acessíveis.

## Referências

BRASIL. Base Nacional Comum Curricular. 2017. Disponível em: http://basenacionalcomum.mec.gov.br/. Acesso em: 20 ago. 2020.

BRASIL. Decreto nº 5.626, de 22 de dezembro de 2005. Regulamenta a Lei nº 10.436, de 24 de abril de 2002, e o art. 18 da Lei nº 10.098, de 19 de dezembro de 2000, e dispõe sobre a Língua Brasileira de Sinais - Libras, e o sistema de Transcrição e de Tradução da Língua Portuguesa. **Diário Oficial da União**: seção 1, Brasília, DF, p. 28, 23 dez. 2005. Disponível em: http://www.planalto.gov.br/ccivil_03/_ato2004-2006/2005/decreto/d5626.htm. Acesso em: 1 jun. 2024.

BRASIL. Lei nº 10.098, de 19 de dezembro de 2000. Estabelece normas gerais e critérios básicos para a promoção da acessibilidade das pessoas portadoras de deficiência ou com mobilidade reduzida, e dá outras providências. **Diário Oficial da União**: seção 1, Brasília, DF, p. 1, 20 dez. 2000. Disponível em: http://www.planalto.gov.br/ccivil_03/leis/L10098.htm. Acesso em: 1 jun. 2024.

BRASIL. Lei nº 10.098, de 19 de dezembro de 2000. Estabelece normas gerais e critérios básicos para a promoção da acessibilidade das pessoas. **Diário Oficial da União**: seção 1, Brasília, DF, p. 1, 20 dez. 2000. Disponível em: http://www.planalto.gov.br/ccivil_03/leis/L10098.htm. Acesso em: 1 jun. 2024.

BRASIL. Lei nº 10.436, de 24 de abril de 2002. Dispõe sobre a Língua Brasileira de Sinais - Libras e dá outras providências. **Diário Oficial da União**: seção 1, Brasília, DF, p. 23, 25 abr. 2002. Disponível em: http://www.planalto.gov.br/ccivil_03/leis/2002/L10436.htm. Acesso em: 1 jun. 2024.

BRASIL. Lei nº 13.146, de 6 de julho de 2015. Institui a Lei Brasileira de Inclusão da Pessoa com Deficiência (Estatuto da Pessoa com Deficiência). **Diário Oficial da União**: seção 1, Brasília, DF, p. 2, 7 jul. 2015. Disponível em: http://www.planalto.gov.br/ccivil_03/_ato2015-2018/2015/lei/l13146.htm. Acesso em: 1 jun. 2024.

BRASIL. Ministério da Educação. Lei nº 14.191, de 3 de agosto de 2021. Altera a Lei nº 9.394, de 20 de dezembro de 1996 (Lei de Diretrizes e Bases da Educação Nacional), para dispor sobre a modalidade de educação bilíngue de surdos. **Diário Oficial da União**: seção 1, Brasília, DF, p. 3, 4 ago. 2021. Disponível em:

http://www.planalto.gov.br/ccivil_03/_ato2019-2022/2021/lei/L14191.htm. Acesso em: 1 jun. 2024.

BRASIL. Ministério da Educação. Secretaria de Educação Especial. Lei nº 10.436, de 24 de abril de 2002. Dispõe sobre a Língua Brasileira de Sinais – LIBRAS e dá outras providências. **Diário Oficial da União**: seção 1, Brasília, DF, p. 23, 25 abr. 2002. Disponível em: http://www.planalto.gov.br/ccivil_03/leis/2002/L10436.htm. Acesso em: 1 jun. 2024.

BRASIL. Ministério da Educação. Secretaria de Educação Especial. Decreto nº 5.626, de 22 de dezembro de 2005. Regulamenta a Lei nº 10.436, de 24 de abril de 2002. **Diário Oficial da União**: seção 1, Brasília, DF, p. 28, 23 dez. 2005. Disponível em: http://www.planalto.gov.br/ccivil_03/_ato2004-2006/2005/decreto/d5626.htm. Acesso em: 1 jun. 2024.

CAMPELLO, A. R. S. **Pedagogia visual na educação dos surdos-mudos**. 2008. Tese (Doutorado em Educação) – Programa de Pós-Graduação de Educação da Universidade Federal de Santa Catarina, Florianópolis, 2008. Disponível em http://www.dominiopublico.gov.br/download/texto/cp070893.pdf. Acesso em: 25 maio 2022.

CAPOVILLA, F. C. Filosofias Educacionais em relação ao surdo: do oralismo à comunicação total ao bilingüismo. **Revista Brasileira de Educação Especial**, v. 6, n. 1, p. 99-116, 2000.

COSTA, L.; SANTOS, L. F. dos. Adaptação de materiais/recursos na educação de surdos: uma revisão bibliográfica. **Comunicações**, Piracicaba, v. 25, n. 3, p. 293-320, set.-dez. 2018.

CRISTIANO, A. O Congresso de Milão. **Libras**, 17 maio 2017. Disponível em: https://www.libras.com.br/congresso-de-milao. Acesso em: 1 jun. 2022.

FREIRE, S. Um olhar sobre a inclusão. **Revista Educação**o, v. XVI, n. 1, p. 5-20, 2008.

LACERDA, C. B. F. de. Um pouco da história das diferentes abordagens na educação de surdos. **Caderno Cedes**, Campinas, v. 19, n. 46, 1998.

LACERDA, C. B. F. A Inclusão Escolar de Alunos Surdos: O que dizem alunos, professores e intérpretes sobre esta experiência. **Caderno Cedes**, Campinas, v. 26, n. 69, p. 163-184, maio/ago. 2006.

LACERDA, C. B. F.; SANTOS, L. F. dos; CAETANO, J. F. Estratégias metodológicas para o ensino de alunos surdos. *In*: LACERDA, C. B. F. de; SANTOS, L. F. dos (org.).

**Tenho um aluno surdo, e agora?** Introdução à Libras e Educação de surdos. São Carlos: EDUFSCar, 2013. p. 185-200.

PERLIN, G.; STROBEL, K. **Teorias da educação e estudos surdos.** Licenciatura e Bacharelado em Letras-Libras na Modalidade a Distância. Florianópolis: UFSC, 2009.

SILVA, Q. P. da; MENDES, N. F. O.; SANTOS, S. K. da S. de L. Tecnologia Assistiva no processo de ensino-aprendizagem de Surdos. **Revista Principia**, Divulgação científica e tecnológica do IFPB, n. 50, 2020.

SOARES, I. de O. Educomunicação: um campo de mediações. **Comunicação & Educação**, n. 19, p. 12-24, 30 dez. 2000.

SOARES, I. de O. Educomunicação e Educação Midiática: vertentes históricas de aproximação entre Comunicação e Educação. **Comunicação & Educação**, ano XIX, n. 2, jul./dez. 2014. Disponível em: https://www.revistas.usp.br/comueduc/article/view/72037/87468. Acesso em: 28 maio 2022.

STROBEL, Karin. A história da educação de surdos. Porto Alegre: Mediação, 2009.

STUMPF, M. R. Educação de Surdos e Novas Tecnologias. Florianópolis: UFSC, 2010. Disponível em: http://www.libras.ufsc.br/colecaoLetrasLibras/eixoFormacaoPedagogico/educacaoDeSurdosENovasTecnologias/assets/719/TextoEduTecnologia1_Texto_base_Atualizado_1_.pdf. Acesso em: 25 maio 2022.

WOHLMUTH, C. S. et al. Livro digital bilíngue para crianças surdas: uma análise na perspectiva do design visual de interface em tela. Design e Tecnologia, [*s. l.*], v. 4, n. 8, p. 31-38, dez. 2014. ISSN 2178-1974.

# GESTÃO DEMOCRÁTICA NUMA ESCOLA PÚBLICA DE ARIQUEMES (RO): PERCEPÇÕES DOCENTES E DA EQUIPE GESTORA

*Francisco Magalhães de lima*

## Introdução

O presente trabalho tem por finalidade analisar as percepções da Equipe Gestora e de um grupo de docentes de uma escola pública do município de Ariquemes (RO) sobre a gestão democrática. As percepções do público citado revelam informações significativas sobre a temática e sua concretização no que tange à formação, como se materializa no cotidiano escolar e como contribui para a qualidade do ensino.

Os dados trabalhados fazem parte de minha pesquisa de Trabalho de Conclusão de Curso do Curso de Pedagogia na Universidade Federal de Rondônia (Unir), Campus Ariquemes, defendido no ano de 2021. A escola pesquisada está localizada numa região periférica e atende alunos e alunas do Ensino Fundamental.

Para a coleta de dados utilizei questionário semiestruturado para a equipe gestora e para o grupo de docentes trabalhei com o grupo focal. As duas ações foram realizadas no final de 2019.

O trabalho está estruturado em três partes: na primeira, o leitor encontrará o referencial teórico de autores críticos sobre a temática, bem como o marco legal. Na segunda parte, encontra-se a análise da percepção da equipe gestora com base nas informações dos questionários devolvidos. Na terceira parte, o leitor encontrará a análise da percepção das docentes participantes do grupo focal.

Da análise realizada destacam-se a prevalência e naturalização da lógica privada na formação sobre gestão escolar organizada pela Secretaria Municipal de Educação (Semed) e ministrada pelo Sebrae. A ideia de gestão que se revela nas percepções é uma gestão centrada na equipe gestora e suas iniciativas. As docentes reclamam da pouca participação das famílias no processo educacional, mas não fazem autocrítica sobre as estratégias adotadas para a participação dos pais na escola. Assim sendo, as percepções analisadas apontam para diversas discrepâncias entre teoria e prática.

## 1 Gestão Democrática: aspectos legais e conceituais

A Constituição Federal de 1988, no seu artigo 206, inciso VI, pontua que o ensino será ministrado com base nos seguintes princípios: gestão democrática do ensino público, na forma da lei. O fato de ser um princípio no qual o ensino deverá ser ministrado indica a importância desse modelo de gestão para a qualidade do ensino. Aspecto que não poderia ser relegado a segundo plano na proposta de organização curricular da escola. Todavia, a Constituição Federal não determina os mecanismos norteadores para a efetivação dessa gestão democrática, ficando a mesma, dessa forma, como termo vago e sem muita visibilidade no cotidiano escolar.

O preceito constitucional da gestão democrática será retomado pela Lei de Diretrizes e Bases da Educação Nacional (LDB), de 1996, que no seu artigo 14 assim se expressa:

> Os sistemas de ensino definirão as normas da gestão democrática do ensino público na educação básica, de acordo com suas peculiaridades e conforme os seguintes princípios:
>
> I Participação dos profissionais da educação na elaboração do projeto pedagógico da escola;
>
> II Participação da comunidade escolar e local em conselhos escolares ou equivalentes (Brasil, 2020, p. 16).

Nota-se claramente que, passados oito anos da promulgação do texto constitucional, a LDB procurou determinar alguns mecanismos para a efetivação da gestão democrática, porém sem estabelecer um modelo propriamente dito a ser seguido no âmbito nacional. A lei destaca a participação dos profissionais da educação na elaboração do Projeto Pedagógico da escola e a participação da comunidade escolar e local em conselhos escolares, e os contextualiza como princípios a serem observados para a definição do caráter democrático da gestão escolar. Não há dúvida que o texto da LDB representa um avanço na definição mais precisa do que seja gestão democrática e como ela deve ser implementada. Todavia, uma série de barreiras socioculturais e históricas impedirão a organização da gestão democrática escolar.

Diversos autores realizaram pesquisas na tentativa de definir melhor o conceito de gestão democrática e suas origens históricas. Afinal, tudo que é produção humana, possui uma história. Nesse sentido, Junior (2000) utiliza o termo democratização da gestão escolar e não gestão democrática. Inicialmente isso pode parecer um mero jogo de palavras, porém, são questões distintas. Para o referido autor, a democratização da gestão escolar é um processo em construção que busca adequar a educação escolar ao processo de construção da própria democracia no Brasil. Dessa forma, a gestão democrática seria o reflexo do próprio processo de construção democrática vivenciado pelo país na década de 1980. Portanto, não um conceito fechado, mas em plena construção. Assim ele se expressa:

> Formulada como política educacional, surgiu com a gradual retomada das eleições para governadores dos estados, no esgotamento do regime militar da primeira metade dos anos 80. Não se expressara em décadas anteriores. Mesmo no início dos anos 60, quando floresciam os movimentos de educação popular, no campo dos sistemas escolares, as propostas de gestão escolar eram muito alheias a uma perspectiva democratizadora e participativa (Junior, 2020, p. 111).

O autor procura contextualizar o surgimento do termo gestão democrática, enfatizando a estreita ligação entre educação e o processo de democratização do Brasil. Dessa forma, mais uma vez, o autor reforça o que outros autores já afirmaram em suas pesquisas: a educação e tudo que a envolve sofrem as influências das transformações sociais, culturais, políticas e econômicas. Na mesma linha de raciocínio de Junior (2020), Preto (2015) defende que a gestão democrática e participativa é um ganho que vem do início da década de 1980, com a chamada transição democrática, período em que a sociedade brasileira se mobilizou por meio da organização social exigindo uma maior participação política, o que refletiu também em mudanças na educação. Ainda segundo a autora, "as mudanças exigiram o redimensionamento da comunidade escolar na ação administrativa, sob a perspectiva da democratização desse espaço, para o aperfeiçoamento administrativo-pedagógico" (Preto, 2015, p. 17).

Na elaboração reflexiva do debate sobre democratização da gestão escolar, Junior (2020) ancora-se num conceito de democracia específico retirado da obra de Touraine (1996). Segundo Junior (2020, p. 12),

> A importância central da liberdade do sujeito pessoal e a consciência das condições públicas dessa liberdade privada são os dois princípios elementares de uma cultura democrática. Esta é o principal pólo de resistência a tentativas de poder absoluto e impulsiona a criação e preservação das condições institucionais da liberdade pessoal. Isso quer dizer que a cultura democrática não deve ser identificada com um discurso genérico que pode ser utilizado por ideias e interesses diferentes e até opostos, tampouco pode se reduzir à difusão das ideias democráticas pela televisão ou por publicações para o grande público.

Levando em conta o conceito de democracia do autor, é fácil concluirmos que, embora sejamos uma democracia formal, ainda nos encontramos distantes de uma consolidação democrática. Estamos, isto sim, aturdidos por um processo marcado, como diria Freire (2007), por uma "inexperiência democrática"[8].

De acordo com Junior (2000), o processo de democratização da gestão escolar, a partir da Constituição de 1988, criou uma série de mecanismos para sua efetivação: Associação de Pais e Mestres, Conselhos Escolares, eleição para diretores, descentralização e autonomia da unidade escolar, democratização de organizações burocráticas, coexistência de participação e competência técnica. Segundo o autor, todos esses elementos foram importantes, contudo, a grande maioria das escolas públicas ainda funciona em moldes organizacionais autoritários, hierarquizados. Isso significa não que a escola pública ainda seja um espaço que preserva os resquícios históricos de autoritarismo, mas que a própria sociedade brasileira ainda não vive o frescor revigorante de uma democracia consolidada. Embora signifiquem avanços, Junior (2000, p. 159) nos alerta que:

> Embora pareçam favorecer uma revisão e adequação das práticas educacionais, nada atesta que essas políticas tenham induzido à alteração, por exemplo, dos modelos pedagógicos ou, ao menos, dos níveis do rendimento dos alunos. Os dados de pesquisas sugerem que políticas como essas se pautaram muito mais por favorecer uma nova relação com a coisa pública e mesmo melhorias em certos aspectos de funcionamento dos serviços escolares. Possibilitaram, em alguma medida, devassar um domínio que embora situado nos serviços públicos, está contro-

---

[8] Para o aprofundamento da compreensão do termo "inexperiência democrática", recomendo a leitura da obra: *Educação como prática da liberdade*. Rio de Janeiro: Paz e Terra, 2007. p. 73-91.

lado historicamente como um monopólio das autoridades, dos professores ou dos outros servidores que trabalham nas escolas.

O alerta do autor é fundamental na busca de respostas para uma questão crucial na relação da gestão escolar com os modelos pedagógicos, qual seja: como os mecanismos de gestão democrática têm contribuído para a qualidade do processo de ensino-aprendizagem nas escolas públicas do nosso país?

À essa pergunta é possível buscar amparo na produção de Libâneo, Oliveira e Toschi (2012). Esses autores produziram uma reflexão profunda sobre a estrutura e organização escolar que esteja a serviço da qualidade do ensino-aprendizagem. Eles afirmam que a ideia de ter escolas como referência para a formulação e gestão das políticas educacionais não é nova, mas adquire importância crescente no planejamento das reformas educacionais exigidas pelas recentes transformações do mundo contemporâneo. Segundo eles,

> [...] por essa razão, as propostas curriculares, as leis e as resoluções referem-se atualmente a práticas organizacionais como autonomia, descentralização, projeto pedagógico e curricular, gestão centrada na escola e avaliação institucional (Libâneo; Oliveira; Toschi, 2012, p. 413).

Em suas análises, os autores supracitados indicam que a gestão educacional centrada na escola possui duas visões diferentes, quais sejam: a neoliberal, para a qual pôr a escola como centro das políticas significa liberar boa parte das responsabilidades do Estado, deixando às comunidades e escolas a inciativa de planejar, organizar e avaliar os serviços educacionais; já na perspectiva socio-crítica, a decisão significa valorizar as ações concretas dos profissionais na escola que sejam decorrentes de sua iniciativa, de seus interesses, de suas interações (autonomia e participação) em razão do interesse público dos serviços educacionais prestados, sem desobrigar o estado de suas responsabilidades. Aqui não se trata de saber qual a melhor, mas como cada uma tem contribuído ou não para a qualidade do ensino-aprendizagem, pois as duas perspectivas estão presentes na gestão escolar. Dessa forma, o alerta dos autores é fundamental quando afirmam que "As formas de organização e gestão são sempre meios e nunca fins, embora muitas vezes, erradamente, meios sejam tratados como fins; os meios existem para alcançar determinados fins e lhes são subordinados" (Libâneo; Oliveira; Toschi, 2012, p. 412).

A relação entre meios e fins na educação é fundamental quando refletimos sobre a gestão democrática. Pois, nos ajuda a entender que a mesma não é a finalidade da educação escolar, mas um meio importante para a qualidade do serviço prestado pela instituição escolar. Fator importantíssimo, mas não suficiente. Neste sentido, os autores definem que,

> [...] a organização e a gestão são meios para atingir as finalidades do ensino. É preciso ter clareza de que o eixo da instituição escolar é a qualidade dos processos de ensino-aprendizagem que, mediante procedimentos pedagógico-didáticos, propiciam melhores resultados de aprendizagem. São de pouca valia inovações como gestão democrática, eleições para diretor, introdução de modernos equipamentos e outras, se os alunos continuam apresentando baixo rendimento escolar e aprendizagens não consolidadas (Libâneo; Oliveira; Toschi, 2012, p. 419).

Libâneo, Oliveira e Toschi (2012), embora defendam a gestão democrática e participativa para as escolas públicas, esclarecem que ela não é a única. Ela convive com outras concepções de gestão escolar igualmente presentes em muitas instituições escolares Brasil afora. Os autores elencam quatro concepções de gestão escolar. A primeira, denominada técnico-científica, baseia-se na hierarquia de cargos e funções, nas regras e procedimentos administrativos, para a racionalização do trabalho e a eficiência dos serviços escolares. A segunda concepção é denominada autogestionária e estaria baseada na responsabilidade coletiva, na ausência de direção centralizada, na acentuação da participação direta e por igualdade de todos os membros da instituição. Recusa o exercício da autoridade e as formas mais sistematizadas de organização e gestão. A terceira concepção é denominada pelos autores como interpretativa, pois prioriza os significados subjetivos, as intenções e a interação das pessoas. Opõe-se fortemente à concepção científico-racional, por sua rigidez normativa e por considerar as organizações como realidades objetivas. A quarta e última concepção abordada pelos autores e defendida por eles é a chamada democrático-participativa, que estaria baseada na relação orgânica entre a direção e a participação dos membros da equipe. Acentua a busca por objetivos comuns assumidos por todos e uma forma coletiva de tomadas de decisões.

É sempre importante ressaltar que, mesmo fazendo uma opção epistemológica pela concepção democrático-participativa, os autores consideram-na como meio mais adequado para a qualidade do ensino.

Os autores citados destacam ainda que refletir sobre a temática da gestão escolar significa entrar na seara de dois conceitos igualmente importantes: a organização e a gestão. Entendem que esses dois conceitos embora semelhantes possuem significados específicos. Segundo eles, organização e gestão constituem o conjunto das condições e dos meios utilizados para assegurar o bom funcionamento da instituição escolar de modo que alcance os objetivos educacionais esperados. Referem-se ao conjunto de normais, diretrizes, estrutura organizacional, ações e procedimentos que asseguram a racionalização do uso de recursos humanos, materiais, financeiros e intelectuais, assim como a coordenação e o acompanhamento do trabalho das pessoas (Libâneo; Oliveira; Toschi, 2012, p. 411). Embora entendam os dois conceitos de forma separada por uma questão de exposição didática, os autores procuram evidenciar a íntima ligação entre os mesmos expressa na seguinte sentença:

> A gestão faz parte da organização, mas aparece junto a ela por duas razões: a) a escola é uma organização em que tanto seus objetivos e resultados quanto seus processos e meios são relacionados com a formação humana, ganhando relevância, portanto, o fortalecimento das relações sociais, culturais e afetivas que nela têm lugar; b) as instituições escolares, por prevalecer nelas o elemento humano, precisam ser democraticamente administradas, de modo que todos os seus integrantes canalizem esforços para a realização de objetivos educacionais, acentuando-se a necessidade da gestão participativa e da gestão da participação (Libâneo; Oliveira; Toschi, 2012, p. 412).

Neste ponto, percebe-se, mais claramente, o afunilamento na construção do pensamento dos autores no que se refere à gestão escolar. Eles não romantizam o aspecto democrático-participativo na gestão escolar. Pelo contrário, marcam um território epistemologicamente bem definido. Não negam o aspecto burocrático da organização e da gestão, mas o entendem para além de uma visão meramente tecnicista e privatista. Um ponto que nos remete claramente a esse aspecto é a concepção do espaço escolar e suas relações e interações entendido como "comunidade de aprendizagem", isto é, uma comunidade democrática, aberta, de aprendizagem, de ação e reflexão. Essa comunidade de aprendizagem só é possível num contexto de gestão democrática e participativa. Os autores têm consciência de que em muitas escolas, muitos professores e professoras executam suas atividades de forma isolada, com suas responsabilidades iniciando e terminando em sala de aula. Sem interação com os outros colegas, sem troca de saberes metodológicos, sem afeto, colaboração. Somente a fria competitividade pela sobrevivência cotidiana. Para os autores,

> [...] a mudança dessa situação pode ocorrer pela adoção de práticas participativas em que os professores aprendam nas situações de trabalho, compartilhem com os colegas conhecimentos, metodologias e dificuldades; discutam e tomem decisões sobre o projeto pedagógico-curricular, sobre o currículo, sobre as relações sociais internas, sobre as práticas de avaliação.

Apesar de nos conduzirem por uma reflexão motivadora, os autores não perdem a lucidez e nos chamam a atenção não apenas para o bônus da gestão democrática, mas, sobretudo para seus ônus. Esse aspecto fica evidente na defesa, pelos autores, de que a adoção da gestão participativa para a comunidade de aprendizagem e para o compartilhamento de significados e culturas, introduz um modelo alternativo de vida em sociedade que repercute em outras esferas da vida social. Todavia a ideia de que todos devem estar envolvidos com os objetivos e os processos da gestão não pode ser confundida com um falso igualitarismo entre funções e papéis dos membros da equipe escolar (Libâneo; Oliveira; Toschi, 2012, p. 429).

Souza (2006) estabelece uma linha de concordância com os autores supracitados, apontando para o aspecto da relação dos sujeitos do ambiente escolar. Segundo esse autor, a gestão democrática é compreendida como um processo político por meio do qual as pessoas atuam na/sobre a escola, identificam problemas, discutem, deliberam e planejam, encaminham, acompanham e avaliam o conjunto das ações voltadas ao desenvolvimento da própria escola na busca da solução daqueles problemas. Esse processo sustentado no diálogo, na alteridade e no reconhecimento às especificidades técnicas das diversas funções presentes na escola, o respeito às normas coletivamente construídas para os processos de tomada de decisões e a garantia de amplo acesso às informações aos sujeitos da escola (Souza, 2006, p. 144). O entendimento de que a convivência no ambiente escolar e, não apenas nele, é uma relação de sujeitos, torna-se elemento crucial e dialoga com o conceito de democracia enquanto ação de sujeitos livres.

Libâneo, Oliveira e Toschi (2012) não só desenvolvem uma análise dialógica entre os conceitos de organização, gestão e gestão participativa, mas também propõem uma estrutura organizacional para uma escola com gestão participativa. Embora não considerem essa estrutura como ideal, eles destacam aspectos mínimos já presentes na maioria das escolas.

a. Conselho Escolar: com atribuições consultivas, deliberativas e fiscais em questões definidas na legislação estadual, municipal e no regimento escolar.

b. Direção: o(a) diretor(a) coordena, organiza, e gerencia todas as atividades da escola, auxiliado pelos demais elementos do corpo técnico-administrativo e do corpo de especialistas. Atende às leis, aos regulamentos e às determinações dos órgãos superiores do sistema de ensino e às decisões no âmbito da escola assumidas pela equipe escolar e pela comunidade. O assistente de Diretor desempenha as mesmas funções, na condição de substituto direto.

c. O setor técnico-administrativo: responde pelos meios de trabalho que asseguram o atendimento dos objetivos e das funções da escola. Responde pelos serviços auxiliares e pelo setor de multimeios. A secretaria escolar desempenha importante serviço de atendimento à comunidade interna e externa.

d. Setor pedagógico: compreende as atividades de coordenação pedagógica e orientação educacional. As funções dos especialistas nas áreas variam conforme a legislação estadual e municipal e, em muitos lugares, suas atribuições são unificadas em apenas uma pessoa ou são desempenhadas por professores(as). Como constituem funções especializadas, que envolvem habilidades bastante especiais, recomenda-se que seus ocupantes sejam formados em cursos específicos de Pedagogia.

e. O(a) Coordenador(a) pedagógico(a): coordena, acompanha, assessora, apoia e avalia as atividades pedagógico-curriculares. Sua atribuição prioritária é prestar assistência pedagógico-didática aos professores(as) em suas respectivas disciplinas no que diz respeito ao trabalho interativo com os alunos. Também tem a importante tarefa de atender os pais e a comunidade.

f. O(a) Orientador(a) educacional: cuida do atendimento, acompanhamento individual dos alunos em suas dificuldades pessoais e escolares, do relacionamento escola-pais e de outras atividades compatíveis com sua formação profissional (Libâneo; Oliveira; Toschi, 2012, p. 464-467).

## 2 A Gestão Democrática na percepção da Equipe Gestora

Para fins da presente pesquisa, apliquei três questionários para a equipe gestora: Direção, Coordenação pedagógica e Orientação educacional. Não obtive o retorno da orientação educacional. O material foi disponibilizado no dia 28 de novembro de 2019 e recolhido no dia 4 de dezembro de 2019.

A aplicação do questionário buscou fazer com que a equipe gestora pudesse expressar suas percepções sobre a gestão democrática no que tange à formação recebida, como a mesma acontece no dia a dia e os impactos sobre a qualidade do ensino.

A Diretora é graduada em Pedagogia e pós-graduada em Supervisão, Orientação, e Gestão Escolar e a Coordenadora Pedagógica possui graduação em Pedagogia-Séries iniciais/Orientação/Supervisão e pós-graduação em Gestão Integrada: Coordenação-Orientação-Inclusão e Libras. Nesse contexto, é possível ressaltar que as participantes possuem os requisitos básicos de formação para a função que executam. Seus perfis formativos encontram-se minimamente alinhados, sendo que a Diretora exerce a função desde 2016 e a Coordenadora Pedagógica exerce a função desde 31 de agosto de 2019.

No tocante à formação sobre Gestão Democrática, as participantes enfatizaram a capacitação nos espaços das formações continuadas ofertadas pela Secretaria Municipal de Educação (Semed). Os temas dessas formações são escolhidos pela própria secretaria sem participação efetiva das equipes. Quais os critérios? Em geral, as equipes gestoras participam como meras espectadoras de "palestras enfadonhas e desconectadas das práticas cotidianas".

No que concerne à prática da gestão democrática no cotidiano escolar, as participantes demonstraram uma visão marcadamente burocrática das ações pedagógicas. Uma certa prática legalista, muito próxima daquilo que Libâneo, Oliveira e Toschi (2012) entendem como gestão técnico-científica. Esse modelo de gestão é muito comum em empresas privadas. A escola, no entanto, não pode e não deve ser confundida como uma empresa, embora seja muito comum ouvirmos o termo atendimento do cliente, em ambientes públicos. Nesse sentido, Junior (2000) adverte-nos que a gestão escolar, caso entendida como sinônimo de administração de uma organização que persegue determinados fins, associa-se imediatamente à imagem de uma empresa e evoca a figura do Diretor, como gestor do funcionamento da escola. O equívoco comparativo se deve, por um lado, à confusão ainda não resolvida na cultura brasileira sobre as relações público-privado. Os conceitos de clientelismo, patrimonialismo, nepotismo e outros estão aí sendo cotidianamente pensados e repensados na comunidade acadêmica. Por outro lado, torna-se evidência daquilo que Libâneo, Oliveira e Toschi (2012) denominam de Neotecnicismo que promove a volta de um discurso do racionalismo econômico, do gerenciamento/administração privado/a como modelo para o setor público e do capital humano.

As respostas sobre a questão da gestão democrática e seus impactos sobre a qualidade do ensino revelaram uma percepção autocentrada, a qualidade de ensino ligada à qualidade da iniciativa da equipe gestora. Por um lado, essa percepção pode conter ideias típicas de um ambiente democrático de gestão escolar, mas não nos enganemos. Só parecem. Dar suporte, acompanhar, mediar, incentivar, buscar, inovar, são ações necessárias, mas não suficientes para caracterizar uma gestão democrática. As respostas apontam para a necessidade de que as duas representantes da equipe gestora da escola pesquisada precisam aprofundar seus conhecimentos e ampliar suas práticas de gestão. As respostas não mencionaram questões básicas como o aspecto do planejamento coletivo, da troca de saberes, do reconhecer os agentes da "comunidade de aprendizagem" (Libâneo; Oliveira; Toschi, 2012) como sujeitos do processo de "ensinagem" (Pimenta; Anastasiou, 2010) e como sujeitos de direitos, princípios basilares do processo de gestão democrática.

Ampliando um pouco mais a análise crítica, as respostas apontam para uma prática de gestão centrada em si mesma. Essa constatação nos parece preocupante, pois, em momento algum, fala-se da finalidade do processo educativo. Aparecem os aspectos legais, porém os aspectos finalísticos, essenciais não são mencionados. No que diz respeito ao objetivo da educação, parece-nos bastante apropriado recordar com Paro (2018, p. 123) que "a educação consiste, pois, na mediação pela qual se processa a formação integral do homem em sua dimensão histórica". E essa formação integral e histórica deve acontecer numa relação de sujeitos, que se reconhecem como tal e reconhecem o(a) outro(a). Só então teremos aquilo que Freitas e Silva (2014, p. 133) defendem:

> [...] os membros constitutivos da escola pública precisam se entender como sujeitos políticos, em suas singularidades, e, como grupos que agem por uma causa em que acreditam, pelo direito humano e social da educação com qualidade para todos/as como forma de emancipação.

É fundamental frisar que a perspectiva apontada pelos autores, possui um longo processo de construção pela frente.

## 3 A gestão democrática na percepção das docentes

Na pesquisa com as docentes, mantive a lógica das questões sobre a formação no âmbito da gestão democrática, sua materialização no cotidiano escolar, bem como a relação entre a gestão democrática e a qualidade de ensino, a mesma utilizada com a equipe gestora. A pesquisa foi organizada para contar com a participação de cinco docentes. Devido a escola estar em contexto de finalização do ano letivo, somente três docentes puderam participar. As outras alegaram estar sobrecarregadas de trabalho e optaram por não participar.

Na coleta de dados com as docentes, optei pela utilização do grupo focal. Segundo Gatti (2012), no âmbito das abordagens qualitativas em pesquisa social, a técnica do Grupo Focal vem sendo cada vez mais utilizada. A referida autora explicita que o trabalho com grupos focais permite compreender processos de construção da realidade por determinados grupos sociais, compreender práticas cotidianas, ações e reações a fatos e eventos, comportamentos e atitudes, constituindo-se uma técnica importante para o conhecimento das representações, percepções, crenças, hábitos, valores, restrições, preconceitos, linguagens e simbologias prevalentes no trato de uma dada questão por pessoas que partilham alguns traços em comum, relevantes para o estudo do problema visado (Gatti, 2012).

O registro do grupo focal foi realizado em vídeo por meio de um tablet institucional com ótima definição de áudio e vídeo no dia 4 de dezembro de 2019 e durou em média 40 minutos.

As docentes possuem formação em Língua Portuguesa, Matemática com Especialização em Gestão Escolar e Pedagogia, tendo 18, 14 e 11 anos de trabalho na escola. Todas já passaram pela experiência da gestão escolar.

No tocante à formação sobre gestão democrática, as docentes destacaram a capacitação ministrada pelo Sebrae e organizada pela Semed, pautada numa visão da escola como empresa. Essa confirmação indica uma normalização da influência da lógica privada na gestão do espaço público escolar. Concretamente, esse processo significa que, para as docentes, não existe nada de errado em ver a escola como uma empresa. Pelo contrário, essa relação parece ser bem aceita, uma vez que não se fez nenhuma referência de contrariedade.

No aspecto da gestão democrática no cotidiano escolar, as docentes deram destaque à relação com a família e o papel da equipe gestora. No que concerne à família, a fala das docentes se dá no sentido de cobrança de uma maior participação e apoio nas atividades desenvolvidas. Essa perspectiva fica evidente quando uma docente afirma que

> [...] a gente trabalha, o filho se dedica, mas na hora da apresentação vem poucos pais. Se você pede para os pais uma cartolina, que não custa nem um real, eles já mandam um desaforo pra você. A nossa escola nesse ponto, como estamos num bairro de periferia, a gente trabalha, nós e os alunos, com pouco apoio da família. Isso dificulta o processo de aprendizagem do aluno. Na leitura ele vai bem, na interpretação ele vai bem, mas na hora da escrita ele tem dificuldade. Porque falta essa cobrança da família. Essa é a nossa realidade.

A fala em destaque levou-me a pensar em duas questões: a primeira recai sobre a questão de entender a vulnerabilidade socioeconômica dos alunos e de suas famílias como empecilho para a aprendizagem; a segunda é a de me indagar como as docentes e a escola em si estabelecem relações com os pais.

A primeira questão tem sido objeto de inúmeros trabalhos científicos mostrando como o fato de as crianças viverem em comunidades periféricas tem sido usado para justificar o fracasso escolar desses estudantes. Autores como Leite (2013), Palma (2007) e Ribeiro (2013) reconhecem que as dificuldades socioeconômicas das crianças e de suas famílias, têm sim, impacto sobre seu processo educativo, mas não são nem de longe a causa principal por suas dificuldades no processo de ensino-aprendizagem. Pensar nessa perspectiva, significa individualizar a culpa pela dificuldade em aprender, e eximir de culpa quem deveria garantir as condições da aprendizagem.

A segunda questão me faz refletir sobre como as docentes estão estabelecendo a relação com os pais. Com base no indicativo da fala, é uma relação meramente de cobrança de participação e cobrança de colaboração financeira. Nesses casos, existem vários fatores que podem justificar a reclamação dos pais em não participarem da forma como é exigida. É preciso saber se o horário das apresentações dos projetos e reuniões é adequado. Pois, se ocorrem em horários que os pais trabalham, ou estão excessivamente cansados, a participação dos mesmos fica comprometida. Destarte, um diálogo com os pais em vista da construção coletiva sobre o melhor horário para a apresentação dos trabalhos seria mais adequado. O momento em que foi solicitada a colaboração para compra de material era o mais adequado para a situação financeira dos pais? Todos esses aspectos, se considerados de forma dialógica, podem modificar totalmente a impressão sobre a não colaboração. Conhecendo bem as características da comunidade, pelo fato de ter morado aqui, e as docentes não, parece-me mais adequado entender o porquê da não colaboração dos pais. Nesse contexto, a afirmação da docente me parece muito mais desconhecimento das condições familiares dos alunos e de seus familiares do que a negação tácita de participação por parte dos mesmos. Aqui é pertinente a reflexão de Freitas e Silva (2014, p. 128) quando afirmam que:

> Entender que a família é fundamental no desenvolvimento do estudante nos anos de educação básica e que, todo o ensino e aprendizagem precisam se desenvolver no contexto social do qual crianças e comunidade são membros constitutivos, é compreender o cerne da escola democrática. Isto porque, os mecanismos que precisam ser ativados para a plena participação e efetivação da escola democrática passam pela consolidação da educação como um direito e da escola como espaço para a concretização desse fim.

Na percepção da docente cabe ainda destacar que, se a escola precisa pedir dinheiro para comprar material didático básico, como cartolina, para realizar os projetos, os pais não estão de todo errados em não contribuir, pois trata-se de uma obrigação da gestão suprir a estrutura básica necessária para o trabalho docente. Na verdade, essa prática de pedir apoio financeiro dos pais é um reflexo da lógica privada da escola pública. Lógica esta que entende os pais como responsáveis pela manutenção dos materiais básicos. Todavia, na escola pública, a responsabilidade de prover o material didático básico é do governo.

Na questão do papel da gestão no cotidiano escolar, a fala das docentes destacou que existe uma relação de parceria entre a atual equipe gestora e as mesmas. Por outro lado, existe um certo clamor latente na organização dos projetos. O que me parece é que eles carecem de um espaço institucionalizado para sua organização, planejamento e execução. Na experiência do grupo focal, algo não expresso pode falar mais do que o falado. O que as docentes parecem reclamar é da ausência de um espaço coletivo para o planejamento dos projetos escolares. O fato de não conseguirem expressar essa necessidade parece estar relacionada à prática individualizada do planejamento, muito comum em espaços escolares, devido ao enraizamento, da cultura excessivamente cartesiana da construção da ciência moderna que acabou por adentrar a organização e gestão do espaço escolar e disciplinar a organização do conhecimento nele ofertado. Ou seja, por que defender planejamento coletivo se é mais fácil (e cômodo) continuar planejando sozinho?

Segundo Libâneo, Oliveira e Toschi (2012), há pelo menos duas maneiras de ver a gestão educacional centrada na escola. Uma primeira denominada neoliberal, para quem pôr a escola como centro das políticas significa liberar boa parte das responsabilidades do Estado, deixando às comunidades e escolas a iniciativa de planejar, organizar e avaliar os serviços educacionais. A segunda perspectiva, denominada de sócio-crítica pelos autores, a decisão significa valorizar as ações concretas dos profissionais na escola que sejam decorrentes de sua inciativa, de seus interesses, de suas interações (autonomia e participação), em razão do interesse público dos serviços educacionais prestados, sem desvalorizar o Estado de sua responsabilidade.

Sem se reconhecer como sujeito e reconhecer o outro também como sujeito, não há processo democrático. Disto decorre a gestão participativa e a gestão da participação. O processo de construção democrática não é um processo espontâneo e nem natural. Exige aprendizado, aprofundamento, avaliação, reconhecimento dos limites, mas nunca a supressão da liberdade do outro como sujeito histórico. Nesse sentido, Ferreira (2000, p. 171) nos recorda que,

> Em processos emancipatórios, a peça-chave é sempre o sujeito social que assim se entende e como tal realiza sua própria emancipação. Contribuem neste processo todos

os agentes externos que são indispensáveis, mas apenas instrumentais, como o educador frente ao educando. Na relação autoritária, fabrica-se o obediente, o submisso, o discípulo para copiar e imitar, na relação crítica e emancipatória, motiva-se a formação do novo mestre capaz de dotar-se de projeto próprio de desenvolvimento.

A Gestão democrática do espaço educativo escolar implica numa necessária formação integral e no reconhecimento de si e do outro como sujeito histórico.

O processo de democratização escolar, e da própria gestão, encontram-se num processo de democratização mais amplo da sociedade brasileira. Nesse sentido, Libâneo (2006, p. 12) nos recorda que

> [...] a contribuição essencial da educação escolar para democratização da sociedade consiste no cumprimento de sua função primordial, o ensino. Valorizar a escola pública não é, apenas, reivindicá-la para todos, mas realizar nela um trabalho docente diferenciado em termos didático-pedagógico. Democratizar o ensino é ajudar os alunos a se expressarem bem, a se comunicarem de diversas formas, a desenvolverem o gosto pelo estudo, a dominarem o saber escolar; é ajudá-los na formação de sua personalidade social, na sua organização enquanto coletividade. Trata-se, enfim, de proporcionar-lhes o saber e saber-fazer críticos como pré-condição para sua participação em outras instâncias da vida social, inclusive para melhoria de suas condições de vida.

## Considerações finais

As percepções tanto da equipe gestora como do grupo das docentes indicam claramente que, contrariando o que determinam a Constituição federal e a LDB, nem a Escola nem a Semed constroem sua prática de gestão a partir do princípio da gestão democrática. Na contramão dessa prática, as formações acontecem na lógica da gestão privada do espaço público. Nesse sentido, a escola é organizada e gerida por uma lógica técnico-burocrática, com uma gestão centrada na equipe gestora, com uma gestão da participação que não visa à qualidade, mas apenas o cumprimento de tarefas. E isso acaba refletindo na percepção das docentes que não se enxergam como sujeitos participativos, agentes protagonistas do processo educativo. Nesse contexto, qual a qualidade do ensino? Quais as estratégias para a participação de pais e comunidade em geral? A gestão não é participativa e não promove a gestão da participação. Cria-se um ciclo vicioso de reprodução de tarefas burocráticas, onde nada se cria, nada se constrói.

No que tange à gestão democrática em vista da qualidade do ensino, a fala das participantes se limitou a entender a gestão democrática com uma iniciativa da equipe gestora. Não se entendem como sujeitos do espaço escolar e do direito à educação.

## Referências

BRASIL. [Constituição (1988)]. **Constituição da República Federativa do Brasil**. Brasília: Supremo Tribunal Federal, Secretaria de Documentação, 2017. 514 p.

BRASIL. **LDB**: Lei de Diretrizes e Bases da Educação Nacional. 4. ed. Senado Federal, Coordenação de Edições Técnicas, 2020. 59 p.

FERREIRA, N. S. C. Gestão Democrática da Educação para uma Formação Humana: conceitos e possibilidades. **Em aberto**, Brasília, v. 17, n. 72, p. 167-177, fev./ jun. 2000.

FREIRE, P. **Educação como prática da liberdade**. Rio de Janeiro: Paz e Terra, 2007.

FREITAS, M. B. de; SILVA, D. de C. O silêncio da escola e a escola do silêncio: resistências e aberturas para a escola democrática. *In*: BREYNNER, R. O.; TONINI, A. M. Gestão Escolar e Formação Continuada de Professores. Juiz de Fora: Editar, 2014. p. 123-150.

GATTI, B. A. **Grupo focal na pesquisa em Ciências Sociais e Humanas**. Brasília: Liber Livro Editora, 2012.

JÚNIOR, E. G. G. G. **Educação Escolar e Democracia no Brasil**. 2000. Tese (Doutorado em Educação) – Faculdade de Educação da Universidade de São Paulo, São Paulo, 2000, 213 f.

JUNIOR, Sérgio. Gestão escolar pública: desafios contemporâneos. São Paulo: Fundação Vale/UNESCO, 2020. Disponível em: https://unesdoc.unesco.org/ ark:/48223/pf0000243009. Acesso em: 1 jun. 2024.

LEITE, S. A. da S. A construção da escola pública democrática: algumas reflexões sobre a política educacional. *In*: SOUZA, B. de P. (org.). Orientação à queixa escolar. São Paulo: Casa do Psicólogo, 2013. p. 45-67.

LIBÂNEO, J. C. **Democratização da Escola Pública**: a pedagogia crítico-social dos conteúdos. 21. ed. São Paulo: Edições Loyola, 2006.

LIBÂNEO, J. C.; OLIVEIRA, J. F.; TOSCHI, M. S. **Educação escolar políticas, estrutura e organização**. 10. ed. São Paulo: Cortez, 2012.

PALMA, R. C. de B. Fracasso escolar: novas e velhas perspectivas para um problema sempre presente. 2007. 157 f. Dissertação (Mestrado em Educação) – Universidade Estadual de Londrina, Centro de Educação, Comunicação e Arte, Programa de Pós-Graduação em Educação, Londrina, 2007. Disponível em: https://repositorio. uel.br/handle/123456789/10912. Acesso em: 1 jun. 2024.

PARO, V. H. **Gestão Escolar, Democracia e Qualidade do Ensino**. 2. ed. São Paulo: Artemeios, 2018.

PIMENTA, S. G.; ANASTASIOU, L. das G. C. **Docência no ensino superior**. 4. ed. São Paulo: Cortez, 2010.

PRETO, L. A. M. da S. O. A gestão escolar e os seus desafios: Memórias e reflexões de uma gestora em formação. 2015. 120 f. Trabalho de Conclusão de Curso (Especialização em Gestão Escolar) – Faculdade de Educação, Universidade Estadual de Campinas, São Paulo, 2015.

RIBEIRO, P. T. **Fracasso escolar**: reflexões sobre um problema que se repõe e possibilidades de enfrentamento. 2013. Dissertação (Mestrado em Educação) – Faculdade de Ciências Humanas, Programa de Pós-Graduação em Educação, Universidade Metodista de Piracicaba, Piracicaba, 2013.

SOUZA, Â. R. de. **Perfil da Gestão Escolar no Brasil**. 2006. Tese (Doutorado em Educação) – História, Política, Sociedade, Pontifícia Universidade Católica de São Paulo, São Paulo, 2006.

TOURAINE, A. **O que é democracia?** Petrópolis: Vozes, 1996.

# ACESSO À EDUÇÃO E DIREITO À CIDADE: A EVASÃO ESTUDANTIL E A MERCANTILIZAÇÃO DAS POLÍTICAS DE EXPANSÃO DO ENSINO SUPERIOR BRASILEIRO

*Nathalia Viana Lopes*

## Introdução

Preliminarmente compete esclarecer que o estudo da segregação socioespacial surge como ramificação do Direito à Cidade[9], categoria analítica cunhada pelo filósofo francês Henri Lefebvre (2001), que corresponde à prerrogativa dos cidadãos e dos grupos por eles formados de constituir e ocupar o espaço extraterritorial da cidade, o espaço de perquirição de direitos.

Nessa perspectiva, Lefebvre (2001, p. 139) faz uma crítica à mercantilização da vida, inclusive, dos próprios indivíduos; ilustra o panorama da classe operária, inserida no seio da sociedade sem poder se opor a ela; e relata as maneiras pelas quais o direito à cidade e a busca pela remediação da segregação socioespacial, são fatores decisivos na comutação da realidade citadina desses indivíduos, ao promover o rompimento com a subalternização e conferir protagonismo no exercício da cidadania às classes desfavorecidas.

A política de expansão do ensino superior no Brasil, é marcada pela tentativa de ampliação da educação superior privada, por meio de iniciativas neoliberais e restrições orçamentárias nas instituições de ensino superior públicas na década de 1990. Essa política, aliada ao *deficit* na educação pública fundamental e a comercialização de formação complementar pré-vestibular (Zago, 2006, p. 231) acabou por dificultar o acesso da população de baixa renda ao Ensino Superior público e privado (Souza, 2018).

---

[9] Termo inicialmente proposto por Henri Lefebvre, em 1968, ao escrever a obra *O direito à cidade* em homenagem aos 100 anos de publicação da obra *O Capital*, escrita por Karl Marx. (MARX, K. **O Capital** - Livro I – crítica da economia política: O processo de produção do capital. Tradução de Rubens Enderle. São Paulo: Boitempo, 2013).

Paralelamente à teoria do fetichismo da mercadoria (Marx, 2013) e ao pressuposto da fetichização do homem no complexo produtivo[10], que demonstra a atribuição de valor e visibilidade política e social prioritariamente aos indivíduos integrados no sistema capitalista de produção e giro de capital (sobretudo aos agentes que detêm os meios de produção); e sob a ótica de que a formação das centralidades urbanas como espaço polifônico está submetida a diversos ideários liberalistas (Dieztch, 2006), é possível observar que as políticas públicas dirigidas à expansão do ensino superior, promoveram a mercantilização da educação e estabeleceram uma centralidade estudantil segregacionista, que invisibiliza o aluno proletário e de classe social desvalida.

Destarte, o aluno que tem a permanência estudantil prejudicada, pela necessidade de manutenção financeira do acesso à instituição de ensino superior privada ou pela incoerência na gestão do tempo dedicado à subsistência laboral e ao estudo, queda ainda refém da hierarquização e estratificação social no acesso à instituição de ensino superior. Portanto, resta segregado socioespacialmente como figurante no que Dieztch (2006) denomina por cidade invisível, ou seja, não ocupa espaço de protagonismo na formulação e perquirição de direitos de permanência estudantil na cidade.

É nesse contexto que se indaga: de que maneira a segregação socioespacial, sob o enfoque franco-Lefebvriano, influencia a evasão no ensino superior?

O trabalho em questão utiliza-se do método dialético-dedutivo e da pesquisa bibliográfica no modelo de revisão narrativa de literatura para abordar os agentes que determinam a permanência estudantil nas instituições de ensino superior, bem como possíveis remédios para atenuar o árduo trajeto percorrido pelo aluno na busca por pertencimento e acesso à educação.

São objetivos deste trabalho explanar de forma sucinta: o advento da mercantilização do ensino superior como fator contribuinte à desi-

---

[10] O conceito de homem fetichizado é incorporado ao texto, paralelamente à teoria do fetichismo da mercadoria abordada por Karl Marx, na seção 4 do primeiro capítulo da obra *O Capital*, que consiste na inobservância do valor de troca e das relações de produção, pelo consumidor que na aquisição do produto final foca apenas no valor de uso da mercadoria. Nesse contexto, o trabalhador detém da força de trabalho sem ter ciência de sua mais-valia, portanto, é para o empregador, mero produto ou mercadoria, sendo o seu valor de uso, a produção e o lucro (mais-valia) e seu valor de troca o salário defasado (indiretamente produzido a partir da força de trabalho do próprio empregado). Para complementações, vide: MARX, K. **O Capital** - Livro I – crítica da economia política: O processo de produção do capital. Tradução de Rubens Enderle. São Paulo: Boitempo, 2013.

gualdade no acesso e permanência à IES e a subalternização do jovem citadino como fator relevante à permanência estudantil.

Por fim, com a finalidade de alcançar o que se propõe, este trabalho se vale da pesquisa bibliográfica, qualitativa e do método explicativo, amparado sobretudo nas obras: "Ensino Superior e desenvolvimento urbano da cidade de Montes Claros/MG", de Eder Beirão, Anne Carvalho e Gislene Oliva (2023); "Segregação no acesso ao ensino superior no Brasil: perfil dos ingressantes", de Lorena Souza, Luana Passos e Rosilda Ferreira (2020); e "Evasão no ensino superior: um estudo a partir dos cursos da Universidade Federal de Rondônia Campus de Cacoal/RO", de Rakel França (2022).

## 1 O Mercantilismo das políticas de expansão do ensino superior

Como reflexo da política neoliberalista de extensão do ensino superior no Brasil e impulsão do ensino superior privado na década de 1990, o acesso da população de baixa renda ao Ensino Superior foi restringido (Souza, 2018) ao passo que a oferta de cursos superiores, aumentou exponencialmente durante as décadas de 2000 e 2010 (Beirão; Carvalho; Oliva, 2023), sobretudo nas instituições de iniciativa privada, conforme Beirão, Carvalho e Oliva (2023):

> O início da expansão do Ensino Superior no Brasil, ocorreu a partir de uma tentativa de expansão da educação superior privada, através de uma política neoliberal e um cenário de restrição orçamentária nas IES públicas, que se espalhou na década de 1990. Essa política acabou por dificultar o acesso da população de baixa renda ao Ensino Superior (SOUZA, 2018). No início da década de 2000, foram criados e implementados alguns programas de financiamento e políticas educacionais que incentivaram a expansão das IES privadas. O MEC criou o Programa Universidade para Todos (PROUNI), que visa a disponibilização de bolsas de estudos para estudantes em IES privadas. As IES que aderiram ao PROUNI ficaram isentas de impostos. Esse programa reserva um determinado número de vagas para os segmentos da classe trabalhadora, historicamente oprimidos e/ou marginalizados pela sociedade, tais como, os indígenas, afrodescendentes e pessoas com deficientes, ou seja, o programa atua como instrumento de inclusão social, porém o mesmo contribuiu para reforçar a privatização da educação de nível superior (Beirão; Carvalho; Oliva, 2023, p. 176).

Nesse sentido, o governo, ao adotar o modelo expansivo, findou por demonstrar representatividade no meio acadêmico, mas não o universalizou (Silva *et al.*, 2016), dessa forma, a administração pública fomenta o que Souza, Passos e Ferreira (2020, p. 158) denominam como democratização não autêntica (ou ineficaz) das instituições de ensino superior.

Assim, as políticas expansionistas implantadas pelo governo brasileiro, ampliaram o extrato quantitativo de vagas oferecidas (sobretudo em iniciativa privada), mas não romperam com a estratificação social hierarquizada no meio acadêmico, que não mantém ilibado o princípio de equidade e acesso à educação garantido pelo Pacto Internacional dos Direitos Econômicos, Sociais e Culturais de 1966, em seu artigo 13; e pela Constituição Federal Brasileira de 1998, em seu artigo 208, V.

Souza, Passos e Ferreira (2020, p. 159) corroboram a afirmação supramencionada, ao suscitarem que:

> Uma democratização efetiva é um processo pelo qual todos os segmentos da sociedade possam povoar o ambiente universitário. O primeiro passo é o aumento do número de vagas, seguido da garantia de permanência aos ingressantes, permitindo-lhes enxergar a possibilidade de conclusão do curso. Logo, democratizar é permitir que seja possível o ingresso no ES de forma proporcional a qualquer pessoa. No entanto, a proposta de democratização ao qual o governo se propõe restringe-se a permitir que todos os estratos da sociedade possam se ver representados nesse espaço e não necessariamente a universalização do espaço para todos
>
> [...]
>
> Por outro lado, considera-se que não houve uma democratização autêntica, uma vez que os pardos e pretos continuam sendo sub-representados no ES, com percentual de participação muito abaixo do número populacional. Portanto, julgam que as ações do governo não foram suficientes para igualar as oportunidades – elas simplesmente expandiram o espaço universitário. Diante disso, parece factível considerar o experimento de fortalecimento do ES no Brasil como um processo mais de expansão do que de democratização.

Um exemplo de gestão educacional que favoreceu a iniciativa privada em detrimento das instituições públicas de ensino superior, ocorreu em Porto Velho (RO), com a implantação do Campus da Universidade Federal de Rondônia (Unir), a 33 quilômetros da centralidade urbana em 1982 (próximo ao início das políticas expansionistas), fato que, além de resultar na onerosidade de deslocamento à instituição, dificulta a assiduidade e permanência do discente proletário e de classe social vulnerável, haja vista o tempo e custas de deslocamento; além de favorecer a opção do discente pelas universidades particulares adjuntas ao núcleo da municipalidade.

Consoante o Relatório de Gestão da Unir, referente à competência de 2021, o índice de evasão estudantil em 2021 chegou a 33,76%, maior indicador dos cinco anos anteriores ao relatório (UNIR, 2021, p. 42).

Em uma pesquisa realizada no Campus da Universidade Federal de Rondônia situado no município de Cacoal (RO), França (2022) analisou os índices acadêmicos dos cursos de Administração, Ciências Contábeis, Direito e Engenharia de Produção, com foco nos 667 discentes evadidos no intervalo compreendido entre 2019 e 2022 e ao entrevistar 90 discentes evadidos, fixou como principais causas para a evasão as seguintes:

> Os resultados obtidos indicam como principais causas de evasão: mudança de cidade, falta restaurante Universitário/cantina, conciliação de estudo e trabalho, falta de tempo, não acompanhou a metodologia de ensino, não se adaptou ao curso, doença (depressão, covid-19), queria cursar outro curso, falta de interesse, transferência para outro curso dentro da mesma instituição, residência na zona rural, distância, dificuldades financeiras, responsabilidades com familiares e filhos, deficiência auditiva e não encontrou apoio e condições para estudo, não conseguiu passar pelo projeto de TCC (França, 2022, p. 7).

Dos motivos obstativos acusados pela autora, os mais recorrentes implicam em carecimento de complementação e responsabilidades de ordem financeira, por conseguinte, 56,8% dos entrevistados alegam a necessidade de conciliar trabalho para subsistência e estudos, como principal tribulação (França, 2022, p. 16) e força motriz para o que Souza, Junior e Real (2017) denominam por evasão sistêmica[11].

Outro fator importante que bordeja a mercantilização e hierarquização nas IES, é a debilidade do ensino público fundamental e médio, que não prepara o discente para o ingresso na graduação, fato que ilustra a afirmativa de que a ampliação de vagas, não eliminou os problemas de qualidade na prestação da educação fundamental (Oliveira, 2000, p. 92). Assim, o ensino deficiente favorece o mercado de cursos pré-vestibulares de formação complementar e, consequentemente, a elitização das IES (Zago, 2006, p. 232).

---

[11] Também associada à desistência, ocorre quando o discente se ausenta de forma permanente ou temporária da academia.

Isto posto, as lacunas do ensino deficitário e os ideários neoliberalistas, têm relevante quinhão no fortalecimento do setor privado de graduações, que, em 2004, possuía 90% das instituições de ensino superior e 70% das matrículas (Zago, 2006, p. 228); corroboram a afirmativa de Grignon e Gruel (1999) de que quanto mais importantes os recursos (econômicos e simbólicos) dos pais, mais os filhos terão chances de acesso ao ensino superior e em cursos mais seletivos, mais orientados para diplomas prestigiosos e empregos com melhor remuneração; e testificam (além de contribuir para que se consolidem) os resultados da PNAD de 2009, que revelaram a renda familiar como fator importante no êxito estudantil de permanência e acesso às IES (Andrade, 2012, p. 26).

Dessarte, as consequências da mercantilização do ensino superior, petrificam o cenário estudantil em um sistema de elite (Trow, 2005)[12] e promovem a:

> [...] privatização dos espaços públicos, segregação socioespacial urbana, gentrificação, precarização de bairros ou áreas com população de baixa renda, aumento de assentamentos informais, utilização de investimentos públicos para promoção e execução de projetos de infraestrutura que atendem aos interesses econômicos do setor privado, mais precisamente das imobiliárias e empreiteiras etc. (Beirão; Carvalho; Oliva, 2023, p. 167).

A cidade hodierna, cultivada em meio a padrões e algoritmos neoliberais, tem se tornado cada vez mais compatível com a "cidade do trabalho" de Lefebvre (1999), que inobserva e invisibiliza o citadino no processo capitalista de subsistência. Embora vetusta, a fala de Lefebvre se mostra compatível à dita por Carlos (2013, p. 95) de que a segregação será a característica fundamental do espaço urbano contemporâneo.

## 2 A subalternização do discente como fator relevante à permanência estudantil

A missão conferida ao estudo e ao exercício do direito à cidade é a de analisar os coeficientes determinantes à segregação social, espacial e econômica, bem como a de transformação do cenário de figurantismo

---

[12] De acordo com a classificação do autor, a taxa líquida de matrícula é crucial na categorização de sistemas de ensino superior. Ele estabelece que uma TLM até 15% indica um sistema de elite, entre 15% e 50% representa um sistema de massa, e acima de 50% caracteriza um sistema de acesso universal.

do citadino, que impede a politização da produção social do espaço e a democratização das instituições de ensino superior.

Para a análise e exposição do caráter de subalternização do jovem citadino discente e análise dos impedimentos ao "sucesso escolar" (Zago, 2006, p. 228), Zago entrevistou 27 discentes da Universidade Federal de Santa Catarina (UFSC), em situação de vulnerabilidade social e alcançou o que se segue:

> O tempo investido no trabalho como forma de sobrevivência impõe, em vários casos, limites acadêmicos, como na participação em encontros organizados no interior ou fora da universidade, nos trabalhos coletivos com os colegas, nas festas organizadas pela turma, entre outras circunstâncias. Vários estudantes se sentem à margem de muitas atividades mais diretamente relacionadas ao que se poderia chamar investimentos na formação (congresso, conferências, material de apoio), como relata Ana, estudante de serviço social: "Não participo da comunidade universitária [...] eu só trabalho, aí você é automaticamente colocada de lado. [...] Estes três semestres foram levados nas coxas, literalmente, pra dar conta de tudo. Essa é uma realidade cruel". Como Ana, muitos estudantes fizeram desabafos semelhantes (Zago, 2006, p. 235).

É indispensável frisar que a falta de sentimento de pertencimento à comunidade acadêmica, a que se refere Zago, contribui para a percepção distorcida de si pelo discente, que resta em caráter de figurante da situação escolar e consequentemente, resulta na evasão acadêmica e no insucesso no ensino superior (Zago, 2006, p. 228), aliado a isto, a autora ainda menciona que o maior indicativo de evadidos está representado nos primeiros termos da faculdade, fato que tem relação direta com a afirmação de que exista uma lacuna educacional no ensino fundamental público (Zago, 2006, p. 232).

Sob a mesma ótica, Lopes (2023) acusa como impulsão ao protagonismo do aluno, a defesa do modelo descentralizado de discussão da educação:

> Para que o cidadão recupere a visão de si mesmo como protagonista de seus direitos na ocupação da cidade e no exercício da cidadania, é necessário romper com a concepção de modelo centralizado de educação e adotar uma educação plural, social e emancipatória. Este modelo é responsável pela formação de cidadãos que procuram ativamente mudar o cenário político/social opressivo das cidades modernas.

Assim, é papel da cidade pensar o discente fetichizado e vulnerabilizado socialmente, bem como, a partir da descentralização dos debates, chamar a público (e mais próximo da centralidade urbana, denominada por Lefebvre como espaço de diálogo ([Lefebvre, 2001]), para além dos muros da universidade, matérias para discussão e formulação participativa de políticas inclusivas de permanência estudantil e promoção da real democratização do ensino superior.

## 3 Considerações finais

Com o detalhamento dos tópicos narrados, foram mencionados: o advento da mercantilização do ensino superior como fator contribuinte à desigualdade no acesso e permanência à IES e a subalternização do jovem citadino como fator relevante à permanência estudantil.

É apontado como principal remédio para a questão da subalternização do discente, mercantilização do ensino superior e evasão acadêmica: o exercício da cidadania participativa, (para materializar o direito à cidade e retirá-lo do pedestal utópico para o campo da realidade), que se revela na perquirição de direitos junto à municipalidade e a descentralização da discussão acerca da educação e das políticas de permanência estudantil, por meio do protagonismo discente.

Ao identificar os fatores determinantes para a influência da segregação socioespacial, sob o enfoque franco-Lefebvriano, para a evasão no ensino superior, propor os expedientes correspondentes, alcança-se a resposta para o questionamento central do trabalho, que acarreta a necessidade de continuar a busca por mecanismos de integração aos processos e à rede dialogizante (Zuin, 2015, p. 35), para que a almejada demanda se torne efetiva.

## Referências

ANDRADE, C. Y. de. Acesso ao ensino superior no Brasil: equidade e desigualdade social. **Revista de Ensino Superior Unicamp**, 2012. Disponível em: https://www.revistaensinosuperior.gr.unicamp.br/artigos/acesso-ao-ensino-superior-no-brasil-equidade-e-desigualdade-social Acesso em: 14 out. 2023.

BEIRÃO, E. de S.; CARVALHO, A. M. C. de; OLIVA, G. Q. Ensino superior e desenvolvimento urbano da cidade de Montes Claros/MG. **Revista Verde Grande –** Geografia e Interdisciplinaridade, v. 5, n. 1, 2023.

BRASIL. [Constituição (1988)]. **Constituição da República Federativa do Brasil.** Brasília: Diário Oficial da União, 1988.

CARLOS, A. F. A. A prática espacial como segregação e o direito à cidade como horizonte utópico. *In*: VASCONCELOS, P. de A.; CORREA, R. L.; PINTAUDI, S. M. **A cidade contemporânea**: segregação espacial. São Paulo: Contexto, 2013. p. 95-110.

DIETZSCH, M. J. M. Leituras da Cidade e Educação. Scielo: **Cadernos de Pesquisa**, v. 36, n. 129, p. 727- 759, 2006. p. 730.

FRANÇA, R. A. da S. **Evasão no ensino superior**: um estudo a partir dos cursos da Universidade Federal de Rondônia Campus de Cacoal/RO. 2022. Trabalho de Conclusão de Curso (Graduação em Ciências Contábeis) – Fundação Universidade Federal de Rondônia, Cacoal, RO, 2022.

FRANÇA, Suélem. **Evasão escolar**: desigualdade e exclusão social. Brasília: MEC, 2022. Disponível em: https://pdfs.semanticscholar.org/fe82/3238ec992b3b462b-da95069410bd478a5198.pdf. Acesso em: 1 jun. 2024.

GRIGNON, C.; GRUEL, L. **La vie étudiante**. Paris: Presses Universitaires de France, 1999. Disponível em: https://www.persee.fr/doc/rfp_0556-7807_2001_num_136_1_2837_t1_0184_0000_3. Acesso em: 13 out. 2023.

LEFEBVRE, H. **A cidade do capital**. 2. ed. Rio de Janeiro: DP&A, 1999.

LEFEBVRE, H. **O direito à cidade**. São Paulo: Centauro, 2008. p. 139.

LEFEBVRE, Henri. O direito à cidade. São Paulo: Centauro, 2001.

LOPES, N. V. Visión Franco Lefebvriana del derecho a la ciudad: La ciudad educadora como agente generador de protagonismo en el ejercicio de la ciudadanía desde la ruptura con el prototipo de educación centralizada. **COGNITIO JURIS**, v. XIII, p. 372-396, 2023.

MARX, K. **O Capital** - Livro I – crítica da economia política: O processo de produção do capital. Tradução de Rubens Enderle. São Paulo: Boitempo, 2013.

OLIVEIRA, R. P. de. Reformas educativas no Brasil na década de 90. *In*: CATANI, A. M.; OLIVEIRA, R. P. de (org.). **Reformas educacionais em Portugal e no Brasil**. Belo Horizonte: Autêntica, 2000. p. 77-94.

ORGANIZAÇÃO DAS NAÇÕES HUMANAS. Pacto Internacional dos Direitos Econômicos, Sociais e Culturais. Nova Iorque: ONU, 1966.

SILVA, R. M. S. *et al.* Democratização do ensino superior e suas implicações na prática docente. **Revista Fórum Identidades**, Itabaiana, GEPIADDE, a. 10, v. 22, n. 22, set.- dez. 2016.

SOUZA, C. Y. V. de. **Expansão do Ensino Superior e dinâmicas espaciais urbanas:** o caso de Montes Claros/MG. 2018. 122 f. Dissertação (Mestrado em Geografia) – Universidade Estadual de Montes Claros, Montes Claros, 2018.

SOUZA, João; JUNIOR, José da Silva; REAL, Alcina. **Evasão sistêmica:** análise e perspectivas. São Paulo: Editora Acadêmica, 2017. p. 111. Disponível em: https://www.researchgate.net/publication/317238758_Evasao_sistemica. Acesso em: 1 jun. 2024.

SOUZA, L. P. de; PASSOS L.; FERREIRA, R. A. Segregação no acesso ao ensino superior no Brasil: perfil dos ingressantes. **Revista de Educação, Ciência e Cultura**, Canoas, v. 25, n. 2, 2020. ISSN2236-6377.

TROW, M. Reflections on the transition from Elite to Mass to Universal Access: Forms and Phases of Higher Education in Modern Societies, since WWII. **Working Papers**, 2005. Disponível em: http://escholarship.org/uc/item/96p3s213. Acesso em: 15 out. 2023.

UNIR. **Relatório de Gestão do Exercício de 2021.** Fundação Universidade Federal de Rondônia; Elaborado por George Queiroga Estrela, Sidnei Silva Souza, Ediberto Barbosa de Lemos, Evanderson Sousa Claudino, Fabrício Donizeti Ribeiro Silva, Mariana Marques Ferreira e Pablo Diego Leão. Porto Velho, RO, 2021.

ZAGO, N. Do acesso à permanência no ensino superior: percursos de estudantes universitários de camadas populares. **Revista Brasileira de Educação**, v. 11, n. 32, maio/ago. 2006.

ZUIN, A. L. A. **Semiótica e política:** a educação como mediação. Curitiba: Appris, 2015.

# SOBRE OS AUTORES

### Alain Castro Alfaro

Sociologo. Magister en Gestión de la Alta Dirección. Doctorante en Socioformacion y Sociedad del Conocimiento. Docente investigador en la Corporación Universitaria Rafael Nuñez. Director General de la Editorial Centro de Investigaciones y Capacitaciones Interdisciplinares-CICI. Investigador Asociado Minciencias Colombia. Investigador reconocido por Renacyt Perú.

Orcid: 0000-0003-1727-7770

### Alciane Matos de Paiva

Professora do Instituto Federal de Educação, Ciência e Tecnologia do Amazonas; doutoranda em Educação na Amazônia pela Universidade Federal do Oeste do Pará; mestre em Desenvolvimento Regional pela Universidade Federal do Amazonas (2009); especialista em Administração Pública Municipal pela Universidade Federal do Amazonas (2012); graduada em Ciências Econômicas pela Universidade Federal do Amazonas (2006); e membro do grupo de Pesquisa Centro Interdisciplinar de Estudos e Pesquisa em Educação e Sustentabilidade (Ciepes).

Orcid: 0000-0002-3228-4728

### Alexey Carvalho

Doutor e pós-doutorado em educação, mestre em tecnologia, especialista em gestão de negócios e tecnologia da informação, administrador e pedagogo. Atua como Conselheiro no Setor Público e Privado, Pesquisador em Grupos da América Latina e Caribe, Autor, Conferencista Internacional, Reitor do Centro Universitário Anhanguera de São Paulo.

Orcid: 0000-0002-5100-1623

### Ana Susana Cantillo Orozco

Doctor en Administración Gerencial, magister en administración, especialista en docencia universitaria y aprendizaje autónomo, contador público, docente de planta de la universidad tecnológica de Bolívar, Colombia.

Email: ascantillo@utb.edu.co

Orcid: 0000-0002-7832-2726

### Antônio Carlos Maciel

Professor aposentado pela Universidade Federal de Rondônia (1989-2023); pós-doutor em Educação; graduado em Filosofia (1983) e em Pedagogia (1985) pela Universidade Federal do Amazonas; doutor em Ciências: Desenvolvimento Socioambiental pelo Núcleo de Altos Estudos Amazônicos da Universidade Federal do Pará (2004); criador do Projeto Burareiro de Educação Integral (2005); e líder do Grupo de Pesquisa Centro Interdisciplinar de Estudos e Pesquisa em Educação e Sustentabilidade (Ciepes).

Orcid: 0000-0003-0250-4213

### Aparecida Luzia Alzira Zuin

Professora e pesquisadora dos Programas de Pós-Graduação Mestrado Profissional Interdisciplinar em Direitos Humanos e Desenvolvimento da Justiça (DJHUS); possui Mestrado Acadêmico em Educação e do Doutorado em Educação da Amazônia (Red Educanorte). É lotada no Depto. de Ciências Jurídicas da Universidade Federal de Rondônia (Unir). Representante da Rede REOALCEI para América Latina, Caribe e Ibero--América capítulo Brasil. Realizou estágio de pós-doutorado em Direito da Cidade (UEJR), Estudos Culturais (UFRJ) e em Filosofía do Direito, na Università del Salento, em Lecce, Itália.

Orcid: 0000-0002-5838-2123

### Aurea Elizabeth Rafael Sánchez

Doctora en Administración, maestra en tecnología educativa y licenciada en Educación Secundaria – Especialidad Matemáticas. Actualmente Decana de la Facultad de Educación y Ciencias de la Comunicación de la Universidad Nacional de Trujillo, Docente de Escuela de Posgrado de Universidades Nacionales y Públicas del Perú.

Email: erafael@unitru.edu.pe

Orcid: 0000-0002-1943-7857

### Francisco Magalhães De Lima

Doutorando em Educação (PGEDA/Rede Educa Norte); mestre em Educação Escolar pela Universidade Federal de Rondônia (Unir) (2016); licenciado em Pedagogia pela Universidade Federal de Rondônia (Unir); professor de Sociologia no Ifro – Campus Ariquemes; líder do Grupo de Pequisa Sociedade, Educação, Ciência e Tecnologia na Amazônia Ocidental com atuação na linha de pesquisa sobre Educação, Processo de Ensino e Aprendizagem e Políticas Públicas no Ifro - Campus Ariquemes.

Orcid: 0009-0009-3676-7557

### Geane Rocha Gomes Lima

Mestranda em Educação pela Universidade Federal de Rondonia (Unir). Possui graduação em Pedagogia pela Fundação Universidade de Tocantins e especialização em Gestão Escolar Integradora: Administração, Inspeção, Orientação e Supervisão pela Faculdade Batista de Minas Gerais (Ipemig).

Orcid: 0009-0009-4540-4387

### Hilda Jara León

Psicóloga y docente especialista en Educación Inicial y Especial, doctora en Educación, magister en Gestión Democrática e Innovación Educativa, segunda especialidad en currículo y metodología en Educación Inicial, docente a dedicación exclusiva de la Universidad Nacional de Trujillo, es directora de la Dirección de Procesos Académicos de la Universidad Nacional de Trujillo.

Email: hjara@unitru.edu.pe

Orcid: 0000-0002-8435-6113

### Jaqueline Custodio Chagas Soares

Mestre em Educação pela Universidade Federal de Rondônia (Unir) (2023). Possui graduação em Pedagogia pelo Centro Universitário Luterano de Ji-Paraná (2009). É especialista em Educação Infantil e Alfabetização pelo Centro Universitário Claretiano (2013) e Tradução e interpretação da Libras pela Faculdade Santo André (2018). Atualmente trabalha na Secretaria Municipal de Educação de Ji-Paraná (RO) no Núcleo de Educação Especial. Atuou como professora regente nas Séries Iniciais do Ensino Fundamental. Tem experiência na área de Educação, com ênfase em Alfabetização, Educação Especial e Inclusiva.

Orcid: 0000-0002-4857-6258

### Juliene Rezende Oliveira Vieira

Mestre em Educação pela Universidade Federal de Rondônia, Linha de Pesquisa Políticas e Gestão Educacional; pós-graduada em Gestão

Educacional - Habilitação em Supervisão e Orientação Educacional; graduada em Pedagogia-Licenciatura pela Faculdade Porto Velho (2011). Atua na Secretaria Municipal de Educação de Porto Velho; é diretora do Departamento de Políticas Educacionais; e Conselheira Titular do Conselho Municipal de Educação.

Orcid: 0009-0009-1363-1796

### Lisandro José Alvarado-Peña

Graduado como Lcdo. en Administración de Empresas, magister scientiarum en Gerencia Pública en la Universidad del Zulia (LUZ), Diploma de Estudios Avanzados (DEA) en Administración de Empresas de la Universidad Politécnica de Madrid (UPM) – ESPAÑA y con un doctorado en Ciencias Sociales, mención Gerencia, en la Universidad del Zulia – Venezuela. Director e Investigador del Instituto de Investigaciones de la Red Académica Internacional "Estudios Organizacionales en América Latina, el Caribe e Iberoamérica" (REOALCEI), México-Colombia.

Orcid: 0000-0001-5097-811X

### Luis Carlos Baleta Medrano

Magister em Ciencia y Tecnologia de Alimentos, Microbiologo, Par Académico del MInisterio de Educacion Nacional Colombia, Investigador Junior MinCiencias, Investigador en grupos de America Latina y el Caribe, Director de Planeacion de la Corporacion Universitaria del Caribe (Colombia).

Orcid: 0000-0001-7578-1380

### Luis Marcelo Batista da Silva

Juiz de Direito do Tribunal de Justiça do Estado de Rondônia. Mestrando em Direitos Humanos e Desenvolvimento da Justiça pela Universidade Federal de Rondônia (Unir) em parceria com a Escola da Magistratura e Tribunal de Justiça do Estado de Rondônia, com linha de pesquisa Políticas Públicas e Desenvolvimento da Justiça. Professor da disciplina de Direito Constitucional II, no curso de Especialização em Direito para a Carreira da Magistratura, da Emeron, na Cidade de Cacoal (RO).

Orcid: 0000-0002-5068-6456

### Marcia Gonçalves Vieira

Professora graduada em Educação Física pela Universidade de Brasília; pós-graduada em Psicomotricidade Clínica e Relacional; professora da Prefeitura Municipal de Porto Velho; mestranda acadêmica em Educação pela Universidade Federal de Rondônia (2020).

Orcid: 0000-0003-3205-6116

### Mislane Santiago Coelho

Mestre em Educação pela Universidade Federal de Rondonia (Unir) (2023); possui graduação em Pedagogia pela Universidade Federal de Rondônia (2014); técnica em Serviços Públicos pelo Instituto Federal de Educação, Ciencia e Tecnologia de Rondônia (2015); possui pós-graduação e especialização em Neuropsicopedagogia pela Faculdade Unyleya do Rio de Janeiro (2019); pós-graduação e especialização em Psicopedagogia Clinica e Institucional pelo Centro de Ensino Superior Dom Alberto de Santa Cruz do Sul (RS) (2021); pós-graduação e especialização em Metodologia do Ensino Superior pela Faculdade Fael de Curitiba (PR) (2019).

Orcid: 0000-0001-8129-7608

### Nathalia Viana Lopes

Bolsista Pibic-DHJUS; graduanda em Direito pela Universidade Federal de Rondônia (Unir); integrante dos grupos de pesquisa Centro de Estudos e Pesquisas Jurídicas da Amazônia (Cejam) e Grupo de Estudos Semióticos em Jornalismos (Gesjor); membro dos Projetos de Pesquisa: Direitos Humanos na Era Cibercultural: educomunicação, distopia, política e democracia; Políticas Públicas para a Educação Cidadã: saberes, práticas e acesso à justiça na Amazônia; projetos financiados pelo Tribunal de Justiça de Rondônia; Ministério Público de Rondônia e Defensoria Pública de Rondônia, objeto da Parceria com o Mestrado Profissional Interdisciplinar em Desenvolvimento da Justiça (DHJUS).

E-mail: nathilopes2011@hotmail.com

Orcid: 0000-0002-5996-7959

### Nelly Milady López-Rodríguez

Doctora en Pedagogía de la Universidad Complutense de Madrid (UCM). Posdoctorado en Educación, Ciencias Sociales e Interculturalidad Universidad Santo Tomás. Estancia de Investigación Posdoctoral UCM.

Especialista en Docencia Universitaria y Licenciada en Educación con Especialidad en Administración Educativa por la Universidad Cooperativa de Colombia. Actualmente, es profesora investigadora de la Universidad Autónoma de Bucaramanga, directora del Centro de Innovación Educativa y Formación Pedagógica CINEFOP, representante para América Latina, Caribe e Ibero-América capítulo Colombia y coordinadora del Nodo Educación y Pedagogía de la Red REOALCEI para América Latina, el Caribe e Iberoamérica.

Orcid: 0000-0001-6064-990X

### Omaira Bernal Payares

Doctora en Ciencias Sociales Mención Gerencia, magister en Administración, especialista en didáctica virtual, Administradora de Servicios de Salud, Psicóloga, Docente de tiempo completo de la Corporación Universitaria Rafael Núñez, programa de administración de empresas, coordinadora de investigación-líder de grupo de investigación "Cartaciencia".

E-mail: omaira.bernal@curnvirtual.edu.co

Orcid: 0000-0002-7176-6957

### Pablo García Aguirre

Educador especialista en Lengua Española, acreditación y diseño curricular, egresado de la maestría en Calidad Educativa por UNMSM y maestrando en Políticas Educativas en la Universidad Antonio Ruiz de Montoya, docente coordinador en instituciones educativas privadas y gestor educativo en la Oficina Central de Asuntos Académicos del Vicerrectorado Académico de la Universidad Nacional Federico Villarreal.

E-mail: pablojesus.garcia@unmsm.edu.pe

Orcid: 0000-0002-4294-1998

### Pedro Antonio Redondo Silvera

Abogado, especialista en el Derecho Internacional Humanitario, magister en la Promoción y Protección de los Derechos Humanos, docente ocasional tempo completo Universidad de La Guajira, director de procesos investigativos del programa de Derecho, director del grupo de investigación Palabra y Sociedad.

Orcid: 0000-0003-3229-7286

### Reina Margarita Vega Esparza

Contador Público, maestra en Administración, doctora en Metodología de la Enseñanza. Docente-investigadora de tiempo completo en la Unidad Académica de Contaduría y Administración de la Universidad Autónoma de Zacatecas, México.

E-mail: reinamargarita@unizacatecas.edu.mx

Orcid: 0000-0001-5151-5977

### Samilo Takara

Professor adjunto no Departamento Acadêmico de Comunicação (Dacom) e professor permanente na linha de Formação Docente do Mestrado Acadêmico em Educação (PPGE/Meduc/Unir) - Campus José Ribeiro Filho. Doutor e mestre em Educação pelo Programa de Pós-Graduação em Educação da Universidade Estadual de Maringá (UEM/PR). Graduado em Comunicação Social - Jornalismo pela Universidade Estadual do Centro-Oeste (PR) (Unicentro/PR). Realizou estágio de Pós-doutorado Júnior em Comunicação pelo Programa de Pós-Graduação em Comunicação na Universidade Estadual de Londrina (UEL/PR).

Orcid: 0000-0002-8775-6278